Julia Kremer
#RespectMySize

JULIA KREMER

#RespectMySize

Wie ich lernte, mich selbst zu lieben
und gegen Vorurteile zu kämpfen

blanvalet

Penguin Random House Verlagsgruppe FSC® N001967

1. Auflage
© 2022 by Blanvalet in der
Penguin Random House Verlagsgruppe GmbH,
Neumarkter Straße 28, 81673 München
Redaktion: Angela Kuepper
Umschlaggestaltung: Leah Smyra
Umschlagmotiv: vierfotografen
NG · Herstellung: sam
Satz: Vornehm Mediengestaltung GmbH, München
Druck und Bindung: GGP Media GmbH, Pößneck
Printed in Germany
ISBN 978-3-7645-0791-6
www.blanvalet.de

Danke, Verena, dass ich unsere Botschaft #RespectMySize mit diesem Buch weiter in die Welt tragen darf, und danke an alle Menschen, die uns dabei unterstützen!

Inhalt

Vorwort

»Wow, dein Kleidungsstil ist aber ganz schön mutig. Wenn ich deine Figur hätte, würde ich mich nicht trauen, so rauszugehen.« – »Willst du das wirklich noch essen?« – »Du musst dich halt einfach mehr bewegen!« – Sätze, die Menschen mit Mehrgewicht tagein, tagaus entgegenschlagen. Die unterschwellige Botschaft lautet immer wieder: Dick sein ist hässlich, ungesund, dicke Menschen sind undiszipliniert, faul und lassen sich gehen.

Was macht das eigentlich mit Menschen, die mehr Gewicht haben? Und was macht es mit Menschen, die nicht dick sind, aber vielleicht Angst davor haben zuzunehmen?

In diesem Buch erzähle ich euch von meiner eigenen Geschichte. Spreche über Diäten schon in der Kindheit, über zu wenig diverse Vorbilder und wie sich das auf mich ausgewirkt hat, über Dating-Erfahrungen als kurvige Frau, erschütternde Erlebnisse bei Besuchen von Ärztinnen und Ärzten, über den Mut, mithilfe von Therapien Traumata aufzuarbeiten, Gefühle spüren und meine Essstörung verstehen zu lernen, selbstbewusst zu werden, und wie ich es geschafft habe, meinen Körper so anzunehmen, wie er ist.

Ich erzähle auch, gegen welche Vorurteile Menschen mit Mehrgewicht täglich (unbewusst) ankämpfen müssen und welche Strategien mir im Alltag helfen, damit umzugehen.

Und ich erzähle von unserer Kampagne #RespectMySize, die Verena Prechtl und ich gestartet haben. Ich freue mich sehr, dass ich mit verschiedenen Expert*innen Gespräche führen durfte, die uns allen hoffentlich neue Blickwinkel in unterschiedlichen Bereichen, die mit dem Thema Mehrgewicht zu tun haben, geben werden.

Ich nehme es schon mal vorweg: Das hier wird leider keine Märchenstory mit Happy End. Vielleicht ja im nächsten Buch. Für dieses Buch bin ich mit einem Brennglas durch mein Leben gegangen. Ich hätte sicherlich Tausende Geschichten darüber erzählen können, was für schöne und großartige Erlebnisse ich bereits hatte, aber mir geht es vor allem um Aufklärung. Deswegen habe ich den Fokus darauf gelegt, vor allem über strukturelle Diskriminierungserfahrungen als dicke Person in dieser Gesellschaft zu sprechen. Ich habe nämlich immer wieder die Erfahrung gemacht, dass es ganz vielen anderen Menschen genauso geht wie mir.

Dabei ist es mir wichtig zu sagen, dass dieses Buch im Juni 2022 zu Ende geschrieben wurde. Alles ist im Wandel, so auch ich. Ganz sicher gibt es bis zur Veröffentlichung dieses Buches schon wieder neue Erkenntnisse über einige Themen, die hier noch keine Berücksichtigung finden konnten, doch damit ich euch dieses Buch endlich präsentieren kann, setze ich hier einen Punkt. Vielleicht ist auch unsere Gesellschaft bis dahin schon wieder ein kleines Stück weitergekommen. Das wünsche ich mir sehr, denn ich habe die Hoffnung, dass wir alle nicht länger hinnehmen, wie mit dicken Menschen umgegangen wird. Und gleichzeitig möchte ich betonen, dass ich ganz sicher nicht für alle Menschen mit Mehrgewicht spreche. Jede Person wurde anders sozialisiert, hat andere Prägungen und Erfahrungen, und doch habe ich mit den Jahren immer wieder

Muster und Parallelen festgestellt, die ich hier sichtbar machen möchte. Genauso wie ich dafür sensibilisieren möchte, dass es wichtig ist, die unterschiedlichen Diskriminierungsformen als Gesamtheit zu betrachten.

Ich hoffe, dass wir andere Menschen nicht weiterhin aufgrund ihres Aussehens oder anderer Merkmale ungefragt kommentieren, denn wir wissen nie, welche Auswirkungen das haben kann. Und ich wünsche mir sehr, dass ihr nach dem Lesen dieses Buches etwas gestärkter, etwas selbstsicherer und mit neuen Blickwinkeln rausgeht.

#RespectMySize!

Kapitel 1

»Du passt da nicht rein!« — Zu viel und niemals genug

Mein Herz klopft wie wild. Mein Atem wird immer schneller. Ich spüre, wie sich meine Augen mit Tränen füllen. Mit meinen zwölf Jahren stehe ich in der Modeabteilung eines Kaufhauses, ein Ort, den ich überhaupt nicht leiden kann. Dabei liebe ich es, shoppen zu gehen. Nur eben keine Kleidung. Ich will hier weg, doch ich brauche neue Anziehsachen. Mein Bauch ist etwas runder als bei den meisten anderen Kindern in meinem Alter, genauso mein Gesicht; meine langen braunen Haare verdecken es aber ein wenig, wenn ich sie offen trage. Das rät man mir auch immer.

Eine Verkäuferin steuert auf mich zu. »Wie darf ich helfen?«, fragt die Frau. Ehe ich antworten kann, fährt sie fort: »Ah ja, ich sehe schon, du musst in die Erwachsenenabteilung. Hier in der Kinder- und Jugendabteilung findest du mit deiner Figur nichts mehr.« Autsch. Das tut weh. Ich bin noch so klein und weiß bereits: Hier gibt es nichts für mich. Was ich noch nicht weiß, ist, dass es nicht meine Schuld ist, dass für Kinder keine Körperformen mitgedacht werden. Entweder man passt in eine Standardgröße, oder man hat halt Pech gehabt. So als würden Kinderkörper alle einer einzigen Norm entsprechen, dabei wiegen wir ja schon von Geburt an komplett unterschiedlich. Eine Weile konnte ich noch Kleidung für größere Kinder tragen, trat dann aber immer auf den Hosensaum. Mittlerweile passt davon nichts mehr.

Die Verkäuferin lotst mich in die Damenabteilung, um mich herum Personen, die mindestens dreimal so alt sind wie ich. Meine Scham – riesig. Mein Gesicht – heiß und wahrscheinlich rot. »Mit deiner kräftigen Figur solltest du auf keinen Fall mädchenhafte Kleidchen oder Röcke tragen, das ist schon mal klar. Keine Spaghettiträgertops oder irgendwas, wo man viel Haut sieht«, sagt die Verkäuferin. »Wir suchen dir weite Hosen, lockere Shirts, etwas, das deinen Bauch auf jeden Fall kaschiert. Was Sportliches.« Wieso sportlich?, frage ich mich. Ich höre doch sonst immer von allen Seiten, dass ich eben nicht sportlich sei, gar nicht sportlich sein könne, weil meine Figur rundlicher ist als die der anderen Kinder. Die Art, wie die Verkäuferin über meine Figur spricht, verschafft mir ein ekliges, beklemmendes Gefühl, das ich kaum beschreiben kann. Mein Kopf brummt. Sie schickt mich zur Anprobe. Ich höre, wie die Vorhänge in den Umkleidekabinen auf- und zugezogen werden. Glücklich aussehende Frauen und Kinder mit vollen Einkaufstüten ziehen draußen vorbei. Welche Kleidung habe ich in den vergangenen Minuten eigentlich anprobiert? Habe ich überhaupt irgendetwas anprobiert? Ich weiß es nicht. Ich höre die Stimme der Verkäuferin jetzt nur noch wie durch Watte, spüre nichts mehr. Sie mustert mich von oben bis unten und verabschiedet sich leicht kopfschüttelnd. Ich verlasse das Geschäft, ohne ein einziges Teil gekauft zu haben. Das ist nichts Neues. So läuft eigentlich jede Shoppingtour ab. Der Gedanke daran, einen eigenen Stil zu entwickeln, mich und meine Persönlichkeit über Kleidung zu entdecken, so wie es für viele andere in meinem Alter ganz natürlich ist, liegt mir fern. Im Gegenteil.

Wertlos. Hässlich. Faul. Undiszipliniert. Unsportlich. Ekelhaft. Ungesund. Wenig liebenswert. Das bin ich. Diese Attribute haben sich früh auf meine Festplatte gebrannt, selbstzerstörerische Gedankenfetzen. Das Einzige, was mich da rausholen kann? Schlank sein. Eines Tages endlich schlank sein, denke ich. Und es wird mir von allen Seiten gepredigt, dass das die einzige Lösung für alles ist.

* * *

In meiner Kindheit und Jugend gab es so gut wie keine Kleidung, in der ich mich wohlgefühlt habe. Alles zu eng, einschneidend, sackig, null modisch, verhüllend und kaschierend in Farben und Mustern, die alles waren, nur nicht ansprechend. Dabei ist Kleidung so wichtig, um sich in seinem Körper wohlzufühlen und seine Persönlichkeit ausdrücken zu können.

Wenn es euch schwerfällt, das nachzuempfinden, dann macht gerne mal ein Experiment: Zieht eine Hose an, die zwei Nummern zu klein ist, die gerade so zugeht, und verbringt einige Zeit darin. Wenn ihr anschließend die passende Größe anzieht, habt ihr vermutlich ein ganz anderes Gefühl zu euch und eurem Körper. Ich kann euch nur empfehlen, Kleidung auszusortieren, die »irgendwann mal (wieder) passen soll«. Wartet nicht darauf. Kauft oder tauscht Kleidung, die euch jetzt passt und in der ihr euch wohlfühlt und nicht erst irgendwann in der Zukunft, wenn ihr abgenommen habt.

Erinnert ihr euch an die Zeit, in der Miss-Sixty-Jeans total in waren? Ich konnte sie mir weder leisten, noch haben sie gepasst. Dennoch wünschte ich mir sie so sehr. Um dazuzugehören. Dann dieser Moment im Bekleidungsgeschäft, als ich vor ihnen stand und schon wusste, dass ich nicht reinpassen würde ... nicht mal in die größte Größe. Ich nahm sie trotzdem mit in die Kabine und zog sie über das eine Bein, dann über das andere. Bis zu den Oberschenkeln bekam ich sie hoch, danach war Schluss. Tränen schossen mir in die Augen. Ich suchte den Fehler immer bei mir, bei meinem vermeintlich hässlichen Körper, so wurde es mir immer und überall suggeriert. Nie bei den Jeansproduzenten, die meinen Körper einfach nicht mitgedacht hatten.

Hätte ich mich und mein Aussehen selbst beschreiben sollen, ich hätte kein nettes Wort für mich übrig gehabt. Der Wunsch, schlank zu sein, ist in meiner Jugend mein ständiger Begleiter, denn schließlich weiß ich seit dem Kindergarten, dass etwas mit mir nicht stimmt. An Details aus dieser Zeit erinnere ich mich kaum noch, aber eine Sache werde ich nie vergessen. Es ist der Tag, an dem ich mein Lieblingskleid trage, dunkelblau mit weißen Streifen. Wir sitzen im Stuhlkreis, ich muss kurz aufs Klo. Als ich zurückkomme, zeigt ein Junge auf meinen Bauch, ruft irgendetwas und beginnt zu kichern. Als ich an mir runterschaue, merke ich, dass ich mein Kleid aus Versehen falsch geknöpft habe, sodass man einen Teil meines Unterhemdes sehen kann. Jetzt zieht der Junge seinen Pulli hoch und streckt den Bauch ganz weit heraus. Dazu pustet er die Wangen auf, schiebt sein Kinn zu einem Doppelkinn zurück und beginnt, Grimassen zu ziehen. Andere Kinder fangen an zu lachen, und ich verstehe, dass ich es sein soll, die der Junge da nachäfft. Ich renne zurück ins Badezimmer und schließe mich dort ein. Ich kann meine Tränen nicht runterschlucken, ich weine. Meine Lieblingskindergärtnerin kommt herein und redet mir gut zu. Ich will erst wieder raus, wenn alle Kinder weg sind. Sie erlaubt mir, so lange zu warten. Zum Glück. In meinem Kopf rattert es trotzdem wieder: Du bist zu viel. Du bist zu dick. Und andere scheinen jedes Recht zu haben, sich über deinen Körper lustig zu machen – niemand schreitet ein.

Heute weiß ich, dass das Verhalten der anderen Kinder nicht von ungefähr kam. Schon Mädchen zwischen drei bis fünf Jahren verbinden positive Eigenschaften damit, dünn zu sein, und würden eher mit dünnen als mit dicken Kindern spielen. Das zeigen Studien*, die immer wieder das gleiche Vorurteil erkennen lassen: Dünn ist gut, dick ist nicht gut.

Die meisten Personen in meinem Umfeld** sind schlank, und die, die es nicht sind, versuchen abzunehmen. »Hast du dich mal im Spiegel angeschaut? Wie siehst du überhaupt aus? Willst du nicht endlich mal abnehmen?«, »Wenn du so bleibst, findest du niemals einen Partner« – Fragen und Behauptungen, die man mir als kleines Mädchen und Heranwachsende immer wieder von allen Seiten und aus allen Richtungen entgegenschleudert. Ich höre sie so oft, bis ich die Aussagen selbst glaube. Denn schlanke Menschen werden geliebt, denke ich. Schlanken Menschen geht es immer gut. Schlanke Menschen sind gesund. Schlanke Menschen sind immer gut drauf. Schlanke Menschen können die Kleidung tragen, die gut sitzt und schön aussieht.

Schon ganz früh bekomme ich die »Lösung« all meiner Probleme präsentiert: DIÄTEN! Und so mache ich mit vielleicht gerade mal acht Jahren Bekanntschaft damit. Diäten werden für Jahrzehnte mein treuester Begleiter. »Kein Zucker. Mehr Salat. Kleinere Portionen. Abends nichts

---

* Siehe auch https://sz-magazin.sueddeutsche.de/freie-radikale-die-ideenkolumne/teresa-buecker-schoenheit-ungerecht-90174, zuletzt aufgerufen am 1.7.2022.
** Ich spreche im Buch immer wieder von »meinem Umfeld«, um Personen zu beschreiben, die Einfluss auf meine Entwicklung hatten – entweder aufgrund ihres Daseins oder ihrer Abwesenheit, ohne jemanden genauer zu benennen. Das können engere Verwandte, aber auch ferne Bekannte sein.

mehr essen. Friss die Hälfte. Mehr bewegen. Heute kannst du dir noch mal was gönnen, jetzt hast du eh schon gesündigt, und am Montag wird dann richtig durchgestartet«, sagen die Kinderärzte und -ärztinnen, sagen Verwandte, sagen gute Bekannte, sagen Fremde, schallt es aus dem TV und liest man in Magazinen. Diäten werden mir immer wieder pauschal empfohlen, ohne mich jemals danach zu fragen, was ich wirklich zu mir nehme und wieso, wie viel Sport ich mache und wie es mir eigentlich geht. Wo vielleicht die Ursache liegen könnte.

Schmeckt mir nicht: erste Diäterfahrungen

Meine erste Diäterinnerung: Familienkur am Meer, zu dem Zeitpunkt bin ich etwa zehn Jahre alt.

Speisesaal. Die anderen Kinder stürmen zur Essensausgabe. Ich sehe Salat, Kartoffeln, Nudeln, verschiedene Sorten Fleisch, Gemüse in allen Varianten, Quark mit Mandarinen und Pfannkuchen mit Zimt und Zucker. Eine riesige Auswahl an leckerem frischem Essen. Es duftet so gut! Die Frau, die ich aus der Ernährungsberatung kenne, tippt mir auf die Schulter, als ich von meinem Stuhl aufstehen will. »Und du darfst dir da drüben etwas aussuchen, schau.« Sie zeigt auf etwas, das gar nicht aussieht wie ein Büfett, eher wie ein Abstelltischchen. Gemeinsam gehen wir auf den kahlen Tisch zu. Darauf stehen drei Glasschüsseln, abgedeckt mit Plastikfolie, davor platziert sind kleine Schildchen: SONDERKOST – Magerquark mit 0,1 % Fett. Magere Putenbrust. Grüner Salat mit Tomaten – kein Dressing. Dazu Wasser. Zu diesem Zeitpunkt hasse ich Wasser. Stilles Wasser trinken zu müssen macht mich irgendwie wütend. Ich brauche Geschmack. Saftschorle oder Limo. Ich brauche dieses Prickeln in Mund und Rachen, am liebsten eiskalt – das betäubt meine Sinne. Wasser gibt es bei uns selten, ich bin also nicht daran gewöhnt und finde es unerträglich, dass man mir den gewohnten Geschmack nehmen will.

Neben den Schalen mit dem Essen steht eine Tischwaage. Vor der Waage liegt ein mit Tesa befestigtes Blatt Papier, auf dem eine Tabelle abgedruckt ist. Es wartet eine große Aufgabe für ein kleines Mädchen: Ich soll in der Tabelle nachschauen, wie viel Gramm von Quark, Salat und Huhn ich meinem Alter entsprechend auf meinen Teller geben darf. So hat es mir die schlanke Ernährungsberaterin mit ihrem eigenen Teller voller Leckereien in der Hand gesagt. Ob sie wohl jemals eine Diät machen musste? Ob sie eine Ahnung hat, wie ich mich fühle?

Auf der Tabelle vor meinen Augen verschwimmen die schwarzen Zahlen zu einem grauen Brei. Wie viel Essen braucht man, bis man satt ist? Warum darf ich nicht mit den anderen das leckere Essen essen? Wie viel soll noch mal die Putenbrust wiegen? Der Hunger ist mir längst vergangen. Da ist dieses Gefühl, beobachtet und be- und vor allem entwertet zu werden. Sie meint es nur gut, aber gut gemeint ist nicht gut gemacht. Ich schäme mich. Es schnürt mir den Magen zu. Mir ist übel. Ich verzichte auf das Essen und werde dafür gelobt. So würde ich mein Abnehmziel sicher noch schneller erreichen. »Bravo, Julia. Weiter so!«, heißt es vom Betreuerteam. Das Wort »Diät« gebraucht bei der Kur zwar niemand, aber die Erwachsenen sagen ja sowieso nicht das, was sie wirklich meinen. Darauf kommt es auch nicht an. Jetzt, wo ich mit der Tischwaage Bekanntschaft gemacht habe, weiß ich einmal mehr: Ich bin zu viel. Und gleichzeitig nicht genug. Niemals genug.

* * *

Wenn ich heute Kinderbilder von mir anschaue, sehe ich ein Baby, das rundlichere Ärmchen und Beinchen hat, wie Babys nun mal aussehen. Ich sehe ein Grundschulkind mit einem eher rundlichen Gesicht und proportional passender Figur. Eine Gewichtsabweichung, die ich mit meinem erwachsenen Blick heute als geringfügig beschreiben würde. Sie hätte sich vermutlich einfach verwachsen, wäre man mir mit Mitgefühl und Empathie begegnet und hätte mir einen neutralen Umgang mit meinem Körper, Bewegung, Emotionen und Ernährung beigebracht. Aber diese Geringfügigkeit hat meinem Umfeld genügt, um mich in dieses Diätchaos zu stürzen, das mein Leben noch ganz schön beeinflussen würde. Von Anfang an lernen wir: Dick zu sein ist schlimm, dünn zu sein ist gut – gut oder böse und nichts dazwischen.

Wenn ich während der Kur sage, dass ich Hunger habe, bekomme ich meist zur Antwort: »Du kannst gar keinen Hunger haben, du hast doch vor drei, vier Stunden erst etwas gegessen.« Heute weiß ich, dass es wichtig ist, auf die Signale des Körpers zu hören. So aber wurde allein die Möglichkeit, das (wieder) zu lernen, im Keim erstickt.

Wie gerne würde ich, wie die anderen Kinder, eine unbeschwerte Zeit am Strand verbringen. Sandburgen bauen, Muscheln suchen, in die Ferne gucken und den salzigen Duft des Meeres genießen, den Wind im Haar spüren. Stattdessen jagt eine Sporteinheit die nächste, und so richtig satt werde ich von diesem Essen auch nie. Ich muss ein Kalorientagebuch führen und hasse mich dafür, weil ich unkontrollierbare Süßigkeiten-Ess-Flashs habe. Immer wenn mein Körper nach diesen anstrengenden Tagen zur Ruhe kommen will, habe ich ein Verlangen nach etwas Süßem. Manchmal kaufe ich mir heimlich einen Schokoriegel von meinem Taschengeld. Irgendwie beruhigt er mich.

Jetzt, Jahre später, verstehe ich endlich, was dahintersteckt. Alles ergibt für mich mittlerweile einen Sinn, und ich möchte die kleine Julia einfach nur in den Arm nehmen. Und nicht nur sie, sondern eine ganze Generation Menschen, die in der Diätkultur groß geworden sind und deren Umfeld es auch nicht besser wusste. Wie auch?

Die Waage, (m)ein Lebensgefühl

Zurück zu Hause. Nach dem Sommer in der Kur am Meer steht ein Routinebesuch bei meinem Kinderarzt an. Er ist irgendwie immer gut gelaunt. Bei ihm gibt es eine große Kiste mit Spielsachen und Traubenzucker in bunten Tütchen, und wenn man gut mitgemacht hat, darf man sich nach der Behandlung etwas davon aussuchen. Bei ihm fühle ich mich immer recht wohl. Bis zu diesem einen Termin, der alles ändert. Mit meinen zehn Jahren wiege ich statt 29 bis 42 Kilo 45 Kilo.

Hinter dem Schreibtisch des Arztes hängt ein Plakat mit vielen geschwungenen Linien und Zahlen, die entweder hellgrün oder dunkelrot sind. Meine Zahl liegt im roten Bereich.

»Mit diesem Ü*ergewicht* findest du aber später keinen Freund. Pass da gut auf«, sagt mein Arzt und presst die Lippen aufeinander. Mit einem Bleistift umkringelt er die 45 mehrfach und sagt etwas von Fettleibigkeit, Zuckerkrankheit und Krebs. Angst überkommt mich. Ich habe keine Vorstellung davon, was das alles wirklich bedeutet, aber ich fühle mich schlecht. Ich bin wie paralysiert, kann nicht mehr richtig atmen. Mir wird schwindelig.

»Du kannst dich jetzt wieder anziehen, Julia«, sagt er.

Ich schleiche hinter den Paravent. Für mich ist die Sache

klar: Ich muss dringend dünn sein, sonst sterbe ich bald. Dieses Gefühl nehme ich mit. Dabei hat mein Leben doch noch gar nicht richtig angefangen. Während sich die Erwachsenen weiter unterhalten, warte ich hinter dem Raumteiler darauf, dass ich hier endlich rauskomme. Habe Tränen in den Augen, aber lasse sie nicht zu. Zum Abschied darf ich mir noch etwas aus der Kiste mit den Spielsachen aussuchen. Ich entscheide mich für eine kleine Dino-Spielfigur. Lieber hätte ich den Traubenzucker in dem bunten Plastiktütchen gehabt, um meine Nerven zu beruhigen, aber ich traue mich nicht, ihn zu nehmen.

Das Wort »Ü*ergewicht« kommt in diesem Buch nicht weiter vor. Im Folgenden spreche ich von Mehrgewicht. Das Wort Ü*ergewicht bezeichnet ein Abweichen von der »Norm« und ist auf den sehr kritisch anzusehenden BMI zurückzuführen (siehe Seite 147).

Noch heute frage ich mich manchmal, was eigentlich zuerst da war – mein sozial unverträglicher Körper, der von allen Seiten immer wieder kommentiert wurde, als stünde eine riesige Einladung auf ihm: KOMMENTIER MICH BITTE!, oder meine Essstörung? Intuitiv zu essen, also einfach dann, wenn man Hunger hat, habe ich jedenfalls nie gelernt. Sehr wohl aber, dass Essen in den unterschiedlichsten Situationen etwas mit Belohnung, Bestrafung und Liebesbekundungen zu tun hat.

Selbstverständlich soll man als gutes Kind unbedingt auch den zweiten übervoll geladenen Teller leeressen, egal ob man gerade Appetit hat oder nicht. Aber einen Bauch haben, das ist nicht okay.

Um meinen elften Geburtstag herum fallen auf Feiern in meinem Heimatdorf zum ersten Mal Sätze wie »Dafür, date so dick büs, hässe aver wenichstens en hübsches Jeseit!« Auf Hochdeutsch: »Dafür, dass du so dick bist, hast du aber wenigstens ein hübsches Gesicht!« Damals bedanke ich mich höflich, ist ja ein Kompliment, dass sie mir, dem dicken Mädchen, doch noch irgendetwas Gutes abgewinnen können. Selbstverständlich verstehe ich noch nicht, dass eine solche Aussage nichts anderes als eine Beleidigung ist, getarnt als Kompliment, auch *backhanded compliment* genannt. Etwas später bietet mir jemand aus meinem Umfeld Geld, wenn ich endlich abnehme: 100 Mark für zehn Kilo Gewichtsverlust in einem Monat. In dem vereinbarten, und wie ich heute weiß, völlig unrealistischen Zeitraum schaffe ich es aber nicht.

Während solcher Feiern werde ich auch gerne mal auf die Waage geschickt. »Komm, zeig uns mal, wie viel du wiegst!« Ich ziehe mich dann meist zurück und fühle mich einfach nur unwohl.

Als ich anfange, über den Tellerrand meines Heimatdorfes hinauszuschauen, merke ich, dass der Rest der Welt die Ansichten meines Umfelds zu teilen scheint. Ich bin elf, zwölf Jahre alt, und es prasselt jetzt auch von den Zeitschriften, die bei uns zu Hause herumliegen, auf mich ein: »Die neue Bauch-weg-Diät«, titelt das eine Heft. Und die anderen: »Kohlsuppen-Diät: 5 Kilo weniger in fünf Tagen« oder »4-Wochen-Diätplan: Abnehmen mit Proteinen«. Direkt daneben fünf Sahnetortenrezepte.

Dann und wann stöbere ich in den Katalogen, aus denen man seine Kleidung bestellen kann. Ganz selten ist eine Frau abgebildet, die eine etwas rundlichere Figur hat als der Rest. In ihr kann ich mich sehen, und das macht mich glücklich. Bis ich weiterblättere und realisiere, dass die schönen, modischen Sachen alle nur für schlanke Frauen gedacht sind.

Mit der Vollendung meines zwölften Lebensjahres erreicht meine Essstörung ein neues Level: Ich traue mich nicht mehr, in der Öffentlichkeit zu essen. Statt im Klassenzimmer, auf dem Pausenhof oder in der Schulcafeteria schlinge ich meine Brote heimlich am Ende der Pause auf dem Gang hinunter. Bin ich auf einem Geburtstag eingeladen, gebe ich vor, nicht hungrig zu sein. Mittagessen mit Freundinnen? »Leider keine Zeit«, lautet meine Standardantwort, selbst wenn mein Magen laut vor Hunger grummelt. Körperlich fühle ich mich immer schwächer, weil mein gesamter Organismus durch die Diäten aus der Balance geraten ist. Mental mache ich eine Berg- und Talfahrt nach der anderen durch, habe ständig Kopfweh und Magenschmerzen. Trotzdem, meine Mission ist klar: alles sein, bloß nicht dick. So habe ich es schließlich gelernt.

Als ich auf die Realschule komme, bin ich längst eine »Expertin« in Sachen Diäten. In meiner Klasse erzählen ein paar Mädchen etwas von einem Diätprogramm, bei dem man Punkte zählt und so ganz einfach abnehmen kann. Ich höre, dass man so viel Gemüse essen kann, wie man möchte, weil es keine Punkte hat. Wow, so viel essen, wie ich will – da wird das Abnehmen ja sicher easy, denke ich mir. Allerdings habe ich keine Ahnung, wie ich mir das Programm oder das Buch mit dem »heiligen Wissen« leisten soll. In meinem Umfeld hat jemand Mitleid mit mir und hofft wohl, mich eines Tages doch endlich einmal schlank zu sehen. Ich bekomme das Buch mit der endlos langen Punkteliste also geschenkt. Es wird mein neuer Begleiter. Neue Zahlen, die mir den Weg weisen.

Wie es bei einer Diät oft so ist … Zu Beginn klappt es

wie im Bilderbuch. Ich bin stolz auf mich, berichte überall von ersten Erfolgen. Mache Vorher-Fotos, die mich an mein altes Ich erinnern sollen. Die schlanke Julia wartet ja nur in mir darauf, befreit zu werden – so wird es uns ja immer wieder in den Medien und der Werbung suggeriert. Ich ziehe das Ganze einige Wochen oder vielleicht auch einige Monate durch. Doch dann klappt es auf einmal nicht mehr. In der Zeit vor dem Zyklus, wenn die Hormone schwanken und ich Heißhungerattacken bekomme, in der nächsten Prüfungsphase, wenn mein Körper zur Stressregulation auf Essen zurückgreifen möchte, weil er keine anderen Coping-Mechanismen beziehungsweise Bewältigungsstrategien gelernt hat, oder beim nächsten Geburtstag, wenn der Kuchen einfach zu gut schmeckt. Irgendwann liege ich mit den Punkten konstant immer wieder drüber und bekomme nichts mehr kontrolliert. Das schlechte Gewissen, die Scham und der Selbsthass nehmen überhand. Habe ich doch gerade die ersten Komplimente für mein »neues Ich« bekommen, kann ich doch jetzt nicht wieder zurückfallen, denke ich. Die Angst ist riesig. Ich lege das Buch zur Seite und begebe mich in einen radikalen Hungerstreik. So, wie es mir alle ständig empfehlen: weniger Essen, mehr Sport. Doch das Ganze endet immer wieder in Essanfällen. Ich habe gelernt, dass die Nahrungsverweigerung über einen längeren Zeitraum wie Atem anhalten ist. Je länger man es macht, desto stärker muss man anschließend nach Luft ringen. Und so hat es sich für mich rückblickend auch nach diesen Hungerphasen angefühlt. Hätte ich regelmäßig über den Tag verteilt gegessen, wäre ich vermutlich gar nicht erst in diesen Teufelskreis abgerutscht. Aber das verstehe ich erst viele Jahre später.

Nimm Binge-Eating und Essstörungen im Allgemeinen bitte ernst und mach dir bewusst, dass auch mehrgewichtige Menschen von allen Arten von Essstörungen betroffen sein können! Essstörungen haben keinen »Look«. Falls du das Gefühl hast, dass du unter essgestörtem Verhalten leidest, hol dir bitte Hilfe. Anzeichen dafür können sein: ständiges Sichsorgen um Gewicht und Essen, Nahrungsverweigerung oder unkontrollierte Essanfälle, »Essen verdienen« durch Sport, heimliches Essen, Sport anstelle von Essen, Panik vorm Zunehmen, Ablehnen des eigenen Körpers, hoher Leidensdruck. Die Beratung ist im Normalfall kostenfrei, Anlaufstellen finden sich beispielsweise hier: www.bzga-essstoerungen.de. Suche auch nach Angeboten in deiner Stadt.

»Vanessa (Name geändert), was hast du denn da kleben?«, frage ich eine meiner damaligen besten Freund*innen, die etwas Kleines, Rundes, Metallisches mit Sporttape hinter dem Ohr befestigt hat. »Das ist ein Magnet«, erklärt sie. »Den habe ich vom Arzt, ich war letztens mit meiner Mom dort. Der Magnet soll beim Abnehmen helfen, man muss gar nichts machen. Möchtest du nächstes Mal mitkommen? Bis wir wieder hinfahren, kannst du bei unserem Essensplan mitmachen.«

Magnet und Essensplan – ich bin dabei! Auf dem Speiseplan steht ab jetzt eine Diät, bei der man auf kohlenhydrathaltige Lebensmittel wie Nudeln oder Brot verzichtet. Es folgen Kohlsuppen-, Protein- und Eierdiäten, keine Ahnung, wie oft und in welcher Reihenfolge. Keines dieser Konzepte halten wir lange durch und beenden die Abende gemeinsam – entweder joggend auf kilometerlangen Feldwegen oder mit Süßigkeiten und einem Film. Ich hasse mich für meine »Misserfolge«, werte mich und meinen Körper ab. Vanessa und ich hassen beide unsere Körper, und zusammen ist es irgendwie weniger mies. Rückblickend ist es wirklich schwer zu ertragen, dass wir diese schönen Jahre mit radikalen Diäten, Selbsthass und Selbstoptimierungsversuchen zerstört und verschwendet haben.

Mein Essverhalten wird im Laufe meiner Jugend immer extremer: Entweder esse ich tagelang nur Brühe, oder ich esse, ohne das Gefühl zu haben, jemals satt zu sein. Dann stoppe ich erst, wenn ich Bauchschmerzen habe und körperlich spüre, dass ich voll bin.

Vanessa und ich zelebrieren die Momente des gemeinsamen Hungerns regelrecht. Und denken, das sei normal. Eine ewige Schleife. An regelmäßiges Essen ist längst nicht mehr zu denken. Diese »Flashs«, die ich jetzt immer wieder habe, bezeichnet man auch als Binge-Eating, würde ich rückblickend vermuten. Das sind exzessive Essanfälle, bei denen man das Gefühl hat, die Kontrolle über sein Essverhalten zu verlieren. Dass ich zu diesem Zeitpunkt bereits mitten in einer Essstörung stecke, sehe ich heute, nach einer Therapie, glasklar. Damals habe ich aber einfach nur das Gefühl, in einer Achterbahn der Gefühle zu sitzen. Jeder Tag ein neues Auf und Ab, immer mit dem Ziel, schlank zu sein und dann ein besseres Leben zu leben. Um jeden Preis. Gesund, glücklich und geliebt. Dass dieser Weg alles andere als dorthin führt, ist mir lange nicht klar.

Rückblickend wünschte ich, man hätte uns schon als Kind beigebracht, unseren Körper einfach so anzunehmen, wie er ist, ohne ihn ständig zu manipulieren, um eine bestimmte Zahl auf der Waage zu erreichen. Doch das Gegenteil ist der Fall: Seit ich lesen und schreiben kann, mache ich meinen Selbstwert und mein Gefühlsleben von unterschiedlichen Zahlen abhängig. Mal von meiner Kleidergröße und dem Etikett in der Hose, mal von der Zahl auf der Waage und mal vom Maßband. Und ab meinem elften Lebensjahr entscheidet die Waage täglich über meinen Selbstwert. Ich stelle mich jeden Morgen und jeden Abend drauf. Sind morgens nur 100 Gramm mehr auf der Anzeige zu sehen als am Vortag, ist der Rest des Tages für mich gelaufen. Frust, Selbsthass und Tränen steigen in mir hoch. Und immer wieder dieselbe Frage: Wie soll ich es schaffen abzunehmen, wenn es doch das Essen ist, was mir nach solchen Tiefschlägen Halt gibt? Nur eine Sache kann mich umstimmen: wenn ich die 100 Gramm am Abend wieder weggehungert habe.

In den schlimmsten Phasen meiner Essstörung bedeutet das, dass ich mich ausschließlich von einem Apfel und fünf Litern Wasser am Tag ernähre. Habe ich am darauffolgenden Tag wieder einen Essanfall, liegt meine Welt erneut in Trümmern. All meine Gefühle sind mit der Zahl auf der Waage verknüpft.

Und dann erinnere ich mich noch an die Momente, in denen es vor Ort keine Waage gab. Man könnte meinen, dass es eine Befreiung war, aber das Gegenteil war der Fall.

Mit dreizehn Jahren bin ich auf Ferienfreizeit in Österreich an einem See. Traumhafte Kulisse: Wald, Lichtung, Bergsee, Steg – es könnte so schön sein. Ein Teil der Tagesgestaltung besteht darin, dass wir Jugendlichen mittags schwimmen gehen. Das Problem: Mich in einem Badeanzug zu zeigen, ist für mich eigentlich undenkbar. In Magazinen ist mir ja immer wieder demonstriert worden, wie ein Beachbody auszusehen hätte und wie nicht. Dazu kommen all die Kommentare und verachtenden Blicke, die mein Körper schon über sich hat ergehen lassen müssen.

Nicht schon wieder! Ich habe früh genug erfahren müssen, dass mein Körper andere Menschen anwidern könnte, und das will ich hier, während der Ferienfreizeit, niemandem zumuten, und mir selbst auch nicht. Andererseits schreit mein Körper nach Abkühlung, nach Spaß im Wasser, dem Gefühl, mich treiben zu lassen. Dazuzugehören. Und so verbringe ich eine gefühlte Ewigkeit in der Umkleidekabine und kämpfe mit mir. Dann entscheide ich mich doch gegen den Badeanzug. Tag für Tag bleibe ich in meinem langärmligen Pullover. Im Hochsommer. Mein Highlight ist der letzte Abend, an dem wir alle beschließen, mit Kleidung, Hand in Hand, in den kühlen See zu springen. Endlich kann ich auch das Wasser genießen, ohne meinen Körper zeigen zu müssen.

Die Sucht danach, meinen Körper zu kontrollieren, macht leider auch im Urlaub keine Pause. Dass es vor Ort keine Waage gibt, macht mich nervös. Um mein Gewicht ohne Waage zu kontrollieren, nehme ich die rechte Hand zu Hilfe: Ich lege den Daumen in meine Taille, um zu sehen, ob ich mit den anderen Fingern in die Nähe meines Bauchnabels komme. Habe ich zugenommen? Oder vielleicht abgenommen? So geht das jeden Tag. Immer wieder schaue ich mich in sämtlichen Spiegelungen an, um zu kontrollieren, wie ich aussehe. Wenn ich mein Aussehen okay finde, dann fühle ich mich sicherer. Wenn ich mich »hässlich« finde, dann ist der Tag gelaufen.

Ich kann rückblickend nur vermuten, dass ich von Body Dysmorphia und Body Checking betroffen war. Leider hat das kein Arzt und keine Ärztin erkannt. Viele Jahre war mir nicht bewusst, wie tief ich in diesen Teufelskreisen steckte. Zur körperdysmorphen Störung gehört unter anderem, dass sich die Gedanken ständig um das eigene Aussehen drehen und man den Körper immer wieder, schon fast zwanghaft kontrolliert. Man hat große Ängste und eine verschobene Realität. Ursachen können ganz unterschiedlich sein, sind aber eng mit Essstörungen verknüpft, soweit ich das recherchiert habe.

Parallel zu meinem zwanghaft kontrollierenden Verhalten und meinem schwankenden Gewicht gebe ich alles, um bloß nicht»dick zu wirken«. Zugleich stemme ich mich mit aller Kraft gegen die Vorurteile, die mit dem Wort»dick« einhergehen. Auf keinen Fall will ich als faul und unsportlich gelten oder als eine Person, die viel isst. Heute weiß ich, dass man dieses Phänomen als»The Good Fatty« bezeichnet. Ich würde es so zusammenfassen, dass man alles tut, um möglichst angepasst zu sein, um möglichst gemocht zu werden, um Privilegien zu genießen und um keine Diskriminierung zu erfahren. So habe ich damals anderen immer wieder zu verstehen gegeben, wie diszipliniert ich sei und wie viel ich an mir arbeiten würde, um bloß keinem Vorurteil von dicken Menschen zu entsprechen. Bin morgens richtig früh aufgestanden, um mich zu stylen, damit ich auf jeden Fall als sehr gepflegt wahrgenommen werde. Die Liste ist endlos, und das meiste passierte ganz unbewusst. Hätte man mich gefragt, wieso ich das mache, dann hätte ich gesagt: Für mich. In Wahrheit wollte ich einfach nur dazugehören. Ich habe so viel dafür getan, um möglichst nicht als dicke Person wahrgenommen zu werden. Das haben auch immer wieder Freunde und Freundinnen zu mir gesagt:»Ne, ich nehme dich gar nicht als dick wahr. Für mich bist du schlank. Du bist anders«, wenn sich in der Gruppe wieder mal über eine andere dicke Person der Mund zerrissen wurde und ich darauf aufmerksam machte, dass ich auch anwesend sei und mich das verletzen würde.

Mobbing, Trauma, Panikattacken

Während ich heranwachse, sind Tuscheleien, Sprüche, Gelächter alles Alltag. Auf manchen Nachhausewegen werde ich vom Fahrrad gerissen, am Weiterfahren gehindert und bedroht. In Sportstunden werde ich ausgelacht und oft nicht mal mehr aufgerufen, um in die Gruppe gewählt zu werden.

Wenn dir alle nur lange genug sagen, dass du nicht okay bist, fängst du irgendwann selbst an, das zu glauben. Dann wird die Wahrheit der anderen zu deiner Wahrheit. So geht es auch mir. Meine Festplatte im Kopf ist voll von diesen hasserfüllten Sprüchen.

Die Leute aus meiner Klasse haben einen Spitznamen für mich etabliert, den ich so sehr verdrängt habe, dass er mir während der gesamten Arbeit an diesem Buch nicht einfallen wollte. *Blank Space.* Vergraben. Gelöscht. Vor manchen Erinnerungen will mich mein Gehirn so sehr schützen, dass ich einfach nicht mehr an sie herankomme.

Die leere Seite 31 ist kein Druckfehler. Diese leere Seite ist der blinde Fleck in meiner Erinnerung. Diese leere Seite steht für mein Trauma. Ich dachte lange, dass Traumata immer nur in Zusammenhang mit großen Naturkatastrophen oder anderen sehr schweren Erlebnissen auftreten können. Bis ich mir eingestehen musste, dass das, was ich erlebte, für mich sehr schwer war. So richtig geglaubt habe ich es auch erst, als bei mir eine komplexe posttraumatische Belastungsstörung diagnostiziert wurde. Ich dachte immer, das sei doch alles irgendwie »normal« …

Was ist ein Trauma? Das Wort kommt aus dem Griechischen und bedeutet »Wunde«. Eine Psychologin hat es mir einmal so erklärt: »Ein Trauma ist ein belastendes Ereignis, das von der Person, die es betrifft, nicht bewältigt werden kann. Es entsteht zum Beispiel durch Gewalt, sowohl physischer wie psychischer Natur.« Die Definition möchte ich mit dem Auszug aus einem Artikel aus dem Magazin *My Life* ergänzen, da er sich für mich so vertraut wie schmerzhaft anfühlt: »Das zentrale Element im Trauma ist das massive Erleben von Kontrollverlust: Was jetzt passiert, passiert, und im schlimmsten Fall kostet es mich das Leben.«

Während ich groß wurde, hörte ich immer wieder: »Du bist die Kräftige, die Starke«, dabei wurde unbewusst von meinem Umfeld nicht nur auf die physische Verfassung geschlossen, sondern auch auf die psychische. Jahre später erst fällt mir auf, dass ich immer die Starke sein musste und mir nicht erlaubt habe, vermeintliche »Schwäche« zuzulassen und zu weinen, über Gefühle zu sprechen oder nach

Hilfe zu fragen. Anzuerkennen, dass das, was ich erlebt habe, unfassbar schmerzvoll war.

Mit etwa dreizehn Jahren überfällt mich das erste Mal eine Panikattacke. Ich kann die heftigen Gefühle und körperlichen Reaktionen nicht einordnen. Was mit mir während einer Panikattacke passiert, wie sich das anfühlt, finde ich noch heute schwierig in Worte zu fassen:

Mein Herz schlägt so stark, dass ich es am Hals spüre.
Je mehr ich atme, desto weniger Luft bekomme ich.
Mein Magen krampft, zieht sich zusammen.
Angsteinflößende Gedanken.
Mein Herz rast wie wild.
Beklemmungen.
Massive Angst.
Schwindel.
Übelkeit.

Ich schaue von oben auf mich hinunter.
Und frage mich: Werde ich das überleben?

Ich werde! Ich überlebe die Panikattacken und die Ängste vor den Ängsten. Gefühlte tausend Mal in den kommenden zehn Jahren in allen vorstellbaren Situationen.

Das Ganze geht wahrscheinlich immer ein paar Minuten bis zu einer halben Stunde so. Ein Zeitgefühl habe ich währenddessen nie, aber immer die feste Überzeugung, dass mein Herz gleich stehen bleibt.

Hätte mein Kinderarzt, als ich nach meiner ersten Panikattacke bei ihm in der Praxis stand und meine Symptome schilderte, erkannt, worum es sich handelte, wäre mir wahrscheinlich einiges erspart geblieben. Statt einer Untersuchung oder Fragen bekam ich von ihm aufmunternde Worte: »Das wird schon wieder, mach dir mal nicht so viele Sorgen, das brauchst du doch gar nicht. Bist doch noch so jung.«

Hätte er merken können oder müssen, in welchem Teufelskreis ich mich befand? Dass hier ein Mädchen darauf hoffte, jemand würde seine Essstörung, den psychischen Druck und die ADHS endlich erkennen? Dass jemand Fragen nach Mobbing in der Schule stellen würde? Dass jemand es mitsamt seinen Panikattacken zu einer Therapeutin oder einem Therapeuten überweisen würde?

Wenn ich mich auf ein einziges Gefühl festlegen müsste, das meine Kindheit und Jugend am besten beschreibt, so wäre es der Eindruck, falsch zu sein. Was ich auch tat, wo ich mich auch befand, immer gab man mir zu verstehen: Du passt hier nicht rein. Es zog sich durch alle Bereiche: den Sportunterricht, weil ich nicht sportlich aussah. Die Arztpraxis, weil mein Gewicht in der roten statt in der grünen Kurve lag. Bekleidungsgeschäfte, weil mir nichts passte. Die Diätgruppe, weil ich mehr zu mir nahm als vorgegeben. Filme, Serien und Zeitschriften, weil Menschen wie ich dort entweder gar nicht vorkamen oder ungestraft verhöhnt und gedemütigt wurden. Wohin sollte sich eine mehrgewichtige Heranwachsende, für die es nirgends einen Safe Space gab, wenden? Nach wem sollte sie sich richten? Die acht Jahre alte Julia aus der Kur hätte keine Antwort auf diese Frage gehabt. Die vierzehn Jahre alte Julia mit den Panikattacken auch nicht.

Damals fehlte mir neben Empathie und einer Ärztin oder einem Arzt, die sich Zeit genommen hätten, vor allem eines: ein Vorbild. Ein Mensch, der ähnlich aussah wie ich. Der mir zu verstehen gab, dass ich so, wie ich war, richtig war. Genug. Liebenswert.

Kapitel 2

»Biggest Loser?« —
Fehlende Vorbilder in den Medien
von 1990 bis heute

Eine Welt, in die ich mich als Jugendliche immer wieder flüchtete, um all den Anstrengungen des Alltags zu entkommen, waren die Magazine, Musik- und TV-Shows in den Neunzigern. Die Chartshow TOP 100 am Freitag und die Magazine, die immer mittwochs erschienen, gaben mir im heiklen Alltag Struktur. Vor der Schule ging ich dann extra einen kleinen Umweg, um am Kiosk vorbeizukommen. Ich war immer ganz aufgeregt, ob meine Lieblingsstars dieses Mal als Poster zu sehen sein und wie die Magazine über sie berichten würden. .

Ich frage mich heute oft, wie anders meine Kindheit wohl verlaufen wäre, wenn bei den Zeitschriften damals auch kurvige Frauen auf dem Cover zu sehen gewesen wären. Wenn dicke Frauen Filmheldinnen und nicht nur Feindbilder gewesen wären. Wie anders die Entwicklung unserer Generation wohl gewesen wäre, wenn lesbische Frauen, Schwarze Frauen und nicht binäre Personen Repräsentation erfahren hätten. Queere Personen, Menschen, die eine Behinderung haben, und alte Menschen. Alle Menschen, die in dieser Zeit keine, nur sehr wenig oder sehr stereotype Repräsentation erfahren haben.

Kennt ihr einen Film mit einer mehrgewichtigen Frau, in dem es nicht um ihren Körper geht, die einen mehrdimensionalen Charakter hat und nicht nur der Joke des Filmes ist?

Mir hätte es als junges Mädchen sicher geholfen, diverse Vorbilder zu haben. Model-Casting-Shows, in denen junge Mädchen mit einer schlanken Figur als »fett« bezeichnet und zum Abnehmen nach Hause geschickt wurden, haben sich in mein Gehirn eingebrannt und mit dazu geführt, dass ich täglich mein Gewicht gecheckt habe. Und wenn es in den Medien doch mal um dicke Mädchen oder marginalisierte Gruppen ging, dann hauptsächlich in einem negativen Kontext, der Vorurteile bestärkte.

Die Attribute dick_fett, alt, behindert oder schwul wurden und werden leider nicht etwa beschreibend verwendet, sondern als Abwertung. Gekapert als Werkzeug, das diejenigen, die es betrifft, zum Schweigen bringen soll. Als Jugendliche hinterfragte ich das alles noch nicht, heute, als Erwachsene, aber schon.

Ein kleiner Einblick ins TV-Programm gefällig? 1997 strahlt der Mitteldeutsche Rundfunk (MDR) die erste Folge der deutschen Comedyserie »Mama ist unmöglich« aus, da bin ich acht Jahre alt. Die Protagonistin Vicky, eine dicke Schriftstellerin ohne Mann und mit zwei Töchtern im Teenageralter, wird in einer Handlungsangabe auf Wikipedia wie folgt beschrieben: »Sie macht ihren Beruf zwar leidenschaftlich, ist mit dem Haushalt aufgrund ihrer Faulheit und Tollpatschigkeit jedoch überfordert (…). Zudem hat sie eine Vorliebe für Süßigkeiten und anderes ungesundes Essen, insbesondere Stracciatella-Eis, und ist deshalb

etwas ü*ergewichtig, worauf sie jedoch nicht gerne angesprochen wird.«

Den Vorspann der Serie gestalten die Macher*innen so,
dass sich Vicky für ein Familienfoto im Kreise ihrer Liebsten in einen Campingstuhl setzen will. Dabei bricht Vicky
jedoch durch die Sitzfläche, was im Teaser mit einem über-
lauten reißenden Geräusch unterlegt ist. Die Nachbarn, die
das Ganze mitbekommen, lachen Vicky aus. Für den Rest des
Vorspanns versucht die Familie, Vicky, die mit ihrem Gesäß
im Stuhlgestänge feststeckt, herauszuziehen. Drei Personen
und sogar der Hund, alle hintereinander zerren an dem Stuhl.
Als dies schließlich gelingt, ertönt ein lautes Ploppgeräusch,
und die drei fallen auf den Boden. Die Familienmitglieder
verdrehen die Augen oder kichern. Auf dem per Selbstauslö-
ser getätigten Familienfoto, das eingeblendet wird, sieht man
Mama Vicky, wie sie in dem durchgebrochenen Stuhl hängt
und hilflos die Arme von sich streckt.

Als Kind hatte ich ein total gemischtes Gefühl. Auf der
einen Seite war mir Vicky sympathisch, weil ich eine Verbindung spürte durch all die Dinge, die man mir über
mich und meinen Körper immer wieder sagte, und auf
der anderen Seite empfand ich eine tiefe Abneigung. Es
war die Abneigung gegen dicke Menschen, die auch ich
verinnerlicht hatte. Erst jetzt, viele Jahre später, kann ich
genau benennen, was da als kleines Mädchen in mir vor-
ging. Wenn ich diesen Trailer heute schaue, kann ich nur
mit dem Kopf schütteln.

Ein anderer Film, der mich damals total packte, weil ich dort
zum ersten Mal eine Schauspielerin mit einer rundlicheren
Figur sah, war die Liebeskomödie »Schwer verknallt«, die
2003 rauskam, als ich vierzehn war. Sie handelt von Alma,
die tagtäglich die Zugverbindungen am Bahnhof Wuppertal

ansagt und sich wegen ihrer wohlklingenden Stimme vor Verehrern kaum retten kann. »TV Spielfilm« beschreibt die weitere Handlung auf der Website mit den folgenden Worten: »Leider ist Alma ein ziemlicher Moppel, und XXL liegt bei den Jungs nun mal nicht im Trend. Deshalb kann sie ihr Glück kaum fassen, als sie per Internet Stefan kennenlernt. (...) «

ENDLICH! Ein Film, in dem eine Frau, die mir ähnlich sieht, mit dem Thema Liebe in Berührung kommt. Aber auch nur in Berührung. Schon aus der Beschreibung des Filmes werdet ihr sicher ein Gefühl haben, was im Film passiert ist. SPOILER! Alma und Stefan sind kein Paar geworden. Viele schmerzhafte Szenen machen deutlich, dass dicke Frauen keine Ansprüche haben dürfen, dass sie immer nett sein sollten und einfach keine Liebe verdient haben. Und trotzdem hätte ich jahrelang gesagt, dass das einer meiner absoluten Lieblingsfilme ist, weil ich mich mit der Hauptdarstellerin irgendwie identifizieren konnte. So sehr fehlte mir ein Vorbild: ein Mensch, wenn auch nur im Film oder auf einem Cover, der mich spiegelte. Eine Frau, die aussah wie ich und mir das Gefühl gab, richtig zu sein. Und vor allem: nicht allein.

Eine Serie, die mir damals richtig Angst machte, war »Liebling, wir bringen die Kinder um!« 2006 und 2007 strahlte RTLZWEI diese Doku-Soap aus. Das Konzept: Eine Ernährungswissenschaftlerin besucht Familien mit mehrgewichtigen Kindern zu Hause und erstellt für sie ein Ernährungs- und Bewegungsprogramm, das beim Abnehmen helfen soll. Was an dem Format neu ist, ist ein animiertes Computer-Morphing. Es zeigt, wie sich das Kind äußerlich entwickeln könnte, wenn es bei seiner aktuellen Ernährungsweise bliebe. Oftmals wird die Haut des Kindes dann fahl und grau dargestellt, die Mundwinkel nach unten hängend, die Augenringe tief. Am Ende einer jeden Folge bekommen Eltern und Zuschauer*innen das Gegenstück präsentiert: die Prognose, sofern das Kind abnehmen und sich mehr bewegen würde. Aus den ehemals traurig dreinblickenden dicken Kindern sind im Morphing lächelnde, strahlende und schlanke Erwachsene geworden.

Die Lehre daraus? Dicke Körper sind automatisch krank, dünne Körper sind automatisch gesund. Etwas dazwischen gibt es nicht. Schwarz, weiß. Gut, schlecht. Sind wir Menschen nicht viel komplexer? Ob das Kind womöglich eine Essstörung hat, Traumata oder Ähnliches, wurde meines Wissens selten bis gar nicht so benannt und adressiert. Die Bilder, die in diesem Morphing-Prozess entstanden, machten mir damals Angst. Ich verglich mich mit ihnen und fürchtete mich davor, irgendwann genauso auszusehen. Das führte bei mir dazu, dass ich nach einer Folge das Essen mehrere Tage verweigerte und immer tiefer in den Teufelskreis aus Restriktion und Überessen rutschte.

»The Biggest Loser« – geht es wirklich um Gesundheit?

Und hier noch ein Beispiel: Seit 2009 läuft bis heute regelmäßig die Fernsehshow »The Biggest Loser«. Mehrgewichtige Menschen treten gegeneinander an; wer prozentual gesehen am meisten Körpergewicht verliert, gewinnt die Show. Mit knapp zwei Millionen Zuschauer*innen im Jahr 2021 gilt die Show als überaus erfolgreich, das Konzept stammt aus den USA und läuft oder lief in bislang mehr als zwanzig Ländern, darunter Australien, Brasilien, Indien und Südafrika. Als ich vor nicht allzu langer Zeit mal wieder in die Sendung reinschaute, war ich schockiert davon, wie die Menschen in schweißtreibenden Spielen, beim Gang auf die Waage oder in persönlichen Interviews zur Schau gestellt wurden, so kam es mir jedenfalls vor, um am Ende nicht nur Gewicht zu verlieren, sondern auch Geld zu gewinnen. Mir ist bewusst, dass viele Menschen denken, man würde dicken Menschen mit dieser Show wirklich helfen und sie »retten«. Ich würde euch gerne einen anderen Blickwinkel zeigen. Zeitgleich möchte ich betonen, dass ich selbstverständlich alle Menschen respektiere, die mit diesem Format eine gute Erfahrung gemacht haben und Fan davon sind. Wie ich in diesem Buch immer wieder hervorhebe, gibt es viel mehr als nur zwei Seiten. Dies möchte ich euch in dem folgenden Interview zeigen.

In unserem Podcast #RespectMySize durften meine Podcast-Partnerin Verena Prechtl vom Kanal @ms_wunderbar und ich mit Dr. Antonie Post, Dipl.-Ernährungswissenschaftlerin und Anti-Diät-Ernährungswissenschaftlerin, über »The Biggest Loser« sprechen. Eins wurde unserer Meinung nach schnell klar: In der Sendung geht es unserer Meinung nach nicht um Gesundheit!

Auch wenn das Format inzwischen »Leben leicht gemacht – The Biggest Loser« heißt, lässt sich nicht bestreiten, dass schon allein das Wortspiel zutiefst verletzend sein kann. »Der größte Verlierer« – ja, es mag um Kilos gehen, aber die Doppeldeutigkeit hat für mich einen ganz bitteren Beigeschmack. Damit stehe ich nicht allein da, wie die Reaktionen der Community auf unsere Podcast-Episode »Diät im TV?« zeigen. Im Folgenden könnt ihr mitlesen, worum es (in leicht abgeänderter Form) in der Folge ging.

Bevor wir detailliert auf »The Biggest Loser« eingehen, möchten wir euch an dieser Stelle noch einige wichtige Informationen zum Thema Anti-Diät und Gesundheit mitgeben.

Jules: Eine Sache vorweg: Anti-Diät, falls die Leute damit noch gar nichts anfangen können, bedeutet jetzt nicht automatisch Anti-Gesundheit, damit setzen das leider viele gleich. Magst du als Ernährungswissenschaftlerin dazu vielleicht noch ein paar passende Worte sagen?

Dr. Antonie Post: Genau, das wird leider oft falsch verstanden. Anti-Diät bedeutet nicht Anti-Gesundheit, sondern ganz im Gegenteil: Anti-Diät bedeutet, dass du deine Bedürfnisse wieder honorieren darfst, dass du dich mit deinem Körper verbindest, dass du wieder auf die Signale deines Körpers hörst, dass du nicht so eine Schablone von außen aufgelegt bekommst, der du dann irgendwie folgen musst, um deine Gesundheit zu verbessern. Sondern Anti-Diät bedeutet, dass man eben nicht diesen Umweg über das Gewicht nimmt und hofft, wenn man abgenommen hat, dass dann irgendwie alles besser und gesünder und toller ist. Es bedeutet, dass du dich direkt mit deiner Gesundheit befasst und schaust: In welcher Situation bist du gerade? Und was kannst du jetzt in diesem Moment mit ganz viel Achtsamkeit für deine Gesundheit tun?

Jules: Kannst du uns bitte auch noch mal benennen, was eine Diät eigentlich wirklich ist und was sie bei ganz vielen Menschen auslösen kann? (…)

Dr. Antonie Post: Für mich ist eine Diät jede Ernährungsweise – egal, wie die jetzt heißt, egal, was sie für einen coolen, hippen Trendnamen hat –, die dir sagt, wann was oder wie viel du essen darfst, die dir Regeln von außen aufgibt und die die Regeln von außen wichtiger macht als deine körperlichen Signale. Für manche Menschen ist das überhaupt kein Problem. Die haben Regeln in ihrer Ernährung, verzichten auf bestimmte Dinge, haben aber keinen Leidensdruck damit. Und das sind ganz oft Menschen, die ein positives Körperbild haben. Positives Körperbild bedeutet, dass sie ihren Selbstwert aus ihrem Sein schöpfen. Und wenn du jetzt aber Ernährungsregeln einer Person gibst, die ein negatives Körperbild hat, dann kann das sein, dass das für sie der letzte Strohhalm ist, an den sie sich klammert, weil eine Person mit negativem Körperbild versucht, über Verhaltensweisen oder über Aussehen sich irgendwie Selbstwert zu erschaffen. Das mal voraus. Und das Problem mit Diäten ist einfach, wenn du ein restriktives Essverhalten hast, in welchem Sinne auch immer, wenn du irgendwelche Sachen weglässt oder wenn du einen ganz strengen Ernährungsplan hast oder selbst wenn du nur diese Restriktion im Kopf hast, also wenn du Schuldgefühle hast, nachdem du etwas gegessen hast, dann reagiert dein Körper darauf. Und zwar reagiert dein Stoffwechsel darauf, indem der Grundumsatz runtergefahren wird. Deine Hunger-Sättigungs-Hormone kommen aus dem Gleichgewicht. Dein Körper hat es ja über Jahrmillionen Evolution perfektioniert, dass du nicht verhungerst, und eine Diät ist einfach eine Hungersnot. Und deshalb funktionieren die allermeisten Diäten oder Diäten überhaupt für die allermeisten Menschen nicht. Mit jeder Diät kannst du Gewicht verlieren. Kurzfristig. Und dann geht aber dieser Regelkreis los, dein Körper steuert dagegen, und du nimmst in der Regel zu. Ich habe mal einen Post gemacht. Das sind diese zwei Seiten der Medaille, und die Vorderseite der Medaille nutzt sozusagen die Diätindustrie und sagt: Ja, aber Diäten wirken, wenn du weniger isst, wenn du dich mehr bewegst, dann nimmst du ab. Das erzählt dir aber nur die halbe Wahrheit, weil der andere Teil der Wahrheit ist, dass dein Körper sich anpasst, dass dein Gehirn vorgibt, was du wiegen sollst. Gewicht hat auch eine ganz, ganz große genetische Komponente. Und dann geht dieser Regelkreis wieder an, und du nimmst wieder zu. Und nicht, weil du so willensschwach bist oder weil du wieder in alte Gewohnheiten zurückfällst, sondern weil dein Körper dafür sorgt, dass du nicht verhungerst. Das ist einfach das Problem dahinter. Und wir können uns natürlich auch damit aufhalten, jetzt zu diskutieren, wer ist schuld, dass Diäten nicht funktionieren? Aber das ist für mich Zeitverschwendung. Tatsache ist, sie funktionieren einfach nicht. Und wir müssten eigentlich mal mit dem arbeiten, was ist, und nicht mit dem, was sein könnte. Fakt ist: 95 bis 98 Prozent aller Diäten scheitern in den ersten ein bis fünf Jahren. Zwei Drittel aller Menschen wiegen nach der Diät mehr als vorher. Das nennt sich Weight Cycling. Das ist sehr, sehr ungesund. (…) Im Prinzip ist das einzig sichere Outcome einer Diät eine Gewichtszunahme.

Jules: Kannst du uns die genaue Zahl sagen von den Personen, die nach so einer Diät in eine lebensgefährliche Essstörung abdriften? Wie hoch ist die noch mal genau?

Dr. Antonie Post: Es ist eine von vier Personen, die eine Diätkarriere hinter sich hat, die in einer therapiebedürftigen Essstörung endet. Und wir dürfen nicht vergessen, dass Essstörungen die Todesursache Nummer eins im Jugendalter sind. Eine solche Essstörung ist eine schwere psychische Erkrankung, die einer Therapie bedarf. Und gerade viele dicke Menschen bekommen eben diese Hilfe nicht, weil da natürlich wieder Vorurteile herrschen, weil Menschen mit einem hohen Gewicht »ja gar keine Essstörung haben können« (Ironie). Dabei ist es tatsächlich so, dass laut einer Kollegin nur sechs Prozent der Menschen in einer Essstörung laut BMI-Definition untergewichtig sind, sechs Prozent! Und was ich immer sage: Ich bin nicht Anti-Menschen, ich bin Anti-Diät, und ich habe so viel Empathie für jede Person, die eine Diät macht, weil sie einfach hofft, dass ihr Leben danach besser ist oder dass sie vielleicht nicht mehr so vielen Anfeindungen ausgesetzt ist. Wir müssen uns einfach klarmachen, wir leben in einer fettfeindlichen Gesellschaft. Es ist leichter, wenn du schlank bist.

Jules: Wir können Fettfeindlichkeit vielleicht auch noch mal kurz erklären. Fettfeindlichkeit ist etwas Strukturelles. Es ist einzuordnen wie Frauenfeindlichkeit, Rassismus und andere Diskriminierungsformen – ohne alle auf eine Stufe zu stellen, nur um es für das Verständnis grob einzuordnen. Das ist ganz tief verankert. Es ist eine Praktik, um Menschen systematisch abzuwerten, und wir sind so gut wie alle so sozialisiert und kriegen das gar nicht mit. Damit muss man sich wirklich in der Tiefe beschäftigen, um es zu erkennen und sichtbar zu machen.

Übrigens: Das Buch *Fearing the Black Body – The Racial Origins of Fat Phobia* von Sabrina Strings hat mir da unter anderem sehr geholfen. Ich würde im Deutschen allerdings immer eher von Fettfeindlichkeit sprechen und nicht von Fettphobie, da eine Phobie eine Angststörung ist.

Dr. Antonie Post: Genau. Wir haben Vorurteile gegenüber dicken Menschen. Wir verbinden Dicksein mit Willensschwäche, mit Hässlichkeit, mit Erfolglosigkeit, mit mangelnder Disziplin und solchen Dingen.

Jules (…) Wie viele Menschen haben Angst, dick zu sein? Allein, dass die Wörter dick und fett als Beleidigung gelten, sollte uns zeigen, wie tief Fettfeindlichkeit verankert ist. Und es ist keine Willkür. (…)

Verena: Wir dürfen natürlich auch nicht vergessen, dass Stress eine riesengroße Rolle spielt, denn Stress produziert sehr viel Cortisol, und wir wissen, dass Cortisol dafür verantwortlich ist, dass wir Fett speichern. Und (…) ich glaube, das wird ganz, ganz häufig einfach nie bedacht.

Jules: Genau. Cortisol wird ja auch bei Stress ausgeschüttet, wenn man zum Beispiel eine Beleidigung erfährt. Solche Sprüche nennt man Mikroaggression. Wenn dir im Alltag immer wieder gesagt wird: »Hey, iss mal weniger, wie siehst du aus? Du musst abnehmen!« (…) Dicke Menschen wissen, dass sie dick sind. Das muss man ihnen nicht jeden Tag sagen, sie bekommen es im Alltag oft genug zu spüren. Und genau durch diese teils verbale Gewalt gibt es eine körperliche Reaktion, die sich einfach nicht positiv auf den Körper auswirkt. Das sollten wir uns unbedingt vor Augen halten.

Es gibt doch dieses Minnesota Starvation Experiment. Kannst du mehr darüber erzählen?

Dr. Antonie Post: Genau, das Minnesota Starvation Experiment, das in den 1940er-Jahren durchgeführt wurde, war eigentlich ein Versuch, um zu sehen, wie man Menschen nach dem Zweiten Weltkrieg in einer Hungersnot wieder aufpäppeln kann. Da wurden 36 gesunde junge Männer, die psychisch stabil waren, für sechs Monate auf Diät gesetzt: Brot, Kohl, Kartoffeln, Rüben – sonst nichts. Und die haben (…) ganz krasse psychologische Verhaltensänderungen und alles Mögliche gezeigt. Also auch, welchen Einfluss eine Diät auf den Geist haben kann. Und man muss sich dazu noch mal klarmachen: Sie wurden auf 1500 Kalorien runtergesetzt, und das ist ja »fast noch viel«, wenn man sich mal so eine herkömmliche Diät anguckt.

Jules: Kannst du aufzeigen, was da passierte oder was so symptomatisch war? Was kam dann am Ende dabei raus?

Dr. Antonie Post: Die Menschen wurden besessen vom Essen, sie haben sich nur noch mit Essen beschäftigt. Das waren junge Männer, die hatten vorher irgendwie nie groß Essen im Kopf gehabt. Dann haben sie angefangen, aus Zeitschriften Rezepte oder Essensbilder auszuschneiden und Kochbücher zu sammeln. Die haben teilweise ihr Essen mit Wasser verdünnt, damit sie zwei Stunden essen konnten. Sie haben die Teller abgeleckt. Sie haben jegliches Interesse an sozialer Interaktion verloren und hatten keine Lust mehr, die Libido ging quasi gegen null. Sie haben auch teilweise aufgehört, sich um sich selbst zu kümmern, also Selbstfürsorge zu betreiben, und sind ein bisschen »verlottert«. (…) Ein Bericht zeigt, dass sich beispielsweise einer der Teilnehmer mit einer Axt beim Holzhacken einen oder mehrere Finger abgehackt hat, um ins Krankenhaus eingeliefert zu werden und dort etwas zu essen zu bekommen. Es war wirklich ganz krass, und da muss ich auch eine ganz, ganz große Triggerwarnung aussprechen, wenn jemand diese Studienergebnisse lesen will. Die Forschenden waren selbst total überrascht, weil sie nicht gedacht hatten, dass es so einen großen Einfluss auf den Geist hat, dass sie die Menschen hungern lassen. Und natürlich hatte das auch körperliche Einflüsse. Die Männer haben teilweise Ödeme bekommen, also Wassereinlagerungen. Denen war die ganze Zeit kalt, ihnen sind die Haare ausgegangen. Stumpfe Fingernägel, im Prinzip all das, was man ja auch bei Menschen in einer Anorexie sieht. Wenn du nährstoffunterversorgt bist, wenn du nicht genügend Energie zu dir nimmst.

Jules: Und das sollte man einfach im Hinterkopf behalten, wenn wir über das Thema Diäten sprechen, die gerne heutzutage ja (…) als Wellness verkauft werden. Und ich würde sagen, das ist doch die perfekte Grundlage, um jetzt wirklich in »The Biggest Loser« einzusteigen. (…) Wir haben uns gestern tatsächlich alle die erste Folge (Anm. Staffel 2022) angesehen, und ich weiß nicht, wie es bei euch war. Aber mein Körper hat innerlich gestreikt, mir wurde richtig, richtig übel, als ich gesehen habe, was da passiert ist. (…) An dieser Stelle möchte ich noch sagen: An alle Teilnehmenden: Es geht NICHT um euch! Wir beschützen euch, und wir verstehen, dass ihr Hilfe in diesem Format seht und diesen Weg geht. Und den respektieren wir auch. Wir wollen an dieser Stelle einen neuen Blickwinkel für dieses Thema öffnen.

Verena: Absolut. Also ich habe mir die Folge angeschaut und habe dir danach oder währenddessen kurz ein Video geschickt, bei dem ich Rotz und Wasser geheult habe. Es hat mich so sehr verletzt, die Teilnehmer*innen so zu sehen. Also ich meine, das Ding ist, viele gehen ja in diese Sendung, weil sie das als wirklich große Chance sehen, als die »letzte Chance«, den »letzten Hilfeschrei«, und ich (…) kann die Teilnehmer*innen ja auch auf einer Seite komplett nachvollziehen, denn wir alle waren an diesem Punkt, an dem wir dann noch mal eine Diät machen wollten. (…) Und auch der Gedanke, dass man sich als eine Gemeinschaft zusammentut, um etwas für sich zu tun, ist ja eigentlich schön. Nur dieses ganze Format ist schwierig. Aus diversen Gründen werden wir auch gleich drauf kommen. Aber an sich, dass sich Menschen zusammentun und sagen:»Hey, ich unterstütze dich«, oder»Komm, lass uns das gemeinsam machen. Geteiltes Leid ist halbes Leid«. (…) Also ich finde das schön, dass man sich mit Leuten zusammentut, aber nicht für dieses Format und schon gar nicht auf diesem hardcore krassen Weg.(…)

Dr. Antonie Post: Ich habe das auch geguckt, und es war auch nicht leicht für mich, das anzugucken. Wenn ich in einem Satz sagen soll, was ich von»The Biggest Loser« halte, dann wäre der:»Diese Show: irreführend, unethisch, und ich hasse sie wirklich aus tiefster Seele.« (…) Was ich einen schönen Moment fand, war, wie einer der Teilnehmer*innen gesagt hat: Da ist der Pool, und ich kann jetzt endlich mal in den Pool springen, und hier sehen alle aus wie ich. Und ich muss mich nicht schämen, und ich muss mich nicht verstecken, da war einfach dieses Gemeinschaftsgefühl, wie Verena das gerade schon angesprochen hat. Das kann ein ganz tolles Geschenk sein. Aber es ist eine Reality-TV-Show, in der natürlich auch sehr viel Drama kreiert wird. Ja, das ist eine Unterhaltungsshow, und ich habe mir mal angeguckt, was versprochen wird: einen nachhaltigen Gewichtsverlust, eine verbesserte Gesundheit und ein glücklicheres Leben. (…) Was diese Show liefert, ist, dass die Zuschauer*innen lernen, dass durch eine Waage Gesundheit, Glück, Erfolg, Willenskraft und auch der Selbstwert gemessen werden kann. Und letztendlich verstärkt »The Biggest Loser« nur diese negativen Klischees und diese Stereotypisierung und die Vorurteile gegenüber mehrgewichtigen Menschen. Die haben ja dann die einzelnen Teilnehmer*innen vorgestellt. Ich konnte mir das nicht alles angucken. Ich habe immer zwischendurch mal wieder vorgespult. Da war niemand dabei, die oder der jetzt beispielsweise gesagt hätte: »Wow, ich habe Spaß an Mode«, oder: »Ich möchte gut für mich selbst sorgen.« Ja, so jemand wird da einfach nicht gehört. Oder falls jemand da dabei ist, wird es nicht ausgestrahlt, und die ganze Zeit wird natürlich transportiert: Dieses Körpergewicht ist ein Versagen, ist eine Folge von Willensschwäche und Aufgeben und Mangel an Disziplin. Und dieses Versagen wird in Kilogramm gemessen, und nichts anderes passiert in dieser Show.

Und (…) dieses »Oh, ich mache mir Sorgen um die Gesundheit, ich mache mir Sorgen um die Gesundheit.« Ich habe das bestimmt zehn Mal gehört, und es wird auch immer einfach so im Raum stehen gelassen, mit irgendeiner dramatischen Musik natürlich untermalt. (…) Es geht nicht um Gesundheit. So viel Gewicht in so kurzer Zeit zu verlieren, das ist schlicht und ergreifend nicht gesund. Ich nenne jetzt gleich eine Zahl, da hat ein Teilnehmer die erste Woche 16 Kilo verloren. Das ist nicht gesund. Und von diesem Übertraining will ich gar nicht anfangen. Das sind Personen, die haben teilweise gesagt, sie haben Jahre keinen Sport mehr gemacht, und dann werden die von Tag eins diesem Hammerprogramm unterzogen. Dann hat einer über Knieschmerzen geklagt, und da sagt der Trainer: »Wir fangen doch gerade erst an!« So, wirklich so, dieses »Stell dich doch nicht so an«!

Verena: Und das ist genau das. (…) Ich habe dieses Sporttraining gesehen und kurz mal abgefilmt. Ich habe meinem Personal Trainer geschrieben und meinte:»Du, bitte schau dir das mal ganz kurz an. Ich möchte einfach nur mal deine Meinung dazu hören«, denn ich weiß noch, als ich angefangen habe mit meinem Personal Training und was für ein Prozess das bei mir war. Und wenn du länger keinen Sport gemacht hast (…) und dann von null auf hundert zu gehen ist einfach nur krass. (…) Und wenn ein*e Teilnehmer*in sagt:»Ich kann nicht mehr, ich habe Schmerzen in meinem Knie«, und der Trainer sagt:»Das ist doch erst der Anfang«: Das ist meiner Meinung nach einfach fahrlässig, grob fahrlässig.

(…) Da muss ich auch sagen, dass die Teilnehmer*innen alle ein unterschiedliches Gewicht haben. (…) Also nehmen wir mal an, da ist dann ein Gewichtsunterschied von 50 Kilo zwischen Person A und Person B, und dann sagt die Person B mit weniger Gewicht:»Stell dich nicht so an, komm, mach weiter, mach weiter.« Da ist dann natürlich diese Gruppendynamik, und da will man es ja auch durchziehen. (…) Und du kannst auch nicht einen Trainer hinstellen, der nach zehn Leuten schaut, ob sie alle sauber ihre Übungen machen. Das Ganze hat mein Trainer mir auch bestätigt und meinte, das geht nicht. Du musst klein anfangen, du kannst nicht von null auf hundert gehen in der kurzen Zeit und schon gar nicht mit dreimal Training am Tag, und das jeden Tag. (…) Das ist nicht gut für deine Gelenke, und du machst dir damit einfach alles kaputt. (…) Ich arbeite an diesem Prozess schon echt lange, um meine Muskulatur nachhaltig aufzubauen und um meine Gelenke zu schonen. Und dann kommt da ein Trainer und stellt sich hin:»Ja, mach doch mal schneller«, und die anderen rufen:»Ja, komm schon, stell dich nicht so an!«

Das ist ja eine reine Vorführung, wie Tiere im Zoo. Ihr wisst, ich liebe Trash-TV, okay, aber auf eine andere Art und Weise? Hier wird eine Personengruppe – und das sind mal wieder die dicken Menschen – einfach nur vorgeführt als die Opfer der Gesellschaft, als die Leute, die man eh schon nicht haben will. Und jetzt will man sie dazu ermutigen, endlich abzunehmen, damit sie in irgendein Gesellschaftsbild passen. Sie werden dargestellt als die undiszipliniertesten Leute, die nur zu Hause sitzen, den ganzen Tag Sachen in sich reinstopfen. So wird diese ganze Show dargestellt. (…) Das verletzt mich. Man sieht nämlich nicht, was dieser Mensch wirklich durchgemacht hat, den Leidensweg, den er aber im Kopf hat, nicht nur durchs Gewicht. Das kann alles zusammenspielen.

Und ihnen wird versprochen: »Wenn du schlank bist, bist du automatisch glücklich, und die Leute werden dich so akzeptieren, wie du bist. Und du bist automatisch ein besserer Mensch.«

Da fange ich gleich an zu heulen, weil mich das dermaßen aufregt, weil ich weiß, wie diese Leute sich fühlen, weil ich schon hundertmal in dieser Situation war. Und ich finde es so krass, wie man diese Leute ausbeutet. (…) Und ich finde es nicht in Ordnung, dass man ihnen verspricht, dass sie automatisch danach glücklich sind. Mit einer Gewichtsabnahme kannst du glücklich sein, aber ich verspreche dir, in deinem Kopf sind so viele Sachen, so viel Diskriminierung, die du dein ganzes Leben lang erfahren hast. Das kannst du nicht mit einer Gewichtsabnahme kompensieren. Es geht nicht.

So, und jetzt muss ich mich ganz kurz beruhigen. Ich bin hier in Tränen, weil es mich so verletzt. Es fällt mir so unglaublich schwer, das zu sehen, und ich finde es eine Frechheit, wie Leute sich da hinstellen können, um das zu verkaufen. (…) Ich finde es eine absolute Frechheit, wie man damit Geld machen will und einfach Menschen verkauft. (…) Da ist jede*r freiwillig, sie werden nicht gezwungen, aber die haben alle einen Wunsch nach einer Gewichtsabnahme und den Wunsch, einfach anerkannt zu werden. Wisst ihr, was ich meine? Es ist dieser Wunsch nach Anerkennung, den wir von Kindheit an immer wieder eingetrichtert bekommen. Und es ist ein viel größeres Ding. (…)

Jules: Du sprichst etwas total Wichtiges an. Und zwar, das habe ich mir als Stichwort aufgeschrieben, ein so großer Gewichtsverlust in so kurzer Zeit. Der müsste psychologisch betreut werden. Und zwar richtig, richtig engmaschig. Die Teilnehmerin, die sich anonym bei uns zurückgemeldet hat, sagte, dass es keine psychologische Betreuung in diesem Format gab. Sie ist schon vor ein paar Jahren dabei gewesen.

(…) Seid euch gewiss, meiner Meinung nach ist bei einer Show keine Zeit, damit eine Szene abgebrochen wird und der Therapeut sich die Person rausnimmt und ein Gespräch führt. Das ist nicht so. (…) Und ich kann euch nur sagen, ich bin ja in die Klinik gegangen, und da passiert so viel mit dir. Man wird mit so vielen Sachen konfrontiert. Und wenn man sich das wirklich mal in der Show anschaut …

Jede Person steht da und erzählt von einem krassen, krassen Trauma, von einer so tiefen Verletzung, die sie in ihrem Leben erlebt hat. Und das wird dann heruntergespielt. Es wird von Diskriminierungserfahrungen erzählt, und da sitzt der Trainer vor dir und sagt: »Das Gewicht ist eine große Katastrophe«, anstatt dass er sagt: »Scheiße, die Gesellschaft, die muss sich verändern, damit auch Menschen, die Mehrgewicht haben, akzeptiert werden und damit diese Diskriminierung aufhört.«

Diese Leute sind ganz oft in einen Teufelskreis reinge-
rutscht, weil sie irgendwann nicht mehr Sport machen
konnten oder irgendetwas passiert ist und sie sich dann
nicht mehr getraut haben aufgrund der Diskriminierung.
Das wird in dieser Show nicht einmal kommentiert bisher (...) und auch nicht an die Öffentlichkeit adressiert.

Und wir müssen ja auch noch mal beim Wording anfangen. Sie nennen es jetzt »Leben leicht gemacht«, weil
ihnen anscheinend bewusst ist, dass der Titel »Biggest
Loser« größter Verlierer bedeutet. Es geht natürlich um
die Gewichtsabnahme, aber hat natürlich auch eine »wundervolle« (Ironie) Doppeldeutigkeit, die von Leuten lustig gefunden werden kann. Also der größte Verlierer, weil
du als dicker Mensch in den Augen von vielen Menschen
einfach einen Verlierer darstellst. Dann wird ständig auch
das Wort Ü*ergewicht benutzt statt Mehrgewicht. Hätten
sie sich mal ein bisschen tiefer mit Antidiskriminierung
beschäftigt. Aber das ist nicht der Wunsch.

(...) Und den Leuten, denen wird da wirklich langfristig
sehr selten geholfen. Natürlich wird es immer diese zwei,
drei Paradebeispiele geben. (...) Die wird es immer geben,
und die sagen: »Mir hat die Show geholfen, das war gut.«

Aber wenn wir uns wirklich die Langzeitergebnisse von
vielen Menschen angucken, und es liegt nicht an der »Faulheit« oder Sonstigem, sondern an der Körperkonstitution
und wie diese Show gemacht ist, dann funktioniert es nicht.
Und ich habe da auch noch ein ganz schönes Beispiel mit-
gebracht, wo ich gestern wirklich fast umgefallen wäre.

Das ist dann am Ende die Szene, wo gewogen wird.
Also wenn diese Show respektvoll wäre, dann könnten
diese Menschen ihr T-Shirt anbehalten. Aber sie müssen sich ausziehen! Dicke Menschen, die sich seit Jahren
nicht mehr trauen, ins Schwimmbad zu gehen, weil sie so

viel Diskriminierung erfahren. Die stehen dann da auf der Bühne eingeölt und müssen dann auf die Waage gehen, vor allen Menschen.

Da steht eine junge Frau. Sie hat in zwei Wochen 14,5 Kilo abgenommen. Und dann war es aber so, dass ihr Team in der Entscheidung dann scheinbar »nicht genug« abgenommen hat.

Sie hat sich die ganze Zeit entschuldigt und gesagt: »Ja, es reicht nicht, es tut mir so leid. Ich habe doch schon sechs bis sieben Stunden Sport gemacht, fünfmal am Tag trainiert, und ich schaffe es immer noch nicht.«

(...) Und was lernen die Teilnehmer*innen und die Leute vor dem TV? Sie lernen, dass einfach nur auf die Zahl geschaut wird, dass der Wert der Menschen dort auf der Bühne von der Zahl auf der Waage abhängt.

Diese Show hat einfach nichts Konstruktives, was wirklich einen tiefen Mehrwert geben kann, finde ich. Und was ich auch noch mit einbringen möchte, ist, dass Frauen auch einfach ihre Periode haben. (Anmerkung: Darauf hat uns ebenfalls eine ehemalige Teilnehmerin hingewiesen.) Das macht so einen Wettbewerb unglaublich ungerecht, weil es zu Wassereinlagerungen, Hormonschwankungen, mehr Energieaufwand des Körpers, verstärkten Hungergefühlen etc. kommen kann und das gar nicht mit eingerechnet oder gar erwähnt wird. Wobei ich diesen Wettbewerbscharakter sowieso ganz diffamierend finde. (...) Diese Szene hat mich zutiefst geschockt und mir gezeigt, dass das, in meinen Augen, einfach falsch ist.

(...)

Verena: (...) Wegen der psychologischen Hilfe ... Ich kann mir schon gut vorstellen, dass während dieser Show einfach keine oder wenig psychologische Hilfe da ist, denn den Teilnehmer*innen geht es wahrscheinlich während der Show auch gar nicht mal so schlecht, weil du so viel Adrenalin in dir hast, so viel Serotonin natürlich ausgeschüttet wird. Und diese Gruppendynamik ... dieses »Wow, ich habe abgenommen, toll«. Das ist ja im ersten Moment für die Leute auch wirklich ganz, ganz toll, und die freuen sich bestimmt darauf. Aber was machst du danach, wenn du diese Gruppendynamik nicht mehr hast, wenn du wieder zu Hause bist ... in deinem Alltag? (...) Ich glaube, da fallen die Leute wirklich noch mal in ein richtig tiefes Loch, denn da hast du nicht dieses hohe Adrenalin durch den ganzen Sport. Das macht ja was mit jemandem. Ich weiß nicht, Antonie, wie siehst du das Ganze?

Dr. Antonie Post: Na ja, es ist eine Reality-TV-Show, und die soll unterhalten, die soll Einschaltquoten bringen. Und was ich sehe, ist, es werden Teilnehmer*innen beschämt, um Drama zu erzeugen. Es geht nicht um Gesundheit, und ich weiß nicht, wie gut die während der Show betreut werden. Es ist ja sowieso nicht realistisch. Die sind da in einem Camp ohne Familie nur auf das konzentriert und haben nichts anderes im Kopf, als in möglichst kurzer Zeit möglichst viel abzunehmen. Das funktioniert doch daheim nicht. Ich habe nicht das Gefühl, dass sie dort groß was lernen, wie sie zu Hause dann damit umgehen können. Also mal ganz abgesehen davon, dass ich der Meinung bin, so was gehört begleitet, es gehört Körperakzeptanz gleichzeitig aufgebaut. Man muss am Körperbild arbeiten, weil, wenn du schlank bist und immer noch ein negatives Körperbild hast, ja, dann stehst du im Prinzip schon mit einem Bein in der Essstörung.

Jules: Und warum wird das nicht thematisiert? Hast du eine Essstörung? Hast du ein Lipödem? Was ist mit dir? Es wird uns nicht gesagt, ob irgendwelche Blutwerte abgenommen werden. Es wurde gar kein richtiger Check gemacht, zumindest nicht erwähnt. Das sind alles Sachen, die doch superwichtig sind. (…) Das Team begleitet was? Was für ein Team habt ihr da hinter den Kulissen aufgestellt? (…)

Dr. Antonie Post: Das wird nicht gemacht oder nicht gezeigt, weil es nicht um Gesundheit geht.

* * *

Als ich um einiges jünger war, habe ich dieses Format auch regelmäßig geschaut, weil ich dachte, dass es mir helfen könnte. Habe sogar selbst mit dem Gedanken gespielt, vielleicht einmal dort mitzumachen. Mit dem Blick, den ich heute habe, wünsche ich mir, dass es dieses Format, so wie es jetzt ist, einfach nicht mehr gibt! Vermutlich könnten wir alleine über dieses Thema ein ganzes Buch füllen. Ich würde auch gerne mal mit den Sendungsmacher*innen in den Austausch gehen, um ihnen den Blickwinkel der Betroffenen näherzubringen. Was ich immer wieder merke: Solche Konzepte werden oft von Menschen gemacht, die nicht selbst betroffen sind, die noch nie Mehrgewicht hatten und die die Lebensrealität mehrgewichtiger Menschen nicht nachempfinden können.

Hört euch unbedingt die drei Podcast-Folgen zu »The Biggest Loser« unseres Podcasts #RespectMySize an (https://respectmysize.podigee.io). Da gibt es auch ein Gespräch mit einer ehemaligen Teilnehmerin, die ganz offen über ihre Zeit vor Ort und ihre persönlichen Erfahrungen spricht.

An alle Menschen, die solche Formate entwickeln und produzieren, die Magazine verlegen, gestalten, sich Themen ausdenken und Texte schreiben, die Shows moderieren und ein Sprachrohr durch die Medien haben:

Was wir und vor allem Kinder sehen, schult unser Auge und formt unsere Sehgewohnheiten. Was man uns vormacht, leben wir nach. Was glaubt ihr: Welche Schlussfolgerungen ziehen Menschen, insbesondere Kinder und Jugendliche, wenn sie nur Stereotype gewisser Menschengruppen sehen? Wenn wir dicke Menschen immer nur sehen, wenn die Show noch eine Person braucht, auf der man »humorvoll« herumtrampeln kann? Wenn man dicke Menschen ansonsten nur im Zusammenhang mit Diäten oder Trash-TV erwähnt oder zeigt?

Wenn ihr jetzt denkt: »ABER die Zuschauer*innen wollen das einfach so. Weil man Dicksein nicht verherrlichen darf und es ungesund ist und dicke Menschen keine Repräsentation verdient haben« … Dann überlegt euch bitte auch:

Wir alle sind Teil der Gesellschaft. Schaut euch mal im echten Leben um. Da sieht man so viele unterschiedliche Körper, groß, klein, dick, dünn, mit und ohne Behinderung, unterschiedliche Hautfarben, krank und gesund u.v.m.

In der Medienwelt immer nur dieses eine Ideal abzubilden ist zu wenig. Aber was genau ist das für ein Ideal? Gerade mal eine von 40.000 Frauen entspricht in Bezug auf ihre Größe, ihr Gewicht und ihre Figur den Anforderungen, die an ein Model gestellt werden. Und das ist das, was den Medien zufolge unseren Sehgewohnheiten am ehesten entspricht, und nicht die ganzen diversen Körpertypen, wie es sie in der Realität gibt.

Der erste Schritt für Veränderung ist zu erkennen, dass alle Menschen Respekt und Repräsentation verdient haben.

Um Vorbilder zu schaffen, die Kindern, Heranwachsenden und Erwachsenen das mit auf den Weg geben, was essenziell ist: Selbstfürsorge und Selbstakzeptanz, unabhängig von körperlichen Merkmalen.

Filme und vor allem Seriencharaktere haben die Chance, Vorbilder zu sein. Bücher haben die Chance zu heilen – wenn sie einem jungen Menschen suggerieren: Du bist nicht allein. Sie können aber auch das Gegenteil bewirken. Die diskriminierende Weise, in der dicke Menschen in den Serien und Filmen meiner Kindheit gezeigt wurden, sorgte mit dafür, dass ich als junges Mädchen davon überzeugt war, ganz und gar falsch und unerwünscht zu sein. Das hat viel zerstört und sicherlich nicht nur bei mir. Ich wünsche mir, dass das ab JETZT ein Ende hat und die Zukunft in den Medien so vielfältig ist wie unsere Gesellschaft.

Kapitel 3

» Für deine Figur bist du ja ganz schön smart « —

Wie Vorurteile die Schulzeit und Arbeit erschweren

Die meisten Kinder freuen sich auf die Grundschule: aufs Lernen von lauter neuen Dingen, auf die Gemeinschaft, die Chance, Freund*innen zu finden. So auch ich. Diese Freude verging allerdings schnell. Kinder mit einer dicken Figur sehen sich gleich mehrfach gefordert: Hänseln und Herabsetzungen bis hin zu Mobbing zerstören das Selbstwertgefühl, was sich wiederum negativ auf die schulischen Leistungen auswirken kann. Wer traut sich schon, sich zu melden, wenn andere einen nachmachen, tuscheln oder auslachen? Wer freut sich auf die Pause im Schulhof, die oft einem Spießrutenlauf gleichkommt? Auf Schulsport, Ausflüge, die gemeinsame Brotzeit? Auch vonseiten der Lehrenden kann es eine Ungleichbehandlung geben. Die Vergabe von Noten ist oft durch unbewusste Vorurteile gefärbt, Lehrer*innen sind eben auch Menschen. Und sie leisten Enormes in ihrem Beruf, das möchte ich an dieser Stelle deutlich betonen. Wie tief aber die Diskriminierung mehrgewichtiger Kinder in der Gesellschaft sitzt, zeigen Studien, die zu dem Schluss kommen, dass schlanke Kinder besser benotet werden, und zwar unabhängig vom sozialen Status. Das passiert schon in den allerersten Schuljahren und führt dazu, dass weniger mehrgewichtige Schüler*innen den Übertritt ans Gymnasium schaffen. Zugleich stellen Lehrer*innen für viele Kinder ein Vorbild dar. Ihre Aussagen, ihr Verhalten schaffen Glaubenssätze, die sich in das Unterbewusstsein einprägen und das gesamte Leben beeinflussen können. Es tut weh, wenn schon Kinder Stempel verpasst bekommen: faul, undiszipliniert, selbst schuld ...

Noch ein Grund, warum wir dringend aufwachen und uns für die Diskriminierung mehrgewichtiger Menschen sensibilisieren müssen. An dieser Stelle ist es mir ganz wichtig, bewusst zu machen, dass das nur ein Faktor ist, weswegen Kinder in der Schule Diskriminierung erfahren. Menschen aufgrund des Namens, der Hautfarbe, einer Behinderung, der Religion, der Sexualität u. v. m. auszuschließen, schlechter zu bewerten oder (un-)bewusst anders zu behandeln ist ein riesiges Thema, das wir meiner Meinung nach gesamtgesellschaftlich viel intensiver betrachten und aufarbeiten sollten.

Meine eigene Schulzeit war entsprechend durchwachsen. Einen »FUN FACT« über mich möchte ich euch gleich an dieser Stelle erzählen, obwohl ich dieses Puzzleteil erst sehr viel später in meinem Leben entdeckt habe: Mit einunddreißig Jahren wurde bei mir eine Aufmerksamkeitsdefizit-Hyperaktivitätsstörung (ADHS) diagnostiziert. Es handelt sich dabei um eine Botenstoffstörung im Gehirn.

Doch ich habe das Gefühl, dass alles miteinander verknüpft ist – sowohl K-PTBS Essstörung, Panikattacken, Mehrgewicht als auch ADHS. Wie genau, das erzähle ich euch hoffentlich mit vielen weiteren Erkenntnissen in meinem nächsten Buch.

Dank Frauen wie Carolin Kebekus, die eigentlich als Comedian startete, sich jetzt aber öffentlich für Aufklärungsthemen einsetzt, habe ich zum ersten Mal davon erfahren, dass u. a. Personen mit Uterus, Menschen mit Behinderung, BIPoC (Black, Indigenous, People of Colour) und viele weitere Faktoren im medizinischen Sektor ganz oft gar nicht mitgedacht werden, sondern oft nur Männer mit einer bestimmten Größe und einer bestimmten Kilogrammzahl. In ihrer Sendung *Die Carolin Kebekus Show* beleuchtet sie unter anderem das Thema »Unsichtbare Frauen«, bei dem ich mich zum ersten Mal mit dieser Thematik so richtig beschäftigte. Deswegen stehen möglicherweise auch Lipödem, Endometriose und andere Krankheiten, die diese Personengruppe betreffen, oft noch am Beginn der Forschung. Auch ADHS wurde bei mir vermutlich genau aus diesem Grund lange nicht diagnostiziert.

Was ist eigentlich ADHS?

Wenn ich mich im Folgenden auf ADHS beziehe, dann bezeichne ich es absichtlich nicht als Störung, sondern als Neurodiversität. Nur so gelingt es, Neurominderheiten, wie Menschen mit ADHS oder zum Beispiel auch aus dem autistischen Spektrum, sprachlich zu integrieren.

Unaufmerksamkeit, Hyperaktivität und Impulsivität sind die Kernsymptome von ADHS bei Kindern und Jugendlichen. Eine verminderte Aufmerksamkeit sowie Konzentrations- und Fokussierungsprobleme können auch im Erwachsenenalter fortbestehen. Was die besonders für Kinder so typische Hyperaktivität und Impulsivität betrifft, nimmt diese im Lauf der Jahre meist ab, wenngleich sich viele Jugendliche und Erwachsene getrieben und ruhelos fühlen.

Wie sich ADHS bei Mädchen zeigt, ist Thema eines Artikels aus der *Hannoverschen Allgemeinen:* »Weibliche ADHS-Patienten würden sich außerdem bemühen, sich im alltäglichen Leben, wie beispielsweise in der Schule, besser anzupassen und nicht aufzufallen, so die Kinder- und Jugendärzte im Netz. Zuhause würden sie dann erschöpft, labil oder depressiv sein, stellen die Ärzte fest.« Die Folgen dieser belastenden Lebenssituation können unter anderem depressive Symptome, Essstörungen oder Anzeichen einer Angsterkrankung sein.

ADHS trat in meinem Fall früher zum Beispiel in der Form in Erscheinung, dass ich mich entweder extrem gut auf ein Thema konzentrieren konnte, wenn es mir gefiel, oder eben gar nicht, wenn es mir keinen Spaß bereitete.

Wer ADHS hat, kennt das vielleicht: Im Laufe seines Lebens entwickelt man Hilfsstrategien, um den Fokus oder die Konzentration nicht zu verlieren. Wenn ich in der Schule merkte, dass ich den Lehrer*innen nicht mehr folgen konnte, fing ich an, in meinem Heft herumzumalen. Ein unterbewusster Prozess, den ich erst heute reflektieren kann. Damals kassierte ich dafür Sonderaufgaben und Ermahnungen von der Lehrerschaft, und das hatte Einfluss auf mein Selbstwertgefühl. Wie anders meine Schulzeit hätte sein können, wenn man die Informationen über ADHS bei Mädchen, die nicht hyperaktiv erscheinen, damals schon gehabt hätte! Ich war nach außen nie hyperaktiv, dafür aber in meinem Kopf, mit gefühlt tausend verschiedenen Gedanken und Ideen pro Sekunde.

Wenn ich mich sehr auf eine Sache konzentriert habe, die mir Spaß machte, habe ich oft vergessen, etwas zu essen. Die Signale meines Körpers habe ich dann gar nicht mehr richtig wahrgenommen, weil ich wie in einem Tunnel war. Mittlerweile lese ich immer mehr Beiträge dazu, dass Essen ein Mittel sein kann, um die Botenstoffe im Gehirn in Gang zu bringen oder das Nervensystem zu beruhigen. Bei Mädchen mit ADHS treten Essstörungen 3,6-mal so häufig auf wie bei Nichtbetroffenen, erfahre ich auf ADxS. org. Ich hoffe sehr, dass die Zusammenhänge noch weiter untersucht und erforscht werden, damit bessere Lösungen gefunden werden.

Von der Sitzenbleiberin zur Einserschülerin

Ganz aufgeregt und mit kalten Fingern halte ich mein Zeugnis in Händen. Es ist das Abschlusszeugnis der vierten Klasse, es entscheidet darüber, welche Schule ich danach besuchen werde. Die Hauptschule, die Realschule oder das Gymnasium. Ich möchte sofort wissen, was Sache ist, also lese ich den letzten Satz zuerst: »Ich empfehle Julia, nach der Grundschule auf die Hauptschule zu gehen.«

NEIN, NEIN, NEIN … nicht nach den ganzen Anstrengungen, die mich die ersten Schuljahre gekostet haben! Ich nehme all meinen Mut zusammen und gehe auf meine Lehrerin zu.

»Meine Noten sind okay, ich möchte unbedingt auf die Realschule«, sage ich zu ihr ganz direkt, obwohl ich zu diesem Zeitpunkt noch sehr schüchtern bin. Die Realschule ist viel näher an meinem Zuhause, und ich habe auf dem Schulhof schon Freundschaften zu älteren Schülerinnen geknüpft, die ich unbedingt aufrechterhalten möchte.

Sie sieht mich mit großen Augen an. Ich halte ihrem Blick stand. »Ich schaffe das«, sage ich. Wir reden eine ganze Weile, bis sie schließlich meint: »Wenn es denn sein muss. Wir werden ja sehen, wie gut es funktioniert. Zur Not wechselst du eben später auf die Hauptschule. Ich glaube ja nicht daran, dass du das schaffst.« Mit hochgezogenen Augenbrauen unterschreibt sie genervt meine Empfehlung für die Realschule. Ich bin stolz auf mich und frage mich, woher ich diese Selbstsicherheit gerade geholt habe, so für mich einzustehen.

Während ich beim Schreiben des Buches diesen Moment in meinem Leben Revue passieren lasse, wünsche ich mir, dass Klassenlehrer*innen nicht alleine und ausschließlich diesen gewaltigen Einfluss auf die Entscheidung zur weiterführenden Schule haben wie meine Lehrerin damals. Hätte sie sich nicht auf mein Gespräch eingelassen, hätte ich keine Empfehlung für die Realschule bekommen. Immer wieder höre ich Geschichten, die meiner ähneln. Ich möchte Mut machen, mit den Lehrenden ins Gespräch zu gehen. Und seid euch sicher: Mir ist absolut bewusst, dass Lehrer*insein ein absolut fordernder Beruf ist, vor dem ich wirklich sehr großen Respekt habe.

* * *

So. Da bin ich nun: fünfte Klasse, Realschule, harscher Umgangston, harte Gesetze. Wer keine Markenklamotten hat, ist weniger wert. Miss Sixty, Fishbone und Helly Hansen kann ich mir nicht leisten, davon abgesehen gibt es das alles ja sowieso nicht in meiner Größe. Dabei trage ich zu diesem Zeitpunkt maximal die Kleidergröße 40/42. Dieses Schuljahr soll für mich die Hölle auf Erden werden. Meine

Gedanken kreisen ständig darum, wie ich mich möglichst unauffällig und ruhig verhalte, um keinen Spruch zu kassieren. Die Angstatmosphäre wirkt sich auf meine Noten aus. So habe ich mir die Realschule nicht vorgestellt. »Julia kann nicht in die sechste Klasse versetzt werden«, heißt es am Ende des zweiten Halbjahres. Ich bleibe sitzen – und stelle gleichzeitig die Weichen für mein restliches Leben, ohne es zu ahnen.

Ich wechsele in eine neue Klasse und bekomme eine ganz besondere Klassenlehrerin. Nennen wir sie: Frau Sonne. Bei ihr macht der Unterricht richtig Spaß. Ich kenne sie schon aus einem anderen Fach, dort haben wir die spannendsten Experimente gemacht, durch die ich so viel Spaß am Unterricht hatte, dass ich gute Noten schrieb. Ich habe im Vorfeld auch gehört, dass sie mit ihrer Klasse immer die meisten Ausflüge macht und sich immer wieder coole Aktionen einfallen lässt. Welches Glück ich mit Frau Sonne habe, merke ich schnell.

Als mir jemand einen Spruch wegen meiner Kleidung reindrückt, geht sie dazwischen. Verhalten sich Schüler*innen auffällig, fragt Frau Sonne nach, hört zu und setzt sich ein. Trotz meiner undiagnostizierten ADHS und der damit einhergehenden Schwierigkeit, mich zu konzentrieren, kann ich ihr in den Stunden meist folgen. Natürlich gibt es auch Phasen, in denen es anstrengend für uns beide ist, und trotzdem schaffen wir es, solche Hürden zu überwinden. Sie arbeitet mit Lob statt mit Strafen und spornt mich durch ihre Art, den Unterricht mitzugestalten, so sehr an, dass ich am Ende der zehnten Klasse nicht mehr die Sitzenbleiberin von damals bin, sondern mich zu einer Einserschülerin hochgekämpft habe. EINE EINSERSCHÜLERIN. Wer hätte das je gedacht?

Ich habe die Empfehlung, auf das Gymnasium zu gehen,

und bin überglücklich. Schließlich will ich allen beweisen, dass ich alles schaffen kann. Zumindest karrieremäßig. Wenn immerhin schon mein Körper für die anderen nicht richtig zu sein scheint.

Als Frau Sonne und ich uns zum zehnjährigen Wiedersehen in ihrem Garten mit den anderen Mitschüler*innen treffen, wir alte Fotos mit dem Beamer an ihre Wand projizieren, gemeinsam lachen und gemeinsam weinen und die Zeit Revue passieren lassen, verstehe ich erst so richtig, was diese Frau alles in unseren kleinen Leben damals bewegt hat.

Wie eine Löwin setzte sie sich für uns, ihre eigene Klasse, ein.

Zur fünfzehnjährigen Feier unserer Abschlussklasse wollen wir uns wieder bei Frau Sonne im Garten treffen. Alles ist fest verabredet. Und dann öffne ich mein Handy. Mein Schulfreund schreibt mir, dass Frau Sonne nicht mehr unter uns ist.

Mein Herz ist gebrochen. Wollte ich ihr doch noch so viel sagen und mich noch einmal von Herzen bei ihr für all die Weichen bedanken, die sie für uns gestellt hat. Wollte ich von ihr erfahren, was sie in den letzten Jahren alles auf die Beine gestellt hat, um die Welt für viele Menschen wieder zu einem besseren Ort zu machen. Ihr erzählen, was ich alles über mich und mein Leben herausgefunden habe und welchen Anteil sie daran hat.

Deswegen mache ich das jetzt an dieser Stelle:
Danke für alles, Frau Sonne.

Fotostudio, Zeitung, Radio – Hauptsache: Journalismus! Wo bin ich richtig?

Mein erstes Pflichtpraktikum während meiner Schule absolviere ich in einem Fotostudio, lerne, Passbilder zu machen, das Licht einzustellen, und putze Regale. In meiner Freizeit besuche ich Kurse, in denen ich filmen und Bilder in der Foto-Dunkelkammer entwickeln lerne, und bin begeistert. Ein paar Monate später mache ich mein erstes freiwilliges Praktikum bei der Lokalzeitung in meinem Heimatort. Während meine Freund*innen die Winterferien genießen, fahre ich jeden Morgen in die Redaktion. Ich sauge alle Informationen auf, nehme jede Möglichkeit wahr, mit den Redakteur*innen zu Pressekonferenzen zu fahren und kleinere Artikel zu schreiben. Da bin ich gerade so um die vierzehn, fünfzehn Jahre alt.

Als das Praktikum vorbei ist, bekomme ich sogar einen Job als freie Mitarbeiterin und darf wöchentlich für das Kinoressort schreiben – der coolste Nebenjob der Welt für mich zu diesem Zeitpunkt! Während mir mein Umfeld damit in den Ohren liegt, doch Reiseverkehrskauffrau zu werden, weil das so solide und sicher sei, besuche ich Veranstaltungen, Seminare und Workshops zum Thema Fotografie, Film und Journalismus. Ich knüpfe neue Kontakte und erweitere meinen Horizont. Ich brenne richtig für dieses Thema.

Mit den Jahren ist mir aufgefallen, dass eine meiner persönlichen Superkräfte die Neugier ist. Wenn mich etwas interessiert, gerate ich in einen Zustand, in dem ich alles über ein Thema erforschen will und es aus den verschiedensten Blickwinkeln betrachte. Stundenlang bin ich wie in einem Tunnel und informiere mich.

Als wir in der Schule Berufsberatung haben, ist mir ganz schnell klar: Journalismus soll es werden! Mir ist schon ganz früh bewusst gewesen, dass ich einen Beruf finden muss, den ich fühle, den ich liebe und für den ich brenne, ansonsten würde es für mich sehr schwer werden, ihn durchzuziehen. Doch bevor ich mich für einen Beruf entscheiden muss, steht erst einmal der Wechsel aufs Gymnasium an.

Ich will mich nicht schonen, weil ich es wie immer allen beweisen will, und entscheide mich für ein katholisches Mädchengymnasium mit dem Ruf, eine der härtesten, aber auch angesehensten Schulen zu sein. Aus meinen Einsern aus der Realschulzeit werden dort wackelige Dreier und Vierer, eine ziemliche Umgewöhnung. Doch von zwölf Realschüler*innen, die dort mit Beginn der elften Klasse starten, bin ich drei Jahre später eine der wenigen, die das Abitur bestehen.

Neben Frau Sonne als Wegbereiterin gibt es noch jemanden, der mich unterstützt: Anna (Name geändert), die Mutter einer Schülerin, die auch auf das Gymnasium geht. Anna aber ist Autorin. Als ich sie bei einem Vortrag über ihren Beruf in unserer Schule zum ersten Mal sehe, bin ich ganz fasziniert von ihr. Sie lebt meinen Traum. Ich gehe nach ihrem Vortrag zu ihr und stelle ihr ganz viele Fragen über ihren Beruf. Wir verstehen uns auf Anhieb. Fortan nimmt mich Anna an die Hand; sie gibt Schreibkurse, und einmal wöchentlich darf ich daran teilnehmen.

Mit anderen Menschen, die gerne schreiben, sitzen wir zusammen, sind gemeinsam kreativ, lesen uns einander vor und geben Feedback. Eine Zeit, die mir Halt gibt und hilft, ein bisschen Selbstbewusstsein aufzubauen. Gemeinsam mit den anderen Autor*innen aus der Gruppe veröffentlichen wir unser eigenes Buch, wir machen sogar eine Lesung.

An dem Abend treffe ich meine ehemalige Deutschlehrerin, die im Publikum sitzt und mir besonders zulächelt. Dieser Abend ist etwas ganz Besonderes für mich, weil ich merke, dass meine Träume Wirklichkeit werden, obwohl ich damit nie gerechnet hätte. Ich bin Anna unglaublich dankbar für diese wichtige Unterstützung auf meinem Weg.

Wenn Träume platzen ...

Während der 13. Klasse nehme ich sämtliche Besuche bei sogenannten Berufsinformationstagen und Jobmessen wahr, die in meiner Gegend stattfinden. Diese Events liebe ich, denn dafür bekommt man schulfrei und kann Neues erleben. Heute geht es nach Köln. Das Gute an solchen Tagen ist auch, dass ich eine Verschnaufpause von den Anstrengungen in der neuen Schule habe, wenn ich solche Angebote wahrnehme.

Diese Messen haben für mich nebenbei auch immer etwas von einer Schatzsuche. Gute Gespräche, neue Kontakte, spannende Goodie-Bags. Ich gehe durch die Messehallen und kundschafte alles genau aus. Mein Wunsch, Journalistin zu werden, hat sich in der Zwischenzeit verfestigt.

Mit achtzehn steht für mich fest: Ich möchte Moderatorin werden! Am Stand einer Akademie, die Moderator*innen ausbildet, mache ich halt. Mit einem älteren Herrn rede ich über meinen Traum und stelle ihm viele Fragen. Bis er sagt: »Darf ich dir einen Tipp geben?« Ohne meine Antwort abzuwarten, spricht er weiter.

»Falls du das Geld in die Ausbildung investieren möchtest – einen Job als Moderatorin wirst du mit deiner Figur ganz sicher nicht kriegen. An deiner Stelle würde ich das Geld nicht investieren. Auch wenn du ein ganz nettes

Gesicht hast, aber dafür müsstest du auf jeden Fall abnehmen.«

Mir wird heiß, und zeitgleich läuft es mir kalt den Rücken hinunter. Alles fängt an zu kribbeln. Hat er das gerade wirklich gesagt? Ich schäme mich auf einmal, als wäre ich diejenige, die gerade einen ganz üblen Fehler begangen hat. *Vermutlich hat er recht*, schießt es mir durch den Kopf. Die Jules von heute hätte ihn konfrontiert, hätte aufgeklärt und diskutiert, wie falsch es in ihren Augen ist, was er sagt, dass es genau diese Veränderung braucht und wir an einem Strang ziehen sollten. Die Julia von damals zieht mit Tränen in den Augen weiter. Wenn man Träume platzen hören könnte, diesen Knall hätte man bis zur anderen Rheinseite gehört.

Man könnte es Menschen nicht zumuten, meinen Körper ansehen zu müssen – bei diesem Gedanken bleibe ich, auch als ich längst wieder im Zug Richtung zu Hause sitze. Wie gewohnt nichts Neues und irgendwie schon, weil ich auf der beruflichen Ebene bisher immer so viel Zuspruch bekommen habe.

Normalerweise entzünden solche Erlebnisse immer ein Gefühl von »Und jetzt erst recht!« in mir – so wie etwa die Situation mit der Verweigerung der Realschulempfehlung. Doch dass er meinen Körper kommentiert hat, bringt alles zum Erlöschen. Mein Aussehen ist mein wunder Punkt, als Kind, als Jugendliche, auch als junge Erwachsene auf der Messe. Wie wichtig sind meine Skills und Kompetenzen? Funktioniert der Einstieg in diesen Job etwa nur übers Aussehen? Wenn mein Gesicht doch so »nett« ist, wieso reduziert man mich denn nur auf meinen Körper? Ich spüre: Hier läuft doch etwas falsch.

In dieser Zeit lerne ich auch immer wieder neue Menschen kennen. Unter anderem einen Kameramann, der sehr viel Berufserfahrung hat. Er erzählt mir hinter vorgehaltener Hand, dass er bei einem Sender einen Chef hat, der nur Frauen einstellt, die wie Models aussehen und nachweislich keine Ausbildung oder Erfahrung im journalistischen Bereich gemacht haben. Das Know-how dürften sie vor Ort lernen. Diese Chance hätte ich mir zu diesem Zeitpunkt auch gewünscht, aber alleine die Vorstellung ist unerreichbar.

Jetzt, wo mir mal wieder ganz glasklar gemacht worden ist, wie ich optisch auf Männer in Machtpositionen wirke und welchen Einfluss das auf meine Jobchancen haben kann, frage ich mich: Wie soll ich dann jemals an meinen Traumjob kommen? Der Gedanke begleitet mich noch viele Jahre, denn solche Storys erzählt man sich leider in allen möglichen Branchen. Immer wieder. Ob es an der Misogynie/Sexismus liegt oder an Menschen in Machtpositionen, für mich schwingt dieser Vibe immer wieder mit.

Misogynie bedeutet übersetzt Frauenfeindlichkeit und äußert sich ganz unterschiedlich, angefangen von struktureller, wirtschaftlicher Benachteiligung bis hin zu Objektifizierungen, sexualisierter Gewalt oder gar Femiziden. Internalisierte, also verinnerlichte Misogynie, zeigt sich in Aussagen wie »Du bist nicht wie andere Mädchen«. Diese Form der Misogynie bedeutet nicht, dass Betroffene allen Frauen gegenüber Hass empfinden. Vielmehr spiegelt sich darin die gesellschaftliche Einstellung, Frauen seien weniger wichtig und weniger bedeutsam als Männer.

Kurz bevor die Abiturprüfungen beginnen, haben wir im Kunstleistungskurs die Aufgabe, uns selbst als ikonische

Darstellung in der Pop-Art abzubilden. Eine Klassenkameradin möchte Fotografin werden und hat eine Spiegelreflexkamera, ich besuche sie zu Hause, und wir machen Fotos für das Kunstprojekt. Vor dem Shooting hat meine Körperbildstörung (Body Dysmorphia) eingesetzt, und ich bin zutiefst verunsichert mit mir, meinem Körper und einfach allem. Meine Klassenkameradin muss mir versichern, dass sie auch wirklich nur meinen Kopf fotografiert. Ein Foto von meinem Körper kann ich eigentlich so gut wie gar nicht einmal ansehen. Dabei hätte man mich zu diesem Zeitpunkt vermutlich nicht mal als dick bezeichnet.

Sie macht die Fotos, ich das Make-up. Vor der Kamera verliere ich auf einmal sämtliche Unsicherheiten und entwickele richtigen Spaß. Ein ganz neues Gefühl, von dem ich bald mehr will und das mich auch später nicht loslässt. Für die Fotos gibt es unzählige Komplimente und die Nachfrage meines Lehrers:»Oh, wer ist das denn? Du siehst so gut aus. Ich erkenne dich auf den Bildern gar nicht wieder.« Bämm! – wieder mal ein klassisches *backhanded compliment*. Auch wenn es in seinem Fall sicher supernett gemeint gewesen ist, hat es mich damals echt verletzt, weil es für mich zu dieser Zeit wichtig ist, von anderen Menschen als »schön« wahrgenommen zu werden. Und indem er mir sagt, dass er mich auf diesem Bild nicht erkennt, fühlt es sich für mich so an, als würde ich etwas falsch machen.

Heute würde ich vermutlich scherzhaft sagen: »Wie meinst du das genau?« oder:»Dann haben das Make-up und die Fotografin ja beste Arbeit geleistet«, aber damals hatte ich nicht so viel Schlagfertigkeit und kaum Selbstbewusstsein.

Nach dem Abi arbeite ich immer wieder in Redaktionen und mache immer wieder ganz ähnliche Erfahrungen. Mein

Job dort ist beispielsweise, sogenannte Originaltöne von Menschen einzuholen, die die Moderator*innen in ihren Sendungen als Umfragen zu aktuellen Themen abspielen, als Ton oder auch als Video. Mit der Zeit gewinne ich einen Einblick in die Welt des Journalismus. Ich bekomme eine Idee, wie Medien und Medienmachende ticken, und habe immer mehr Lust, in dieser Welt mitzuspielen, um auch mal Themen platzieren zu können, denen sonst nicht so viel Aufmerksamkeit zuteilwird. Ich muss meine Themenvorschläge bloß sorgfältig recherchieren, mit aktuellen Zahlen unterlegen, die Relevanz für die Hörerschaft herausstellen und dann alles einigermaßen selbstbewusst bei der Redaktionskonferenz vortragen.

Wobei: Selbstbewusst zu sein und zu wirken ist für mich mit Anfang zwanzig die schwierigste Übung überhaupt. Zu dieser Zeit kämpfe ich besonders stark mit meiner Essstörung und der Body Dysmorphia. Mein Selbstwert hängt nach wie vor davon ab, wie »schön« ich mich gerade finde, um es sehr, sehr verkürzt zu erklären. Dahinter steckt eine tief gehende und eigentlich dringend zu behandelnde Störung, die mit der Essstörung Hand in Hand geht. Wenn ich an einem sehr warmen Tag statt eines langärmligen Pullovers, der meine Arme verdeckt, ein T-Shirt trage, entschuldige ich mich: »Es tut mir leid, aber ich habe keine Jacke dabei.« Oder: »Entschuldigt, dass ich meine Arme zeige, aber es ist so warm.«

Der Anblick meiner Arme und Beine ist für andere Menschen unzumutbar, davon bin ich überzeugt – hat man es mir und uns allen doch jahrelang so aufoktroyiert und eingetrichtert. So habe ich es ja jahrelang aus den Magazinen und von gut gemeinten persönlichen Ratschlägen von allen Seiten gelernt. Ich fühle mich per se in der Schuld und schlecht. (Und ich kann mir gut vorstellen, dass man es nur sehr schwer nachvollziehen kann, wenn man das hier liest und die Erfahrung nicht selbst gemacht hat. Glaubt mir einfach, dass es wirklich keine einfache oder angenehme Zeit war und dass ich zu diesem Zeitpunkt alles in meiner Macht Stehende tat, um einen Ausweg für diese Gefühle zu finden.)

Deshalb arbeite ich auch immer ein bisschen länger als die meisten anderen neuen Kolleg*innen oder schlage in den Konferenzen noch ein zusätzliches Thema vor. Die Extra Mile ist für mich Routine. Ich bin die, die immer nett ist und zu allem Ja sagt. Superangepasst und hilfsbereit.

Wenn ich euch von meinem Weg ins Berufsleben erzähle, darf eine Anekdote über einen ganz bestimmten Tag nicht fehlen. Die Ausgangslage: Ich bin die erste Person in meinem Umfeld, die studieren will. Ein riesiger Irrgarten an Formularen, die man für die Anmeldung ausfüllen muss, erschlägt und überfordert mich. Numerus clausus hier, Einschreiben und Bafög-Antrag da. Ich versuche mein Glück, schreibe mich ein und werde abgelehnt. Kein Wunder.

Also jobbe ich zwischenzeitlich in einem Drogeriemarkt, bevor die nächste Bewerbungsrunde ansteht. Es ist April. Eines Tages klingelt es an der Haustür, ein Postbote drückt mir einen Brief in die Hand. Es ist eine Einladung zu einem Vorstellungsgespräch beim Radio. Ich stutze: *Ich habe mich doch gar nicht beworben?! Wobei ... Ich habe doch eine Bewerbung an die Redaktion einer Tageszeitung im selben Haus versendet. Vielleicht hängt das ja zusammen?*, denke ich ganz naiv und renne zu meiner Tante, die im Nebenhaus wohnt. Sie rät mir dazu, dass ich mich schick mache und die Chance einfach nutze.

Voller Ehrfurcht parke ich mein Auto vor der Radiostation. Beim Sender angekommen, begrüßen mich alle so, als hätten sie nur auf mich gewartet.»Julia, schön, dass du da bist! Setz dich doch erst mal. Wir haben eine gute und eine schlechte Nachricht für dich. Womit sollen wir anfangen?« Das Team schaut mich an. Ich lächle eingeschüchtert.

»Mit der schlechten, bitte«, sage ich.

»April, April! Viele Grüße von deiner Tante! Hier findet heute leider kein Vorstellungsgespräch statt.«

Uff! Meine Gefühle fahren Achterbahn. Soll ich lachen? Soll ich weinen? Zu diesem Zeitpunkt in meinem Leben bin ich kein bisschen souverän und erst mal einfach nur sprachlos.

»Kommen wir zur guten Nachricht«, schieben sie schnell hinterher. »Bist du über achtzehn Jahre alt? Lebst du hier in der Gegend? Hast du Zeit und ein Auto?«

»Ja! Ja! Und ja!«, sage ich.

»Dann: herzlichen Glückwunsch«, sagt der Moderator. »Du kannst ein Praktikum bei uns machen, wenn du Lust hast.«

UND WIE! Ich strahle über beide Ohren. Dann erfahre ich, was wirklich gespielt wurde. Meine Tante hat den angeblichen Brief des Senders selbst verfasst. Während ich auf dem Weg zum Sender gewesen bin, hat sie dort angerufen und das Team in ihren Scherz eingeweiht. Was sie nicht hat wissen können: Der Sender hat tatsächlich Kapazitäten für ein Praktikum – und so komme ich unverhoffter Dinge an die begehrte Stelle.

In der ganzen Euphorie kommt der Moderator noch auf einen Geniestreich. Wir lassen den Scherz meiner Tante nicht auf uns sitzen. Er bespricht sich mit dem Team, und einer der Kolleg*innen gibt sich als sein Anwalt aus, den er in dieser Angelegenheit eingeschaltet hat.

Meine Tante erhält einen Anruf von ihm und wird gebeten, in die Redaktion zu kommen. Als sie erscheint, verstecke ich mich mit dem Team im Nebenraum. Sie wird vom Moderator und dem vermeintlichen »Anwalt« ins Verhör genommen. Sie ist ganz schön perplex und steht Rede und Antwort, wieso sie auf so eine Idee gekommen ist. Nach zehn Minuten überraschen wir sie.

Alle lachen! Und so bin ich durch einen Aprilscherz meiner Tante an ein Praktikum und anschließend an einen Job als Reporterin gekommen. Danke, liebe Tante, für deinen frechen, aber doch sehr lebensbereichernden Scherz!

Weil ich für den Job beim Radio ständig nach neuen Themen suche, surfe ich viel im Netz. YouTube, Twitter und Facebook nutze ich immer öfter. »Lasst uns doch mal eine Facebook-Seite für unsere Hörer*innen erstellen«, schlage ich vor und werde dafür ein klein wenig belächelt. Wer hätte ahnen können, wie wichtig diese Plattformen einmal werden würden – ich war mir schon früh sicher.

Mein nächstes Thema: Bei einer Recherche stoße ich auf eine Beauty-Bloggerin. Sie stellt Produkte vor und zeigt, welche Produkte sie nutzt und was gerade im Trend ist. Für mich ist das eine ganz neue Welt. Eine, in der ich auch nach der Arbeit gerne versinke, um abzuschalten. Durch sie entdecke ich nicht nur neue, viel besser passende Produkte für meine Hautpflege, sondern auch immer mehr Frauen, die sich so zeigen, wie sie sind.

Das ist doch ein Thema für die Radiosendung, finde ich! Und so vieles mehr: dass man als kurvige Frau kaum Kleidung im stationären Handel findet, zum Beispiel. Ich bin fest entschlossen, das Thema bei der nächsten Konferenz zu präsentieren. Kurvige oder dicke Frauen, die ein ganzer Markt bislang völlig außer Acht gelassen hat. Mein beruflicher Blick und mein persönliches Interesse verschmelzen miteinander. Bepackt mit meinen Notizen, Themenideen, fühle ich mich in der Konferenz im Sender gut gewappnet. Dreimal dürft ihr raten, ob ich diese Themen platzieren konnte. Oder anders formuliert: Dreimal dürft ihr raten, wie viele Chefsessel in der Redaktion von älteren und jüngeren weißen Männern besetzt waren, die darüber bestimmten, ob solche Themen relevant seien. Genau: gefühlt so gut wie alle. Die ich allesamt sehr schätze, von denen ich sehr viel lernen darf – und trotzdem bleibt das Gefühl, dass sie die Lebensrealität von weiblich gelesenen Personen generell und speziell kurvigen Frauen eher nicht mitdenken. Solche Themen werden damals immer wieder als »Nische« kategorisiert und dann schnell abgeschmettert. Dabei gehen sie doch uns alle etwas an. Ich würde mir wünschen, dass wir viel offener für solche Themen sind, und lernen, andere Menschen und Lebensrealitäten mitzudenken.

Mit dem Gefühl, hier ein Thema entdeckt zu haben, das bald vielleicht extrem Fahrt aufnehmen könnte, bleibe ich erst mal allein – genauso wie mit dem Gefühl, dass Social Media irgendwann mal wichtig werden könnte. Und ich sollte mit meiner Intuition recht behalten.

Neben all diesen Gefühlen während meiner Zeit im Radiosender spüre ich so etwas wie eine Ahnung von *Du wirst irgendwann einen Job machen, den es jetzt noch nicht gibt. Vertrau darauf.* Woher es kommt, kann ich mir selbst nicht erklären. Aber es ist auf einmal da. Ein Gefühl, das mir die Energie gibt, stark zu bleiben, und das mir das Vertrauen schenkt, dass sich all die Anstrengung und das Durchhalten auszahlen werden.

In den drei Jahren als Reporterin beim Radio darf ich viele neue Skills, Kontakte und noch mehr journalistische Erfahrung sammeln – insgesamt eine richtig gute Zeit, die mir sehr viel Spaß gemacht hat. Schließlich bekomme ich auch meine Zusage für das Studium.

Studium & Panikattacken

Unvorstellbar, ich bin Studentin, die erste in meinem Umfeld. Meine Fächer: Germanistik und Geschichte, mit dem Ziel, später als Journalistin zu arbeiten. Ich bin irgendwie stolz auf mich, zugleich aber fühlt es sich für mich falsch an, dieses Gefühl zuzulassen. Und es ist nicht nur Stolz, der mich zu diesem Zeitpunkt umtreibt. Nach wie vor habe ich Panikattacken, die mich belasten und mir die Freude am Studierendenleben rauben. Ihr erinnert euch: Herzrasen, Atemnot, Schwindel, Schweißausbrüche, Todesangst. Und sie überraschen mich immer wieder – aus dem Nichts.

Meinen Nebenjob an der Kasse eines Drogeriemarkts habe ich gegen einen Job als Make-up-Artistin bei einer der zu dieser Zeit beliebtesten Make-up-Brands eingetauscht. Es macht mir riesigen Spaß, Menschen zu beraten und ihnen eine neue Seite an sich zu zeigen. Die Sorge meines Umfelds, dass ich durch das Studium keine Zeit mehr hätte, Geld zu verdienen, ist also unberechtigt. Wobei es schon eine richtig krasse Challenge ist, alles zu vereinbaren und dabei nicht komplett auszubrennen. Studium, sich selbst organisieren, lernen, arbeiten, gut auf sich selbst aufpassen, persönliche Kontakte pflegen u. v. m. Wie ich das alles rückblickend mit undiagnostizierter ADHS geschafft habe, ist mir bis heute ein Rätsel.

Ich schreibe mich nebenher noch für einen Schwedisch-Sprachkurs ein, mein Anker im Studium, weil meine Skandinavienliebe seit The Rasmus ungebrochen ist. Dieser Unterricht motiviert mich wirklich sehr, besonders an

Tagen, an denen ich die Fahrten zur Uni aufgrund meiner Panikattacken nicht mehr so leicht meistern kann, trotzdem hinzufahren.

Anfangs klappt das noch, gegen Ende des Studiums fällt es mir zunehmend immer schwerer, alles zu vereinbaren – bis die Panikattacken so schlimm werden, dass ich das Haus kaum mehr verlassen kann.

Sie zwingen mich dazu, mich zeitweise abzuschotten – etwas, das viele Menschen, die fortwährendes Mobbing erleben, ganz instinktiv tun, um sich zu schützen. Jahrelang habe ich gegengesteuert, mich trotzdem zu behaupten versucht. Ich habe einfach überleben wollen.

Vor der Kamera als Plus-Size-Model

Noch während meiner Zeit beim Radio nahm ich all meinen Mut zusammen und meldete mich mit den Bildern aus dem Kunstprojekt auf einer Plattform an, auf der man sich mit Booker*innen, Agenturen und Fotograf*innen vernetzen kann.

Schließlich lerne ich dort Selena (Name geändert) kennen. Ihre Bilder haben in meinen Augen einen unverwechselbaren fotografischen Stil, sie ist unglaublich kreativ, und wir verstehen uns auf Anhieb. Wir lieben es, gemeinsam auf Fototouren zu gehen und zu experimentieren. Wir treffen uns und machen Bilder für unsere Sedcards. Von Lichtverhältnissen und Kameraeinstellungen hat Selena Ahnung, für Styling und Make-up habe ich ein Händchen. Tatsächlich dauert es nicht lange, bis die ersten Anfragen in meinem Postfach landen. Damals lese ich sie voller Freude und Dankbarkeit, weil ich früh gelernt habe, dass ich bei vielen Fotograf*innen aufgrund meiner Statur durch die

Sehgewohnheiten und ihr Raster falle. Wenn ich mich heute an die Konversationen erinnere, habe ich ein ganz anderes Gefühl dabei.

Der »Witz« an der Sache: Zu diesem Zeitpunkt trage ich gerade einmal Kleidergröße 40/42, was übrigens die am meisten getragene Kleidergröße in Deutschland sein soll. Woran liegt es nur, dass wir es nicht gewohnt sind, Menschen mit dieser Statur in der Öffentlichkeit, in den Medien repräsentiert zu sehen?

Hier nun ein kleiner Auszug, was ich so oder so ähnlich, Anfang zwanzig, als angehendes Plus-Size-Model so alles zu lesen bekomme:

»Ein Model mit so einer Figur hatte ich ja noch nie vor der Kamera. Ich weiß nicht, ob ich das kann.« Mit »das« ist gemeint: meinen kurvigen Körper zu fotografieren. Zu diesem Zeitpunkt habe ich immer größtes Verständnis für solche Antworten, weil ich selbst verinnerlicht habe, dass mein Körper eine Zumutung für die Außenwelt ist. Aber ich weiß auch, dass ich »immerhin ein hübsches Gesicht« haben muss, so oft, wie mir das gesagt worden ist. Und deswegen bin ich besonders auf der Suche nach Fotograf*innen gegangen, die sich auf das Thema Porträt spezialisiert haben.

»Du hast ein sehr hübsches Gesicht – melde dich doch wieder, wenn du ein bisschen abgenommen hast. Hm?«
»Deine Statur entspricht zwar nicht meiner Ästhetik, aber trotzdem Kompliment, dass du dich traust zu modeln. Sehr mutig, weiter so. Ich habe aktuell leider keine Zeit.«
»Wir würden gerne mit dir shooten, allerdings kriegen wir keine Kleidung in deiner Kleidergröße, daher wird das eher schwierig.«

»So SEXY, endlich mal eine richtige Kurven-Königin. Lass uns doch mal ein BBW-Boudoir-Shooting machen. Magst du Fesseln? Damit könnte ich mir dich auch gut vorstellen.« Ich bin gerade Anfang zwanzig (!) und habe absolut keine Ahnung, was damit wirklich gemeint ist. (Anmerkung: BBW steht für »Big Beautiful Woman« und wird häufig, aber nicht ausschließlich im Zusammenhang mit der Fetischisierung mehrgewichtiger Frauen benutzt.) »Dass du dich überhaupt traust, hier zu sein. Geh besser wieder Fastfood futtern und lass hier die Profis ihren Job machen.« »Frauen mit deiner Statur sind hier selten. Umso besser, dass ich auf dein Profil gestoßen bin! Mein Kunde sucht jemanden für ein Diät-Shooting. Das würde doch perfekt passen!«

* * *

Vielleicht lachen einige von euch bei diesen Nachrichten, vielleicht stimmt es andere traurig, und wieder andere werden vielleicht angeekelt sein. Ich habe alle Gefühle durch. Macht euch bewusst, dass das hier die Regel meiner Nachrichten im Briefkasten war und nicht die Ausnahme. Das sind Dinge, die viele Menschen nicht sehen, aber genau mit so was muss man als kurvige/dicke Frau umgehen. Es kostet immens viel Energie und Stärke, immer wieder herabgewürdigt, als Inspiration oder als SexOBJEKT gesehen zu werden. Und klar ist Modeln ein »oberflächlicher« Beruf, in dem es um das Aussehen geht – und trotzdem darf man einen respektvollen Umgang miteinander erwarten. So würde ich mir das zumindest wünschen, und diese Erfahrung durfte ich glücklicherweise später immer wieder bei ganz talentierten Fotograf*innen machen, sonst hätte ich an diesem Hobby sicher nicht lange festgehalten und es zum Beruf gemacht.

Diesen herabwürdigenden Erfahrungen entgegen steht der Spaß, den ich beim Shooting für das Kunstprojekt empfand. Etwas lässt mich nicht los, ich gebe nicht klein bei. Über die Netzwerkplattform komme ich an meinen allerersten Modeljob: eine Werbekampagne für eine Elektrofirma. Zum Glück nur Porträtfotos, denke ich. Ich vermeide immer noch Bilder von meinem ganzen Körper. Der Fotograf bittet mich, Tops mitzubringen, weil die Stylistin nichts in meiner Größe finden kann. Bei dem Wort »Top« bekomme ich Panik, weil ich es gelernt habe, meine Arme zu verbergen. Wieso kann ich keine Shirts mitbringen? Vor Ort stellt sich dann heraus, dass ich auch Shirts hätte mitbringen können. Die liegen jetzt zu Hause. Mist! Da ich keine Haut zeigen will, lege ich beim Shooting bei einigen Motiven einen Schal um meine Schultern. So wie ich es gewohnt bin. ALLES kaschieren, wo es nur geht.

Wenn ich mir die Bilder heute ansehe, macht mich eins besonders betroffen: Ich habe auf diesen Fotos ein minikleines Bäuchlein. Mein Gesicht ist schmal, mein Hals definiert, die Arme schlank. Dabei fand ich meinen Körper damals »fett«. »Fett« nicht als beschreibendes, neutrales Wort, wie ich es heute verwende, sondern als ein von Selbsthass durchtränktes »fett«. Das Shooting verlasse ich mit gemischten Gefühlen. Einerseits freue ich mich riesig, dass ich meinen ersten bezahlten Modeljob hatte, und gleichzeitig ist mir klar, dass ich es mit dieser Einstellung zu mir selbst echt nicht einfach in diesem Business haben würde. Vorbilder oder Identifikationsfiguren, die mir den Weg weisen würden, gibt es auch nicht wirklich.

Ich mache weiter. Mit Selbsthass zu leben ist für mich in dieser Zeit irgendwie ein gewohnter Zustand. Parallel zu meinen Erfahrungen als Model wächst auf meinem Computer die Sammlung an Themenideen und Bildern für einen eigenen Mode- und Beauty-Blog. Wer weiß, vielleicht werde ich mich ja eines Tages doch trauen, etwas zu starten ...

Den nächsten Auftrag über die Plattform, an den ich mich erinnere, bereue ich bis heute. Ein Fotograf sucht ein Model für eine Lifestyle-Strecke für sogenannte Stockfotos. Stockfotos sind Bilder, die Fotograf*innen an Bilddatenbanken verkaufen. Zeitschriftenredaktionen, Werbeagenturen und Privatpersonen können diese Bilder dort kaufen und veröffentlichen, und so wie ich es verstehe, sogar fast egal in welchem Kontext. egal in welchem Kontext. Das klingt nach einem stattlichen Honorar für das Model, denke ich damals. Pustekuchen: Ich bekomme einen niedrigen dreistelligen Betrag dafür, dass ich mit Chipstüten, Schokomuffins und Maßband posiere. Das einzig Schöne an diesem Job ist, dass ich ein anderes Plus-Size-Model kennenlerne, mit dem ich gemeinsam fotografiert werde. Sie ist bereits sehr bekannt, und ich verfolge ihre internationale Karriere bis heute voller Stolz. Für mich ist sie damals eine der ersten Frauen, die kurvig ist und Selbstsicherheit ausstrahlt.

Das Stockfoto-Shooting allerdings hat für mich noch immer einen miesen Beigeschmack: Denn die Bilder werden noch immer regelmäßig für Artikel über Diäten in Zeitschriften verwendet, sogar auf Titelseiten. Dabei stehe ich ja heute für etwas ganz anderes ein. Besagte Fotos waren die ersten und letzten Stockfotos, die ich gemacht habe. Das Gefühl, keinerlei Kontrolle über die Verwendung der Bilder zu haben, obwohl ich selbst drauf war, wollte ich kein zweites Mal erleben. An dieser Stelle möchte ich gerne besonders junge Models sensibilisieren, die ihre ersten Schritte vielleicht auf ähnliche Weise wie ich gehen, und ihnen eines raten: Unterschreibt keine Verträge, die euch die Kontrolle über das Erscheinen der Bilder auf Lebenszeit entziehen. Lasst die Verträge bitte prüfen. Nicht dass ihr auch noch in Chipstüten greifend von einem Cover grinst mit einem Titel, der euch Bauchweh bereitet, ohne dass ihr das jemals wolltet. Aber immerhin können das besagte Plus-Size-Model und ich immer wieder halb schmerzhaft, halb spaßig darüber lachen, wenn wir unsere gemeinsamen Fotos irgendwo entdecken. Ganz nach dem Motto: Geteiltes Leid ist halbes Leid.

Ein Klassiker, den Modelkolleginnen und ich auch immer wieder erleben müssen, ob national oder international: »Du machst doch sicher heute das Make-up. Hier entlang.« Das höre ich als Mittzwanzigerin regelmäßig, wenn ich für Modeljobs gebucht werde. Dass ich oft überhaupt nicht als Model wahrgenommen werde, macht mir jedes Mal wieder zu schaffen. Jemand mit meiner Figur kann logischerweise nicht vor der Kamera stehen, gibt man mir immer wieder zu verstehen. Tuscheleien, schiefe Blicke von oben bis unten, Gelächter. Und trotzdem professionell bleiben, lächeln und gute Laune haben. Mittlerweile weiß ich, dass es in den 2010er-Jahren vielen kurvigen Frauen so erging. Als mehrgewichtige Frau passt man oft nicht in die Sehgewohnheiten der Shooting-Crews. Seitdem es Social Media gibt und man Erfahrungen aus aller Welt teilt, weiß ich: Ich bin damit nicht alleine.

Unter den Fotograf*innen, mit denen ich arbeite, sind welche, die für richtig große Labels shooten, und auch Models, die regelmäßig zur Berlin Fashion Week eingeladen werden. Damals beeindruckte mich das sehr. Bis dahin hatte mich noch niemand auf die Fashion Week oder zu riesigen Kampagnen-Shootings eingeladen, doch ich bin der Modewelt dank meines erfolgreich angelaufenen Hobbys, das immer mehr zum Job wird, näher als jemals zuvor.

SchönWild

In meiner Jugend musste ich lernen, sehr sparsam zu sein. Alles, was ich brauchte oder mir wünschte, lernte ich, mir auf kreative Art und Weise zu beschaffen, wenn es finanziell schwierig war. Eines meiner vielen Interessen wurde: Gewinnspiele. Kreative Gewinnspiele, bei denen es die Veranstalter*innen mit der eigenen Kreativität zu überzeugen galt und sich meine Einsendung unter anderen hervorhob.

Und so komme ich Anfang Mai 2012 an die Einladung zu einem Beauty-Event in Düsseldorf, auf dem all meine Vorbilder aus der YouTube-Branche vertreten sein würden. Soweit ich weiß, ist es eines der allerersten Blogger*innen- bzw. YouTuber*innen-Events, das den Weg für einen ganz neuen Berufszweig ebnen sollte.

Mit riesiger Vorfreude und ebenso riesigem Respekt mache ich mich auf den Weg zu dem Treffen. Mir fällt von Anfang an auf, mit wie viel Hass die YouTuberinnen umgehen müssen, obwohl sie einfach nur zeigen, was sie lieben. So weit wie sie bin ich noch lange nicht, aber ich bin neugierig, was ihnen die Kraft und die Motivation gibt, das durchzustehen.

Hier bin ich also auf meinem ersten Event! Superspannende Aktionen auf der einen Seite, Goodie-Bags auf der anderen, mittendrin die YouTuberinnen und ich. Sie verraten mir, wie sie mit dem Gegenwind umgehen, welches Equipment sie benutzen, was sie antreibt und wie sie gestartet sind. Sie motivieren mich dazu, auch loszulegen, und bestärken mich, meinen tiefsten Wünschen zu folgen. Sie machen mir bewusst, dass es sich lohnt, seinen Träumen zu folgen.

Als ich nach der Veranstaltung spätabends nach Hause fahre, bin voller Adrenalin und Glücksgefühle. In dieser Nacht mache ich kein Auge zu, ich recherchiere, analysiere stundenlang und installiere schließlich mein Blog-Template. Ich vollende angefangene Texte und ordne Fotos. Auf einmal habe ich nur noch ein Ziel vor Augen: SchönWild!

Während meiner Uniseminare habe ich mir oft Gedanken darüber gemacht, wie mein Projekt einmal heißen könnte. Ich habe zu dieser Zeit viele Gründungsseminare besucht, und auch die Start-up-Welt fand ich sehr spannend. Daher wusste ich, dass ich irgendwann etwas Eigenes starten wollte, und dafür brauchte ich einen Namen – auch wenn ich noch nicht ganz genau wusste, was es werden würde. Ich fertigte eine Mindmap an: Skandinavien sollte eine Rolle spielen. Dinge, die mir gefielen. Der Mix an Interessen, die ich habe. Das Wort »Wild« repräsentiert für mich zum einen die Natur in Skandinavien und auch Hirsche und Rehe, die ich ebenfalls damit in Verbindung bringe. »Wild« beschreibt auch den riesigen Mix an Interessen, die ich habe, wie Make-up, das Modeln, Schreiben, Journalismus, Fotografie, Netzwerken und vieles mehr. Das Wort »Schön« gefiel mir, weil ich mich gerne mit Dingen beschäftige, die schön sind. Außerdem war Schönheit für mich viele Jahre bewusst oder unbewusst ein wichtiger Treiber, wie ihr mittlerweile sicher schon öfter lesen konntet. Heute hinterfrage ich: Was bedeutet Schönheit wirklich, wer hat den Begriff Schönheit geprägt, und warum ist sie in vielen unserer Leben so ein großer Faktor? Und so ist SchönWild entstanden. Mit geschwungener Schrift und mit Geweihen als Symbol. Dass ich diesen Namen irgendwann einmal für meinen Blog nutzen würde, ahnte ich damals noch nicht. Und welche Rolle Schönheit in meinem Leben wirklich spielen würde, schon gar nicht. Das sollte ich erst später mit einer Therapie herausfinden. Doch dann, im Mai 2012, am Tag nach dem Event, ging er online.

Mein eigener Blog.

Als sich mein positiver Gefühlsrausch nach dem Blog-Launch in den darauffolgenden Tagen legte, fühlte ich mich doch nicht mehr ganz so sicher. Einerseits war ich wahnsinnig stolz, andererseits schämte ich mich irgendwie.

In der Retrospektive kann ich diese gegensätzlichen Gefühle einordnen: Seit meiner Kindheit habe ich gelernt, dass ich es anderen recht machen soll, mit dem, was ich sage und tue. Mich plötzlich als kurvige Frau in der digitalen Öffentlichkeit zu zeigen, das gab es in meinen Sehgewohnheiten vorher einfach noch nicht wirklich. Ich hatte Sorge, wie andere auf mich reagieren würden. Auch wurden damals Personen, die einen Blog hatten, zwar teilweise gefeiert, teilweise aber auch belächelt. Wie ich selbst dazu stehen sollte? Keine Ahnung. Dabei hatte ich mir doch eigentlich gerade einen Traum erfüllt. Wieso fühlte sich das nicht so schön und großartig an wie in meinen ganzen Träumen?

Pionier*innenarbeit

Um mein Projekt SchönWild in Gang zu bringen, vernetze ich mich mit Ansprechpartner*innen unterschiedlicher Unternehmen und mache sie auf meinen Blog und meine Arbeit aufmerksam. Erkläre, weshalb die Sichtbarkeit von kurvigen Frauen für ihre Marke unabdingbar ist. Ich möchte auf alle wichtigen Plus-Size-Themen hinweisen, die anscheinend sonst viel zu wenige beachten. Man soll uns endlich sehen und wahrnehmen. Ich bin Feuer und Flamme. Mittelständische Firmen buchen mich als Social-Media-Expertin oder PR-Strategin. Ich produziere Fotos für meinen Blog und Instagram, ich schneide Videos für YouTube. Aber Selbstbewusstsein kommt eben nicht über Nacht – das spüre ich immer wieder. Wenn ich zu dieser Zeit selbst als Curvy Model vor der Kamera stehe, fühlt es sich so an, als hätte ich diesen Platz gar nicht verdient. Ich denke, ich muss froh sein, überhaupt einen Auftrag bekommen zu haben, höre mir Sprüche an wie:»Wieso wurdest DU denn für diesen Job ausgewählt? Da hätten sie eine Schönere nehmen können!«, und mache mich klein. Mein altes Denken spukt mir auch weiterhin im Kopf herum – du passt hier doch eigentlich gar nicht rein.

In vielen Branchen herrscht leider sehr häufig genau dieses Denken, und das bekomme ich immer mal wieder von einzelnen Personen zu spüren. Glücklicherweise gibt es immer mehr, die das Thema verstehen, mich empowern und es anders machen. Um das zu erklären, muss ich etwas ausholen: Normalerweise liegen bei Shootings alle Kleidungsstücke für das Model bereit. Die Stylist*innen erfragen vorab die Kleidergröße des Models und organisieren die passende Kleidung. Wenn ich in meinen Anfangsjahren als Plus-Size-Model für ein Produktshooting gebucht werde, läuft das allerdings meistens ganz anders.

Als ich zum Beispiel einmal an ein Set komme, eröffnet mir der Stylist:»Sorry, in Größe 42/44 gab es nichts, aber schau mal, ob du nicht doch einfach in die 38 passt. Ist Stretch.« Ein anderes Mal erreicht mich vorab eine Mail, in der man mir mitteilt, ich solle mir meine Kleidung bitte selbst mitbringen.

Es kommt auch vor, dass ich hinter den Kulissen immer wieder erfahren muss, dass meine Gagen deutlich niedriger sind als die der schlanken Models. So richtig erklären kann mir das keiner. Schlechte Voraussetzungen dafür, selbstsicher und strahlend vor eine Fotokamera zu treten, was? Ich mache es trotzdem, weil ich in dem Moment, wenn das Licht angeht und die Fotograf*innen sich bereit machen, zum Glück immer alles um mich herum vergesse und Spaß habe.

Meine ersten großen Shootings für namhafte Marken fühlen sich wegen der ganzen Atmosphäre aber nicht gerade wie ein Durchbruch an, sondern eher wie eine Durststrecke. Dass ich nicht denselben Status oder Wert wie ein schlankes Model habe, lässt mich die Modewelt spüren.

Und dann gibt es da die glücklichen Fügungen, die mir Kraft geben, sei es durch besonders ambitionierte und empathische Mitarbeitende hinter den Marken oder durch andere Blogger-Kolleg*innen. Sie lerne ich auf der Fashion Week in Berlin kennen. Zum ersten Mal sind da viele junge, modische Plus-Size-Frauen wie ich. Als ich sie kennenlerne, öffnet sich für mich eine ganz neue Welt. Ein völlig neues Gefühl! Endlich muss ich mich nicht erklären, muss mich nicht vor übergriffigen Sprüchen in Acht nehmen. Obwohl wir alle in unterschiedlichen Städten aufgewachsen sind, teilen wir sehr ähnliche Lebensrealitäten, und das lässt uns sofort zusammenwachsen. Fortan begegnen wir uns auf Events immer wieder. Die Stimmung ist wie auf richtig coolen Klassentreffen.

Einige Zeit später flattert die erste Einladung zu einer Bloggerinnenreise nach Sizilien in mein E-Mail-Postfach. Ich tanze vor Freude! Wer hätte das je für möglich gehalten?! Auch wenn ich keine Ahnung habe, wie ich meine Flugangst besiegen soll, überwiegt die Vorfreude, und ich sage zu. Während der mehrtägigen Tour lernen wir Bloggerinnen uns immer besser kennen. Ich bin so dankbar, dass diese Firma uns sieht, uns zusammenbringt und uns Repräsentation schenkt. Das ist zu diesem Zeitpunkt nicht selbstverständlich. Und auch wenn soziale Netzwerke an anderer Stelle in diesem Buch von mir durchaus Kritik ernten, eines muss ich ihnen lassen: Die digitale Connection zu den anderen kurvigen Frauen, die die Plattformen mir ermöglichen, bedeuten für mich die Welt.

Ab sofort arbeiten wir gemeinsam für mehr Sichtbarkeit von kurvigen Frauen auf Zeitschriften-Covern, in der Werbung, auf YouTube, Instagram – kurz gesagt überall dort, wo es öffentliche Wahrnehmung gibt. Wir schenken uns gegenseitig Empowerment – je öfter, desto selbstbewusster werden wir. Wir hören uns zu, teilen Erfahrungen und merken: Wir sind nicht allein. Wir können hier einfach so sein, wie wir sind. Ein richtiger Safe Space, obwohl wir uns noch nicht lange kennen. Und was passiert, wenn man sich seiner selbst im wortwörtlichen Sinne bewusst ist?

Man hat die Kraft, für sich einzustehen. Wir würden uns nicht mehr verstecken, sondern zeigen, dass Curvy in all seinen Facetten endlich von der Mode- und Beautywelt mitgedacht werden muss.

Ein Event, das viele Jahre Treffpunkt für viele von uns ist: die Berliner Fashion Week. Jedes Jahr werden die wichtigsten internationalen Modeschaffenden zu den Schauen eingeladen, unter ihnen selbstverständlich auch Blogger*innen – also schlanke Blogger*innen. Bei uns, den Plus-Size-Frauen, läuft das damals oftmals leider noch etwas anders: Wir schreiben die Modemarken selbst an und leisten ein weiteres Mal Aufklärungsarbeit, indem wir darlegen, warum man auch Frauen jenseits von Kleidergröße 42 auf der Fashion Week repräsentieren muss. Tretet mit uns in den Dialog, anstatt Produkte und Mode über unsere Köpfe hin zu entwickeln! Redet mit uns statt über uns! – Das wünschen wir uns. Glücklicherweise sind auch einige Plus-Size-Brands dort vertreten und laden uns ein. Sie gehen mit uns in den Austausch und nehmen uns wahr.

Wir, die Plus-Size-Bloggerinnen, sitzen jetzt im Publikum, um uns die Plus-Size-Kollektion auf dem Laufsteg anzusehen. Doch die Models, die dort laufen, tragen maximal Größe 40. Von Plus-Size keine Spur, aber wir nehmen erst mal alles, was wir kriegen können, und sind dankbar, da sein zu dürfen und wenigstens mitgedacht worden zu sein. Das ist zu diesem Zeitpunkt alles andere als selbstverständlich. Jeden Platz müssen wir uns hart erarbeiten.

Anfangs sind die Kollektionen für dicke Frauen noch sehr stark davon geprägt, dass man Kleidung tragen soll, die einen optisch schlanker macht. Als hätte man den Designer*innen eine Gebrauchsanweisung vor dem Entwerfen hingelegt: Bitte keine engen Hosen, auf Querstreifen verzichten und bloß keine kurzen Röcke.

Mit den Jahren wird der Bereich für uns Plus-Size-Blogger*innen immer kleiner, und irgendwann ist er gar nicht mehr vorhanden. Was mich daran erinnert:

Wann immer wir eine Tür für uns kurvige Frauen in der

Modebranche aufgestemmt haben, fällt die darauffolgende Tür umso härter ins Schloss, das fühlt sich auch bei meinem ersten Besuch auf der Fashion Week nicht anders an. Aber ich habe endlich Hoffnung und das Gefühl von Empowerment, denn ich weiß, dass ich nicht alleine bin.

Bevor ich jedoch mit meinem Blog sichtbarer werden konnte, war ein harter Prozess innerer Arbeit nötig. Der Spagat zwischen dem Mich-verwundbar-Machen in der Öffentlichkeit und meinen Panikattacken, meinem kaum existierenden und vom Aussehen abhängenden Selbstwertgefühl, meiner Body Dysmorphia, war extrem. Hinzu kam der Wunsch, verstanden zu werden, gehalten. Geliebt.

Kapitel 4

»Du bist meine Traumfrau, wenn du zehn Kilo abnimmst« — Über Dating-Erfahrungen

Herzlich willkommen in meiner Dating-Welt als kurvige Frau. Natürlich kann ich nicht für alle Frauen sprechen, das möchte ich mir gar nicht anmaßen. Spannenderweise haben echt eine Menge Personen aus meiner Social-Media-Community sehr ähnliche Erfahrungen gemacht. Diese Geschichten sind geprägt von Demütigungen, verbalen Übergriffen und Gewalt, Diskriminierung, Sexualisierung, Fetischisierung, Gaslighting, Ghosting – die Liste ist lang. Natürlich gibt es sicherlich auch viele schöne Erlebnisse beim Dating, das Bauchkribbeln, Verliebtsein und vertraute Gefühle, aber wie ich zu Beginn schon berichtet habe, möchte ich mich in diesem Buch auf das stützen, was ich in Zukunft lieber nicht mehr erleben möchte.

Das Display leuchtet auf. Ich öffne mein Handy. Match. Ein junger Mann, Anfang dreißg, kurze Haare, schlanke Statur. Er gibt an, im Finanzsektor zu arbeiten. Als ich seine erste Nachricht lese, ziehe ich die Augenbrauen hoch und starre irritiert auf den Chat. Ich habe ja schon einiges erlebt, aber das ist auch für mich neu.

Alex (Name geändert):»Würdest du für mich abnehmen?«

Jules:»Wieso haben wir ein Match, wenn du findest, dass ich das für dich tun sollte?«

Alex:»Na ja, weil ich in dir das Potenzial sehe, in den Normalgewichtbereich zu fallen. Versteh mich nicht falsch, wunderschön bist du, ich sag nur, dass dir statt der XL–Version die S-Version besser stehen würde. Hab selbst mal 'ne ü*ergewichtige Freundin gehabt. Zwölf Jahre lang. Hab sie runtergespeckt. Es sind sehr viele Tränen geflossen, aber die Anzahl an Komplimenten ist gestiegen.«

Runtergespeckt also. Wie muss man denken und was muss man erlebt haben, um einer fremden Frau so etwas Anmaßendes zu schreiben? Ohne Begrüßung. Ohne Anstand oder Respekt. Ich versuche es mit Humor zu nehmen, und es würde mir sicher leichterfallen, wenn die Anzahl solcher oder ähnlich respektloser Gesprächseinstiege nicht so häufig wäre.

Meine Erlebnisse vom ersten Verknalltsein in der Schule über Verkupplungsversuche in meinem Heimatdorf bis zum Onlinedating in der Großstadt offen zu teilen fällt mir nicht leicht. Warum ich mich trotzdem für dieses Kapitel entschieden habe? Weil Offenheit ansteckend ist. Weil ich mir wünsche, dass Mädchen, Frauen, generell Menschen, die etwas Ähnliches erlebt haben, sich für einen Moment weniger allein fühlen. Weil ich hoffe, dass Menschen, die sich, ob bewusst oder unbewusst, so verhalten wie das Match, das ich hier Alex nenne, verstehen, dass das endlich aufhören muss. Dank der Nachrichten, die ich täglich von meiner Social-Media-Community bekomme, weiß ich: Wir sind viele. Und wir sollten eins verstehen: Es sind nicht immer»die anderen«. Es sind auch Menschen aus unserem engsten Umfeld, die wir gerne mögen, die sich kurvigen, dicken Frauen gegenüber abwertend und diskriminierend verhalten. Und ich weiß, dass viele es nicht bewusst tun, sondern dass sie, wie wir alle, in einem System aufgewachsen sind, wo so etwas lange »normal« war, heute aber einfach nicht mehr so sein sollte.

Und ja, mir ist ganz klar, dass nicht ALLE Männer auf kurvige/dicke_fette Frauen stehen. Davon gehe ich absolut nicht aus. Und natürlich kann es auch daran liegen, dass man sich zu einem Menschen einfach nicht hingezogen fühlt oder den Charakter nicht überzeugend findet. Aber ich spreche hier wirklich von den Fällen, in denen ein Interesse besteht.

Was übrigens auch zu meiner Dating-Historie und deshalb zu diesem Kapitel gehört, auch wenn es sich im ersten Moment vielleicht komisch anhört: mehrere Jahre Therapie. Es ging dort viel weniger um Swipes, Matches und Gold-Mitgliedschaften, aber sehr wohl um mein Selbstwertgefühl. Und das hat man immer im Gepäck, wenn man seine Profilbilder hochlädt, sich auf das erste Date vorbereitet oder mitten in einer Beziehung steckt. Ich weiß aus eigener Erfahrung, wie sehr Selbstwert und Selbstbewusstsein leiden können, wenn man sich als kurvige Frau in einer Gesellschaft bewegt, die dicke Menschen für das Schlimmste halten.

Über das erste Verknalltsein als Teenie mit dicker Statur

In den ersten Jahren auf der Realschule bin ich von einem richtigen Date gefühlt so weit entfernt wie mein Heimatdorf in Nordrhein-Westfalen von Hollywood. Der Grund, warum ich bis heute nicht so richtig gut flirten kann und Flirts sogar als eher unangenehme Spielchen wahrnehme, geht genau auf diese Lebensphase zurück. Ich kann wirklich so gar nicht unterscheiden, ob das Gegenüber einfach nur nett ist oder flirten möchte. Kennt ihr das Gefühl?

Ich bin zwölf, dreizehn Jahre alt, als ich zum ersten Mal einen dieser Zettel schreibe, die man in der Schule so schreibt, wenn man einen Crush hat. Ich finde diesen einen Jungen in meiner Klasse total toll, er erinnert mich an den Schauspieler Josh Hartnett, dessen Poster ich in meinem Zimmer hängen habe. Mein Schulfreund und ich verstehen uns super, lachen viel zusammen. Ich nehme all meinen Mut zusammen und schreibe »Ich mag dich voll gerne. Machen wir nach der Schule mal was zusammen?« auf einen Zettel und lege ihn auf seinen Platz vor sein Mäppchen. Ich bin so aufgeregt, dass ich keinen klaren Gedanken fassen kann. In meinem Kopf träume ich von den schönsten Momenten mit ihm. Wie er plötzlich grinsen muss, weil er sich so über meine Nachricht freut. So wie er es immer tut, wenn wir zusammen rumalbern. Davon, wie wir gemeinsam etwas unternehmen. Den Sommer genießen. Wie wir einen Lieblingssong haben. Wie er mich hält in Momenten, wenn das Leben gerade wieder zu schwer wird, um es alleine zu tragen. All so was eben. Vielleicht wird er mir aber auch zurückschreiben, dass er gerade mit einem anderen Mädchen geht. Dann hätte ich auf jeden Fall Gewissheit.

Die Pause ist vorbei, und er setzt sich an seinen Platz. Den Zettel bemerkt er recht schnell, nimmt ihn und faltet ihn auseinander. Mein Herz rast vor Aufregung. Er liest den Brief, zieht die Augenbrauen hoch. Dann hält er ihn seinem Sitznachbarn hin, beide schauen sich an, blicken zu mir und fangen an zu lachen. Sie geben das Stückchen Papier weiter, bis es einmal durch die halbe Klasse gewandert ist.

Alle brechen der Reihe nach in Gelächter aus. Verschwinden, ich will einfach nur verschwinden. Irgendetwas in mir zieht sich zusammen, es schmerzt so sehr. Ich schäme mich. Dabei möchte ich doch einfach nur Verbundenheit. Nähe. Liebe geben und geliebt werden. So wie wir alle. Wie komme ich hier raus?

»Ein Date mit der Dicken?«, höre ich jemanden sagen. »Als ob!«, lacht er. Das hat gesessen. Ich werde also als Joke gehandelt, meine Gefühle sind für die anderen ein Witz. In solchen Situationen habe ich dann irgendwann gelernt, innerlich wegzutreten. Nichts mehr zu spüren.

Fortan ignoriert er mich eine ganze Weile und spricht mit mir nur das Nötigste. Der gemeinsame Spaß ist vorbei. Das tut weh. Haben mir meine Freundinnen doch so gut zugeredet und behauptet, sie würden merken, wie sehr er mich auch mag.

Dass meine Figur schon damals eine Rolle spielte, um solche Ablehnungen zu begründen, muss nicht noch mal extra betont werden. Das war eine unausgesprochene Regel, die jedem klar war und nach der Geschichte mit dem Zettel auch mir. Über den Flurfunk erfuhr ich dann alle weiteren verletzenden Details noch mal genauer, in denen es sehr unsachlich wurde.

Während meiner Schulzeit schrieb ich noch den einen oder anderen Zettel an Schulfreunde, die ich echt gerne hatte, nachdem mir meine Freundinnen erneut Hoffnung machten. Parallel dazu beobachtete ich, dass es bei einer meiner besten Freund*innen Vanessa immer wieder klappte und sich die Jungen gern mit ihr verabredeten. Nun gut, sie entsprach äußerlich so ziemlich dem Ideal, aber nette Personen waren wir doch beide.

Wie kann es sein, dass für die meisten Jungs der wichtigste Faktor die Figur ist?, überlegte ich. »Schlank, das ist eben mein Geschmack«, hieß es von vielen. Charakter, innere Werte oder gemeinsamer Humor kamen da erst ganz spät in der Liste, wenn ich sie fragte. Es war immer wieder die Statur. Habt ihr euch schon mal darüber Gedanken gemacht, wie eine solche Präferenz entstehen könnte? Ein möglicher Aspekt könnte das Thema »Sehgewohnheiten« sein. Wir werden davon beeinflusst, wie wir aufwachsen und welches Bild wir von Menschen haben, und das wird besonders durch Sehgewohnheiten geprägt. Und wie kurvige, dicke oder auch fette Menschen in den 1990er- und 2000er-Jahren repräsentiert wurden, erfahrt ihr hier noch ganz genau.

Wie ihr wisst, verbringe ich meine Teenagerjahre mit Selbstzweifeln, die sich allmählich zu Selbsthass entwickeln, entstanden durch Mobbing und Diskriminierungserfahrungen.

Wann immer mir doch mal ein Junge Interesse signalisiert, ist es nicht ernst gemeint, sondern Verarsche. So, dass es möglichst viele mitbekommen und etwas zu lachen haben. Irgendwann fange ich an, solche verletzenden Reaktionen auf romantisches Interesse meinerseits als völlig normal zu empfinden. Und als dann ein neuer Schüler in unsere Klasse kommt und mir Interesse signalisiert, Zeit mit mir verbringen möchte, mir Geschenke macht, lehne ich ab aus Angst, wieder verletzt zu werden.

Das Einzige, was mir zu dieser Zeit ein bisschen Halt gibt, ist mein erster Star-Crush: der Schauspieler Kai Scholl aus der Serie »Gute Zeiten, schlechte Zeiten«. Sein Poster hängt an der Schräge über meinem Bett, zusammen mit Sternen, die im Dunkeln leuchten. »Kiss me« von der Band Sixpence None The Richer läuft auf meinem Discman. Ich träume von meiner ersten großen Liebe. Meine Flucht vor dem Mobbing in der Schule, vor den Diäten, vor dem Gefühl, nicht ins Bild zu passen, vor dem Magenknurren und dem riesigen Hungergefühl. Nicht nur nach Essen, vor allem nach Liebe und Halt. Liebe muss so schön sein. Wie würde sie sich wohl anfühlen, die erste große Liebe? So jemanden wie Kai kriege ich nie, da bin ich mir sicher. Keine Chance, aber träumen darf ich ja. Auch eine Überzeugung, die sich auf meiner Festplatte einbrennt.

Ich träume mich immer wieder in die Welt der Stars, bin über alles und jede*n in Hollywood und in der Musikbranche informiert. Sammle jeden Schnipsel aus Magazinen, den ich über meine Lieblingsstars finde, und hefte sie in einem Ordner ab. Irgendwann wird Kai abgelöst von der finnischen Band The Rasmus. »In the Shadows« – dieser Song, dieser Sound, diese Stimme! Lauri Ylönen wird mein absoluter Super-Crush. Ich fiebere bei jeder Chartplatzierung mit, höre das Album *Dead Letters* rauf und runter, färbe meine braunen Haare schwarzblau, schminke mich mit schwarzem Kajal. Mein Fansein und die optische Veränderung nehmen solche Ausmaße an, dass mich meine Klassenlehrerin zum Gespräch bittet: Ich solle mich nicht so stark schminken, Natürlichkeit sei doch viel besser. Ich hätte doch so ein hübsches Gesicht. Natürlichkeit, pffft, denke ich. Mich will sowieso niemand, da kann ich mich ja wohl so schminken, wie ich es möchte. Hinter meiner Abwehrhaltung steckt noch mehr: Make-up wird für mich eine Art Schutz. Ich fühle mich geschminkt ein bisschen sicherer. Die Musik gibt mir zusätzlich Halt. Zu meinem ersten Konzert von The Rasmus reisen meine beste Freundin Vanessa und ich Stunden vorher in Köln an, um die besten Plätze zu kriegen. Wir werden belohnt: zweite Reihe. Während des Konzerts fangen wir sogar die Drumsticks, die von der Bühne ins Publikum geworfen werden. Damit ist unsere Fanzugehörigkeit nun komplett besiegelt.

Unser nächstes Ziel: Wir müssen nach Finnland, das Land der vier Musiker. Unser Plan: jeden Cent sparen. Und bis es so weit ist, verbringen wir viel Zeit bei IKEA, ein Stück Skandinavien, das uns unseren Lieblingsmusikern näherbringt. Wir sind noch nicht ganz sechzehn Jahre alt und dürfen eigentlich nicht alleine reisen. Für uns als Hardcore-Fans ist das aber kein Hindernis. Wir bitten unsere Eltern, uns eine Art Bescheinigung auszustellen, dass wir ohne sie nach Finnland reisen dürfen. Keine Ahnung, ob das legal ist. Fühlt sich nicht so an, aber wir haben nur ein Ziel: Finnland. Für The Rasmus überwinde ich sogar meine Flugangst. In der Heimat der Band unterwegs zu sein ist ein Wahnsinnsgefühl.

Vanessa und ich spazieren durch die Straßen Helsinkis, besuchen den Dom und ziehen durch die Geschäfte. Zwei Männer Mitte dreißig sprechen uns mitten auf dem Bürgersteig auf Englisch an und fragen, ob wir mit ihnen nicht in ein Café fahren wollen. Einer der beiden setzt sich auch schon ins Auto, das auf gleicher Höhe steht. Sie würden uns mit dorthin nehmen. Meine Alarmsignale schlagen sofort an, und da ist es schon fast zu spät. Sie versuchen meine Freundin ins Auto zu ziehen, es gelingt ihnen aber nicht. Sie befreit sich, und wir rennen weg.

Vanessa und ich erholen uns recht schnell von dem Schock. Am nächsten Tag besuchen wir ein Burgerrestaurant und staunen ganz schön, als wir hinter den Tresen blicken. Einer der beiden ist hier Filialleiter. Was für ein Zufall! Er hat ein ziemlich schlechtes Gewissen, setzt sich zu uns und entschuldigt sich. Das alles führt dazu, dass wir bis zum Ende der Reise täglich freies Essen dort bekommen. Wie übergriffig, heftig, gefährlich und widerlich dieses Erlebnis ist, merke ich erst beim Schreiben. Wir haben riesiges Glück gehabt.

Obwohl wir The Rasmus in Finnland damals nicht begegneten, war diese Reise etwas ganz Besonderes für mich. In diese Erinnerungen einzutauchen, mich an meine Ordner mit Fanfotos, die Konzerte und die Musik zu erinnern erfüllt mich heute noch. Mein Fansein verlor sich zwar irgendwann zwischen dem Erwachsenwerden und neuen Herausforderungen, aber es gab mir viele Jahre Halt in diesen für mich sehr unbeständigen Zeiten.

Unsichtbar

Spulen wir ein paar Jahre weiter. Als ich das erste Mal mitbekomme, wie manche Jungs und auch Männer untereinander über Frauen reden, kenne ich den Begriff Locker Room Talk noch nicht. Mittlerweile werden diese Gespräche zum Glück als das identifiziert, was sie sind: nicht etwa als harmloses oder gar »humorvolles« Geplänkel, sondern oft als zutiefst frauenfeindliche Äußerungen. Was Frauenfeindlichkeit auch nur annähernd bedeutet, ist mir zu diesem Zeitpunkt absolut nicht klar. Falls ihr einen Hinweis dazu braucht, schaut in die Infobox zu Misogynie auf Seite 71.

Eines der bekanntesten Beispiele für Locker Room Talk lieferte einer der ehemaligen Präsidenten der USA. In einem Gespräch mit einem Moderator darüber, wie er Frauen ins Bett bekäme, sagte er den Satz: »Just grab them by the pussy.« Nachdem ein Audiomitschnitt dieser Unterhaltung an die Öffentlichkeit gelangt war, tat er sie als Locker Room Talk ab. Gespräche dieser Art kenne ich nur zu gut, während meiner Jugend wurde ich nämlich ungewollt zu einer Art »Expertin« für Locker Room Talk.

Locker Room Talk – kein harmloses Geplänkel: Das englische *locker room* heißt auf Deutsch Umkleidekabine. Im übertragenen Sinne bedeutet Locker Room Talk (LRT) so viel wie »ein entspanntes Gespräch unter Männern in der Umkleidekabine«. Du erkennst LRT daran, dass ein solches Gespräch zwischen vermeintlich Gleichgesinnten in einem kleinen Kreis stattfindet. Die Inhalte sind meist sexueller oder diskriminierender Natur und vor allem abwertend. Sogar Storys über strafrechtlich relevantes Verhalten, wie etwa sexuelle Übergriffe, dienen der Unterhaltung.

Warum LRT gefährlich ist: Das Problem an Locker Room Talk ist unter anderem der verharmlosende Begriff. Er hilft dabei zu verschleiern, dass Inhalte, die diskriminierend oder teilweise sogar strafrechtlich relevant sind, dahingesagt und heruntergespielt werden.
Wenn du mitbekommst, dass Gruppen in deinem Umfeld zutiefst abwertend über andere Menschen sprechen: Manchmal ist es bereits ein Signal, wenn man einfach nicht mitlacht, und im besten Fall reflektiert man den Personen, was sie gerade gesagt haben, und fragt sie, ob das so gemeint war.

Zu gut erinnere ich mich an Situationen, in denen ich absolut nicht wusste, wie ich damit umgehen sollte. Immer wieder, wenn Jungs unter sich waren, ging es los. Unter sich? Genau. Denn als kurviges Mädchen zählte ich als weibliche Person, die für ein Date infrage käme, nicht wirklich. Und das bedeutete: Ich war für sie unsichtbar. Bloß ein Kumpel, vor dem man einen frauenfeindlichen Spruch nach dem anderen raushauen konnte.

»F*** sie so, dass sie morgen nicht mehr laufen kann.«

»Loch ist Loch.«

»Lieber widerlich statt wieder nicht.«

GELÄCHTER.

Ich konnte damals schon nicht darüber lachen. Bekam dann Sprüche zu hören, dass ich keinen Humor verstünde, und fühlte mich in solchen Momenten wirklich schlecht, da ich offenbar nicht den gleichen Humor hatte wie alle anderen. Wenn ich an all die Äußerungen denke, die ich am liebsten nie gehört hätte und die bis heute in meinem Kopf sind, fängt er sofort an zu wummern. Doch mehr Beispielen will ich in meinem Buch keinen Raum geben. Ich fühlte mich in diesen Momenten immer wie in einem eigenartigen Vakuum, ein Zustand, den ich bis heute nicht richtig greifen kann.

Eines möchte ich übrigens ausdrücklich sagen: Ich bin davon überzeugt, dass es viele Menschen gibt, denen nicht bewusst ist, dass Locker-Room-Sprüche nicht witzig, sondern einfach nur verachtend sind.

Mir war das lange selbst nicht bewusst. Eine Sache, die mir durch Therapie und Reflexionsprozesse immer bewusster geworden ist: Gedanken erzeugen Bilder in unseren Köpfen. Diese Bilder werden zu Worten und Handlungen und beeinflussen unseren Alltag. Deswegen finde ich es so wichtig, immer mal wieder einen kleinen Reality-Check zu machen und zu überlegen: Warum verwende ich einige Floskeln? Was meine ich wirklich mit dem, was ich sage? Welche Wirkung hat diese Aussage?

Um zu verstehen, woher solche Sätze überhaupt kommen, musste ich als Kind der 1990er-Jahre nicht lange suchen. Locker Room Talk ist nämlich kein reines Cliquenphänomen, sondern ein gesellschaftlich anerkanntes Konstrukt, das nicht nur meiner Generation beispielsweise in Filmen und Serien als cool und witzig verkauft wurde. Denken wir an einige Serien, in denen männliche Hauptdarsteller Rollen spielen, die vor Misogynie, also Frauenfeindlichkeit, nur so strotzen – alles unter dem Deckmantel »Humor«. Während schlanke Frauen als Auszeichnung für den Mann dargestellt werden, gelten die, die »nur eine dicke Frau abbekommen haben«, als bemitleidenswerte »Loser«. Dicke Menschen, vor allem dicke Frauen, kommen in Serien und Filmen der 1990er, wenn überhaupt, nur als Beiwerk oder Comedy-Charaktere vor (siehe Kapitel 2). Nicht als diejenigen, die die Liebe finden. Dicke Männer schaffen es vor allem in Comedy-Serien schon eher mal, als »der lustige Vater« eine Hauptrolle zu ergattern. Insgesamt werden Menschen mit einer dick_fetten Statur jedoch eher durch eindimensionale und sehr stereotype Charaktere und Blickwinkel medial in dieser Zeit geprägt. Und das beeinflusste leider auch mein Selbstbild negativ.

An den Sehgewohnheiten und Identitätsfiguren, die Medien uns liefern, hat sich Stand 2021 noch nicht genug geändert, auch wenn es für viele sicher so wirkt. Fragt euch mal, ob ihr mittlerweile eine kurvige »Bachelorette« im deutschen Fernsehen gesehen habt. Oder gar eine Schwarze dick_fette Bachelorette? Eben. Das zeigt uns: Die Medien haben noch einiges aufzuholen, wenn es um die Sichtbarkeit von dicken Menschen geht, denn außer in Diätshows kommen wir wenig vor.

Und wenn dann doch mal entsprechende Formate entwickelt werden, dann müssen sie, nach meinem Gefühl,

SOFORT performen und super Quoten erzielen, sonst werden sie direkt wieder aus dem Programm genommen. Eine Sendung, die in meinen Augen großartig für neue Sehgewohnheiten und das Brechen von Stigmata ist, aber in Deutschland leider so gut wie gar keine Aufmerksamkeit bekommen hat, ist die Show, in der die weltbekannte Sängerin Lizzo Plus-Size-Tänzerinnen für ihre Show sucht. Ich habe mich gefragt: Wo ist das passende Launch-Event? Wieso wird die Serie nicht auf Deutsch übersetzt? Warum wird so gut wie keine Werbung gemacht, wie es sonst der Fall ist?

* * *

Zurück in meine Jugend. Während ich in der Schule mit Mobbing aufgrund meiner Statur konfrontiert werde und an den Wochenenden mitkriege, wie Männer Frauen ungeniert in Kategorien wie »f***bar« – das sind schlanke Frauen – und »unf***bar« – das sind die dicken Frauen – einteilen, geht es mir immer schlechter. Meine Essstörung wächst sich in dieser Zeit von regelmäßigen schädlichen Diäten zu einer Magersucht aus. Ja, richtig gelesen. Auch eine dicke Person kann unter einer Magersucht leiden. Medial und auch bei Ärzten und Ärztinnen bekomme ich immer wieder mit, dass sie sich das nicht vorstellen können. Essstörungen können alle Menschen betreffen! Verliert man recht schnell oder über einen längeren Zeitraum viel Gewicht, kann es sich dabei um eine Magersucht handeln, egal welche Statur man hat. Magersucht bei Menschen mit Mehrgewicht wird als atypische Anorexie bezeichnet.

Und dann kommt der Sommer 2005. Der Sommer, in dem ich zum ersten Mal schlank bin laut BMI. Der Sommer, in dem ich zum ersten Mal begehrt werde. Das ist der

Sommer, in dem es mir gesundheitlich so schlecht geht wie nie zuvor. Ein Sommer, der mich heute fragend zurücklässt, wie ich ihn überlebt habe.

ENDLICH schlank, normschön, privilegiert, geliebt und alles, was ich jemals wollte?!

Ihr lest richtig. Ich habe es »geschafft«. Während der dunkelsten Zeit in meinem Leben, in der ich im Außen wenig Kontrolle habe, weil sich so viel in so kurzer Zeit verändert, hält mich die Essstörung fest im Griff und gibt mir das Gefühl, wenigstens einen Bereich in meinem Leben unter Kontrolle zu haben. BMI-mäßig hätten mir wohl einige Ärzte und Ärztinnen kräftig die Hand geschüttelt und mir freudig gratuliert, endlich im »gesunden Bereich« zu sein. Hätte mich zu dieser Zeit ein*e Therapeut*in zu Gesicht bekommen, hätte sie mich wahrscheinlich sofort in die nächste Klinik für Essstörungen geschickt und darauf bestanden, dass ich umgehend an meiner mentalen Gesundheit arbeite. Was uns allen deutlich zeigen sollte, wie eng Psyche und Gewicht miteinander verknüpft sind und nicht getrennt voneinander betrachtet werden sollten.

Ich bekomme keine Hilfe und hole mir auch keine, weil ich es noch nicht besser weiß. Stattdessen verbringe ich diesen Sommer als schlanke Person. Kann das erste Mal fühlen, wie das Leben so ist.

Während ich in den Augen der anderen jetzt auch schlank genug bin, um als datingbereit zu gelten, erfahre ich schnell, worauf es offenbar ankommt. »Helfen wir Julchen mal ein bisschen auf die Sprünge und spielen Amor.« Und welcher Ort in einem Dorf eignet sich besser als Kuppellocation als die alljährliche Kirmes, zu der alle Leute aus den Nachbardörfern anreisen! Verkuppelt zu werden ist selten cool. Diese Erfahrung teilen bestimmt viele: Eine Freundin oder jemand aus der Familie hat jemanden im Auge, den er für dein Perfect Match hält. So etwas kann ganz witzig sein, absolut super laufen oder auch komplett nach hinten losgehen – alles ist möglich. Ich habe schon vieles gesehen: von Menschen, die völlig genervt davon waren, über Dates, die einfach eine gute Zeit hatten, weil es viele Gemeinsamkeiten und daher auch Gesprächsstoff gab, bis hin zu Paaren, die sich verliebt und geheiratet haben. Die Chance, dass es Spaß macht, egal, was später daraus wird, besteht besonders dann, wenn es Schnittmengen gibt. Wie derselbe Humor, dieselben Hobbys oder ein ähnlicher Musikgeschmack. Wenn mich damals jemand gefragt hätte, wie mein Traummann sein sollte, hätte ich meine Aufzählung mit solchen Dingen begonnen: vertrauensvoll, reflektiert, witzig. Auf die Idee, erst einmal eine Haarfarbe oder eine Körpergröße zu nennen, wäre ich nicht gekommen. Ich habe ja schon früh gelernt, dass ein dickes Mädchen absolut keine Ansprüche zu stellen hat und ich daher keine Wünsche bezüglich des Aussehens haben darf. Leider ist mit der Abnahme des Gewichts mein Selbstvertrauen nicht automatisch gewachsen, sodass ich in der Lage gewesen wäre, für meine Wünsche und Bedürfnisse einzustehen.

Und so finde ich mich eines Abends auf der Kirmes wieder, wo mir ungefragt Vorschläge für die Wahl meines ersten richtigen Partners gemacht werden. Im Jahr davor ist das Ganze noch ganz anders abgelaufen. Habt ihr eine Idee davon, wie man als kurviges Mädchen verkuppelt wird? Ganz einfach: Euch werden Jungs und vor allem auch deutlich (!) ältere Männer vorgeschlagen, die selbst dick sind, ohne dass nach irgendwelchen Gemeinsamkeiten gefragt wird. À la: »Du bist dick, er ist auch dick, das passt doch bestimmt super!« Die Reduzierung auf dieses eine Merkmal tut mir so richtig weh. Weil sie mich auf mehreren Ebenen trifft und weil eben auch all meine Mühen der vergangenen Jahre, als kluger, fleißiger Mensch mit individuellen Interessen, Liebenswürdigkeiten, Ecken und Kanten wahrgenommen zu werden, damit untergraben werden.

Heute weiß ich von vielen BIPoC (Black, Indigenous, People of Color), Menschen mit Behinderung und queeren Menschen, älteren Menschen u. v. m., dass es ihnen ähnlich geht. Sie werden bei der Partner*innensuche auf ein Merkmal reduziert und nicht als Ganzes, als Mensch, gesehen. Das macht traurig, das enttäuscht. Gerade wenn so etwas von engen Freund*innen oder dem nahen Umfeld kommt, die uns besser kennen sollten. Wir sind doch so viel mehr als nur dieses eine Merkmal.

Mir ist ein intersektioneller Ansatz sehr wichtig, und mir ist mittlerweile bewusst, wie sehr alles miteinander verwoben ist: Diskriminierungsformen wie soziale Kategorien wie Geschlecht, Sexualität, Rasse/Ethnizität, soziale Klasse, Behinderung u. v. m. sind nicht eindimensional zu betrachten – sie überschneiden sich, wirken zusammen und bauen wechselseitig aufeinander auf. Daher werde ich immer wieder versuchen, diese Zusammenhänge nach meiner Auffassung in diesem Buch sichtbar zu machen. Gleichzeitig möchte ich bewusst machen, dass auch ich ständig dazulerne und mich definitiv nicht als Expertin in diesem Bereich bezeichnen würde.

Zurück zu dem Moment, in dem ich zum ersten Mal als schlanke Person den Kirmesplatz betrete. Ich fühle mich, wie so oft zu diesem Zeitpunkt, ziemlich schlapp. Was daran liegt, dass mein Körper völlig unterversorgt ist. Kein

Wunder, denn ich versuche, wenig zu essen und viel Wasser zu trinken. Parallel dazu treibe ich richtig viel Sport. Für mich ist der Besuch der Kirmes nicht nur der Startschuss des Rummels, sondern auch der Beginn eines Sommers, wie ich ihn bis dato noch nicht erlebt habe. Gerade angekommen, machen wir halt an einer Losbude, nebenan ein Stand, an dem Getränke verkauft werden und Partysongs gespielt werden. Normalerweise wäre es so gelaufen, dass ich als die »unsichtbare Dicke« eine Apfelschorle gekauft und mich an den Rand gesetzt hätte.

Diesmal zwinkert mir der Verkäufer zu, als er mir das Glas reicht. »Geht auf mich, Hübsche«, sagt er. Ich setze mich auf den Gehsteig, von dem aus ich die Losbude gut im Blick habe. Und dann geht es los: Immer mehr Jungs und Männer, die locker zehn, fünfzehn Jahre älter sind als ich, sammeln sich um mich herum. Manche von ihnen mit Kumpels, andere allein. Sie alle kennen mich vom Sehen, Notiz haben sie bis dato von mir nie genommen, zumindest haben sie es mich zuvor nicht wissen lassen. Doch jetzt versuchen sie auf einmal, Blickkontakt zu mir aufzunehmen. Es dauert nur ein paar Minuten, bis mich der Erste von ihnen anspricht. Dann der Nächste. Ein weiterer kommt dazu. Von außen muss es irgendwann ausgesehen haben wie eine kleine Party. Bloß habe ich niemanden eingeladen. Ein Typ stellt sich ganz dicht neben mich und legt ungefragt seine Hand um meine Hüfte. Dann drückt er sich an mich und fasst mit seiner Hand hoch zu meiner Taille. *Wow*, denke ich. *So musst du also sein.* So fühlt es sich also an, endlich gesehen zu werden. Ich fühle mich gleichzeitig bedrängt und begehrt, bin fasziniert und angeekelt. Man begafft mich wie ein Tier, streicht um mich herum, als wäre ich Beute. Auf einmal wollen sie neben mir gesehen werden, anstatt sich für mein Äußeres zu schämen. Dass in meinem Inneren die Hölle los ist und es mir richtig schlecht geht, scheint egal zu sein. Sieht niemand, denn ich bin ja jetzt schlank, und das bedeutet für viele automatisch gesund, attraktiv und alle anderen Attribute, die man mit dem Schlanksein automatisch in Verbindung bringt.

Ich weiß nicht, wie lange ich mich schon innerhalb dieser Menschentraube aufhalte, als einer der Männer, mit dem ich mich unterhalte, versucht, mich auf den Mund zu küssen. Obwohl ich mich wegdrehe, probiert er es immer wieder. Mir wird schlecht, und ich gehe. Abends liege ich völlig überwältigt in meinem Bett und kann nicht einordnen oder greifen, was da passiert ist.

Bis heute habe ich viele gemischte Gefühle, wenn ich das Erlebnis Revue passieren lasse. Und mir kommt sofort etwas in den Sinn, wofür ich damals noch keinen Begriff hatte: Türen öffnen sich für Menschen, die als schlank und normschön wahrgenommen werden, oftmals wie von selbst, so meine Beobachtung. Wer als attraktiv und begehrenswert gilt und schlank ist, erhält eine bessere Behandlung. Was ich damals schon spürte, nennt man offiziell Pretty Privilege. Und auch das Thema Thin Privilege hat damit zu tun. Was das genau bedeutet, bespreche ich mit Carina in Kapitel 10.

Wenn wir von »Pretty Privilege« sprechen, müssen wir den sogenannten Halo-Effekt nennen. Er besagt, dass man einer Person, die als attraktiv wahrgenommen wird, unbewusst positive Eigenschaften zuschreibt, obwohl man sie gar nicht kennt.

Die Kirmes ist für mich als erwachsene Frau längst zu einem Sinnbild geworden, das leider allgemeingesellschaftliche Bedeutung hat: Weil in meinem Umfeld wie auch in unserer ganzen Gesellschaft ein schlankes Erscheinungsbild mit Schönheit und Gesundheit gleichgesetzt wird, bekam ich in jenem Sommer auf einmal Komplimente für meine Figur. Viele meinten in dieser Zeit zu mir, ich hätte nun, wo ich endlich schlanker sei, eine ganz andere, viel positivere Ausstrahlung. Ich habe weder meine Einstellung geändert, noch war ich selbstbewusster. Es war einzig und alleine die Figur, die meine Wirkung auf andere Menschen veränderte. Auch deswegen haben sich die Erfahrungen im Kirmes-Sommer 2005 als grässliches Erlebnis in mein Hirn eingebrannt. Denn meine Essstörung befand sich ja auf dem Höhepunkt – und zeitgleich bekam ich, quasi als Belohnung, sexuelles Interesse für mein schlankeres Erscheinungsbild. Dabei war ich einfach nur verunsichert, unterversorgt und unglücklich. Vor allem war ich krank und wurde als gesund wahrgenommen, und mir wurde auf einmal der Respekt zuteil, den jede Person erfahren sollte. Und das höre ich immer wieder von Menschen, die eine Essstörung und Mehrgewicht und das Leben aus unterschiedlichen Perspektiven erlebt haben. Das sollten wir dringend ändern!

Nach dem Sommer, in dem ich schlank war, nehme ich wieder ein wenig zu, weil ich die Radikalität nicht halten kann, mit der ich mich über Wochen und Monate schlanker gehungert habe. Intuitiv zu essen habe ich aber nie gelernt, wie ihr wisst. Mich begleitet ständig die Frage, wie ich es schaffen könnte, meinen Körper wirklich zu mögen, wenn mir so viele Menschen doch immer wieder zu verstehen geben, dass ich als dickerer Mensch einfach kein Recht habe zu existieren, ohne ständig beleidigt zu werden. Ich möchte nicht zunehmen, habe Angst davor und bleibe weiter in der Spirale des Selbsthasses stecken.

Erste große Liebe

Als ich um die siebzehn Jahre alt bin, gibt es noch keine Dating-Apps, dafür aber soziale Netzwerke wie StudiVZ mit seiner Anstupsfunktion. Oder Neu.de. Oder Facebook. Plattformen, die am Ende des Tages in vielen Fällen einfach digitale Flirtlocations sind. Abgesehen von all dem Seelenstress, mit dem ich mich hinter meiner Fassade rumschlage: Meine ersten Ausflüge ins Internetcafé in unserer Kleinstadt fühlen sich megaspektakulär an! Zu dieser Zeit ist es noch nicht üblich, dass jede Person ein Smartphone hat, und auch Internet gab es nicht bei jedem zu Hause. Vielleicht erinnert ihr euch noch an diese Zeit?

Und da bin ich nun. Im Internetcafé. Logge mich ein.

ReiseFreund05 (Name geändert). Wir chatten mehrere Stunden am Stück. Er schreibt mir so nette Worte. Worte, die ich nie zuvor gehört habe. Ich träume. Ich habe ja immer gedacht, dass eines Tages ein Mann kommen und mich aus meiner Situation retten würde. So wie in den romantischen Märchen und Disney-Filmen. Und vielleicht ist er es ja. Ist es jetzt endlich so weit?

Kurze Zeit später verabreden wir uns in der Innenstadt. Ich bin extrem aufgeregt. Auf den Bildern hat er mir so gut gefallen, und auch das Schreiben und die Telefonate waren so lustig und unbeschwert. Wie er wohl in echt ist? Ich steige aus dem Bus aus, und da läuft er mir auch schon entgegen. Wir grinsen uns an, umarmen uns lang. Ich denke: Kann mich bitte jemand kneifen? Er ist noch viel niedlicher mit seinem breiten Grinsen und den Grübchen und lustiger, als ich mir das hätte ausmalen können! Nach der langen Fahrt hat er Hunger. Er holt sich Pommes, ich verzichte. Er zittert so sehr, dass ein paar runterfallen. Wir schauen uns an und lachen. Das Eis ist sofort gebrochen. Und wir reden so viel und fühlen uns so vertraut, als würden wir uns schon ewig kennen. Er bleibt ein ganzes Wochenende bei mir.

Irgendwann ruft er seinen besten Freund an und sagt, er habe in mir seine Traumfrau gefunden. Endlich erkennt jemand meinen Wert, denke ich überglücklich, endlich erfahre ich die Liebe, nach der ich mich all die Jahre gesehnt habe. Ab sofort verbringen wir jede freie Minute miteinander. Wenn wir uns nicht sehen können, schreiben wir SMS – und die haben damals noch ordentlich Geld gekostet!

Wenn er mich besucht, bringt er mir kleine Geschenke mit und ich ihm. Mein Umfeld ist genauso begeistert von ihm wie ich. Ich kann kaum glauben, was passiert, und erlebe diese Wochen wie in einem Rausch. Bevor ihr es euch jetzt aber allzu gemütlich macht in meinem rosaroten Dating-Traum: Was die siebzehnjährige Julia nicht wusste, ist der erwachsenen Jules heute umso klarer: Ein solches Tempo beim Kennenlernen und Verlieben ist aus mehreren Gründen nicht zwingend etwas Gutes, sondern kann sogar ein Anzeichen für eine »toxische« Entwicklung sein. Wie man eine gesunde Beziehung führt, weiß ich damals aber leider noch nicht.

Seine Begeisterung hält ein paar Wochen. Kurz vor dem nächsten Wochenende ruft er an und sagt, dass eine Fernbeziehung nichts für ihn wäre.

Schluss. Ende. Aus.

Meine kleine Welt bricht komplett zusammen. Keine Rettung. Keine Liebe. Ich bin wieder auf mich allein gestellt.

Nach unserer Trennung nehme ich wieder ab, weil mir die Traurigkeit den Magen zuschnürt. Außerdem versuche ich, meine Trauer mit Sport wegzudrücken. Wie ein Lauf ums Überleben. Wir halten trotzdem Kontakt. Er vermisst mich, ich vermisse ihn. Er lädt mich zu sich ein. Soll ich ihn wirklich besuchen? Ich versuche zu vergessen, wie sehr er mich mit der Trennung überrascht und verletzt hat, und fahre zu ihm. Angst, Vorfreude, Neugier. Was wird dort wohl passieren? Ich befinde mich mitten in einer toxischen Beziehung. Gaslighting*-Erfahrungen inklusive.

Gaslighting, verbale Manipulation, erkennst du zum Beispiel an solchen Situationen: Du äußerst deinem Partner oder deiner Partnerin gegenüber deine Bedürfnisse, Ängste oder Sorgen. Doch statt dich ernst zu nehmen und darauf einzugehen, wertet er oder sie deine Gefühle ab. Beispielsweise indem erklärt wird, du seist zu sensibel. Vielleicht hast du ja auch schon mal so etwas wie »Jetzt entspann dich mal« von jemandem gehört, den du nach seinem Gefühlsstatus dir gegenüber befragt hast? Statt einer Antwort auf die Frage geben dir Menschen, die bewusst oder unbewusst Gaslighting betreiben, das Gefühl, du würdest einfach überreagieren.

Diskreditieren, Erlebnisse anzweifeln, vom Thema ablenken, abblocken oder Stereotypisierung können zu den Mechaniken gehören. Damit man von Gaslighting sprechen kann, muss die andere Person das Ziel haben, jemanden zu kontrollieren und dominieren.

Der Begriff Gaslighting ist auf das Theaterstück »Gaslicht« (1938) von Patrick Hamilton zurückzuführen. Darin manipuliert ein Ehemann seine Frau so lange, bis sie glaubt, an krankhaften Halluzinationen zu leiden. Wichtig zu wissen: Auch Gruppen können manipulieren. Bitte hole dir in dieser Situation unbedingt Unterstützung, wenn du das Gefühl hast, es alleine nicht rauszuschaffen.

Es ist der 1. Mai, der Tag unseres Wiedersehens, und nachdem er mich am Bahnhof abgeholt hat, treffen wir uns mit seinen Freund*innen an einem Lagerfeuer. Er stellt mich als seine Freundin vor. Mein Herz rast. Die Hoffnung steigt. Das mit uns wird doch wieder was. Nachts bei ihm zu Hause angekommen, kuscheln wir, und alles ist wie vor dem Ende. Doch dann sagt er zu mir diesen einen Satz: »Du wärst meine Traumfrau, wenn du zehn Kilo abnimmst.«

Ich bin geschockt, nicht fähig zu antworten. Er hat vorher nie etwas über meinen Körper gesagt, in seinem Freundeskreis sind auch kurvige Mädchen, und das hat mir Hoffnung gegeben, dass es für ihn deswegen in Ordnung ist, eine kurvige Freundin zu haben. Und ich habe doch gerade erst wieder Gewicht verloren nach der Trennung. Aber auf einmal sind da wieder Scham und die Angst in mir, nicht zu genügen. Statt ihm eine Standpauke zu halten und ihm bewusst zu machen, wie ekelhaft sein Verhalten gerade ist, gebe ich klein bei. Ich liebe ihn, er hat recht, denke ich.

Hat er nicht, verdammt noch mal! Das weiß ich heute! Mit dieser Forderung im Gepäck sitze ich am nächsten Tag im Zug. Keine SMS, kein Anruf. Er reagiert auch nicht auf meine Frage, ob alles okay ist. Er ghostet mich, bricht den Kontakt ohne Ankündigung oder Begründung ab. Ich leide. Sehr lange. Mit Abschieden kann ich nicht umgehen. Habe es nie gelernt.

Jahre später sehe ich eine Nachricht von ihm in meinem Postfach. Eine Entschuldigung von ihm. Er sei gerade von seiner Freundin verlassen worden und wisse jetzt, wie schlimm sich das für mich früher wohl angefühlt haben muss. Es wirkt so, als würde er einerseits sein Gewissen erleichtern und auf der anderen Seite mein Mitgefühl haben wollen. Das ist es dann gewesen.

Er ist der erste, aber leider nicht der letzte Mensch, von dem ich diesen Satz zu hören bekomme: »Du wärst meine Traumfrau, wenn du zehn Kilo abnimmst.« Diese widerwärtige Prämisse schwingt ab sofort auch aus meinem Umfeld mit, wenn es bei mir ums Daten oder Verlieben geht: »Jetzt nimmst du noch ein bisschen ab, und dann wird das schon, dann findest du schon den Richtigen.«

Heimliche Traumfrau oder Fetisch?

Kommen wir zum nächsten Phänomen, das ich selbst häufig erlebe und immer wieder von anderen bestätigt bekomme: die kurvige Frau als heimliche Affäre. »Hey, bist du devot oder dominant?« – »Äh, hä? Keine Ahnung, ich bin Jules.« Mit diesen einleitenden Worten befinden wir uns nun schon relativ nah an meiner Dating-Gegenwart. Ich habe diesen Satz ausgesucht, weil ich auf diese Weise von vielen meiner Matches begrüßt werde, ohne dass wir vorher ein Wort gewechselt hätten. Soll heißen: Mein Körper ist immer im Fokus. Ich weiß, dass die Optik bei Onlinedating kaum außer Acht zu lassen ist. Da geht es kurvigen Menschen nicht anders als schlanken oder kleinen oder großen oder welcher Körperform auch immer. Bei kurvigen Frauen kommt ein weiterer Aspekt hinzu, mit dem wir bei Onlinedating umgehen müssen. Einige Männer stecken kurvige Frauen schnell mal in die Kategorie: heimliche Traumfrau. Dabei geht es nicht wirklich um ein Kennenlernen auf Augenhöhe, sondern um Dates, von denen auf keinen Fall jemand etwas mitbekommen soll. Da kriegt man doch richtig Lust, ins Dating-Game einzusteigen, oder?

Onlinedating in der Großstadt. Das Interesse an mir ist relativ groß, wenn ich sehe, wie viele potenzielle Matches auf mich warten, was ich zuerst einmal als Kompliment auffasse, bis ich irgendwann realisiere, dass unter den Männern, die mir zur Begrüßung ein »Boah, hast du eine geile Figur!« schreiben, vermutlich nicht der sein wird, den ich gerne an meiner Seite haben möchte. Als ich mit Mitte zwanzig nach Hamburg ziehe, lade ich mir immer dann, wenn es gerade in mein Leben passt, eine Dating-App auf mein Smartphone.

Ich teste, welche Fotos am besten ankommen, damit die Chance auf ein vielversprechendes Date steigt. Ich bin neugierig, was sich verändert, wenn ich meine Statur im Profiltext nicht explizit erwähne oder aber offensiv beschreibe und mich zum Beispiel im Badeanzug zeige.

Ich stelle Überlegungen zu unseren Sehgewohnheiten an und was sie mit uns machen. Mittlerweile habe ich mir um meinen SchönWild-Blog eine stetig wachsende Community aufgebaut und weiß, dass meine leider oftmals nicht ganz so positiven Dating-Erfahrungen als kurvige Frau ganz und gar kein individuelles Thema sind. Vielmehr wird mir zu diesem Zeitpunkt eines immer klarer: Wir sind eine Gesellschaft, die gelernt hat, dicke Menschen automatisch mit negativen Attributen zu belegen. Dass dies nicht anders ist, wenn es darum geht, die Liebe oder ein Date zu finden, ist nicht überraschend. Diese Erkenntnis löst damals in mir gegensätzliche Gefühle aus. Zum einen bin ich froh, nicht allein mit meinen Erfahrungen zu sein. Zum anderen fühle ich mich noch machtloser, als ich verstehe, dass diese Schieflage strukturell in unserer Gesellschaft ganz tief verankert ist.

Aussagen wie »Charakter von 'ner Dicken, Figur von 'nem Model« werden immer wieder öffentlich getätigt. Sie zeigen, wie sehr manche Männer davon überzeugt sind, damit nichts Verwerfliches oder Falsches zu sagen, und mal wieder läuft alles unter dem Deckmantel »Humor«. Ich kann nicht annähernd zählen, wie oft ich von Männern in Dating-App-Chats übergriffige Nachrichten lesen muss. Mir ist bewusst, dass viele das nicht wissentlich machen, weil wir alle so sozialisiert sind. Deswegen ist es mir sehr wichtig, darauf aufmerksam zu machen und zu sensibilisieren.

Hier ein paar Beispiele: »Lass uns mal lieber unter vier Augen treffen.« – »Warum?« – »Ich bin voll begeistert von dir, aber meine Traumfrau sollte sportlich und schlank sein. Würde dich aber trotzdem gerne mal treffen.« Oder: »Dicke Frauen sind viel dankbarer im Bett.« Oder als Kompliment verpackte Gemeinheiten wie diese: »Kurvige Frauen gehen nicht so schnell kaputt im Bett wie solche Barbies. Ich habe immer Angst, diese Barbies zu zerstören«, oder: »Nur Hunde spielen mit Knochen, ich liebe Kurven.«

Die Frau wird zum Objekt gemacht, zur Puppe, und er hat Sorge, sie zu zerstören? Wenn ich solche Männer dann direkt darauf anspreche und frage, wie sie diese Aussagen meinen, damit sie sich selbst reflektieren, empören sie sich darüber, dass man einer Frau als Mann heute gar keine Komplimente mehr machen dürfe.

»Ist doch nur Spaß/ist nicht so gemeint/darf man gar nichts mehr sagen/stell dich doch nicht so an!«

Dazu bleibt mir nur eins zu sagen: Es ist kein Kompliment, wenn man die eine Frau niedermacht, um einer anderen Frau damit etwas Nettes zu sagen. Es ist auch kein Kompliment, wenn man einer Frau hinterherpfeift oder etwas sexuell Übergriffiges sagt. Und es wäre schön, wenn wir einige Männer in diesen Situationen nicht erst daran erinnern müssten, wie sie es finden würden, wenn ihren Schwestern oder ihrer Mutter so etwas passiert, nur damit sie eine Ahnung davon bekommen, wie sich das für ihr Gegenüber wohl gerade anfühlt.

Und leider gibt es natürlich auch Fälle, in denen Männern Übergriffe passieren, und das verurteile ich und mahne das genauso stark an. An dieser Stelle spreche ich über meine persönlichen Erfahrungen und wünsche mir sehr, dass sich in Zukunft etwas verändert.

Mein Gehirn braucht ständig Dopamin und ist durch die ADHS vielleicht auch ein bisschen anfälliger für Dating-Apps. Sie bedienen genau das: Swipe, Dopamin, Match, Dopamin, Nachricht, Dopamin. Was früher im Unterricht das Kritzeln war, ist heute für mich das Swipen.

In der Großstadt mache ich auch zum ersten Mal Bekanntschaft mit einer Dating-App speziell für dicke Menschen. Dort schreibt mich mein erstes Match mit »Hey BBW!« an. Ich kenne die Abkürzung damals nicht, google und finde heraus, dass sie für »Big Beautiful Woman« steht. Klingt erst mal supernett, denke ich. Im Internet lese ich dann, dass »BBW« eine Pornokategorie ist. Mir wird sofort klar, dass dieser Typ mal wieder nur meinen Körper und mich als Sexobjekt sieht und sich sehr wahrscheinlich nicht unbedingt für mich als Julia interessiert. Mein erstes Gefühl bestätigt sich meist nach fünf bis sechs Nachrichtenwechseln, wenn es einfach nie um mich als Person oder meine

Interessen geht, sondern nur um meine Sexualität und Vorlieben und ob ich mich und meinen Körper auch selbst schön finde. Darauf habe ich echt keine Lust und bin echt müde davon. Ich habe so ein ambivalentes Gefühl, wenn ich an Dating-Portale extra für dicke Menschen denke. Zum einen: Dass es eine spezielle App geben muss, ist Teil des Problems. Und zweitens habe ich das Gefühl, dass sich dort auf der anderen Seite auffallend viele Männer herumtreiben, die ihren Fetisch befriedigen wollen. Feeder zum Beispiel, die Profilfotos von sich einstellen, auf denen sie riesige Cornflakes-Packungen oder XXL-Schokoladentafeln in der Hand halten, mit denen sie die Frau füttern wollen. Mit breitem Lächeln, das auf jedem Bild gleich aussieht, grinst er mir auf meinem Handy entgegen. Wenn ich so etwas sehe, frage ich mich, woher diese Vorliebe kommt. Und ob es nicht etwas mit Machtstrukturen und Dynamiken zu tun haben kann und ob er das selbst auch schon reflektiert hat.

Überfüttern als sexuell aufgeladenes Verhalten: Ein Feeder (vom englischen »to feed«, füttern) zieht Lust daraus, einen anderen Menschen mit übermäßig viel Essen zu füttern, bis dieser sichtbares Mehrgewicht hat. Er tut dies meist aus sexuellen Beweggründen.

»Das ist halt einfach meine Präferenz«

Ich scrolle durch Social Media und lese Kommentare von User*innen, die darum bitten, Menschen nicht mehr als fettfeindlich zu bezeichnen, die keine mehrgewichtigen

Menschen daten möchten. Man solle den Menschen doch ihre Präferenzen lassen.

Ich höre immer wieder: »Das ist doch meine Präferenz, nur mein Geschmack. Dafür kann ich nichts«, und dazu würde ich gerne einen kleinen Gedankenanstoß mitgeben, weil ich so etwas in der Art auch mal gesagt habe und mich diese Kommentare zum Nachdenken gebracht haben.

Ich verstehe derartige Gedankengänge der User*innen. Meine Vermutung ist, dass sie sich vielleicht noch nicht in der Tiefe damit beschäftigt haben könnten, was Fettfeindlichkeit genau bedeutet. Bei Aussagen wie diesen, die leider auch gerne dazu genutzt werden, viel Reichweite zu generieren, wird außer Acht gelassen, dass unsere »Präferenzen« stark vom gesellschaftlichen Schönheitsideal und den Sehgewohnheiten geprägt sind.

Lasst uns einmal beleuchten, was es bedeutet, Präferenzen zu haben: Wenn du die Farbe Lila beispielsweise mehr magst als die Farbe Grün und deshalb einen lilafarbenen Mantel kaufst, dann bevorzugst bzw. präferierst du die Farbe Lila, schließt die Farbe Grün aber nicht komplett aus. Präferenz bedeutet also nicht, Menschen aufgrund ihrer Statur, ihrer Hautfarbe oder anderer Merkmale komplett auszuschließen. Hierin liegt der Unterschied. Schließt man die Farbe Grün komplett aus, wertet sie vielleicht auch noch ab, indem man sagt: »Grün ist die allerhässlichste Farbe, ich könnte mir niemals in meinem Leben vorstellen, sie zu tragen«, dann könnten wir uns fragen, ob nicht genau das Diskriminierung ist.

Zusammengefasst: Ja, wir haben alle Präferenzen. Wir sollten aber reflektieren, wie wir sie formulieren, und vielleicht sogar, wodurch sie geprägt sind und ob sie andere Menschen komplett ausschließen oder ob man offenbleibt.

Welchen Einfluss die Show »Männerwelten« auf mich hatte

Seit dem TV-Beitrag »Männerwelten« werden bei mir viele Denk- und auch Rechercheprozesse in Gang gesetzt. In diesem TV-Beitrag wird unter anderem gezeigt, wie viele Frauen schon ungefragt ein Dick Pic zugesendet bekommen haben und dass die Kleidung eines Opfers von sexueller Gewalt keine Rolle bei den Verbrechen spielte. Es geht um Machtverhältnisse. Bei mir hat es so oft klick an diesem Abend gemacht, Szenarien kommen hoch, mir wird schlecht.

Seit dieser Zeit spreche ich viel häufiger mit anderen Menschen über diese Themen und bin immer wieder aufs Neue schockiert, wenn sich Freund*innen oder Bekannte öffnen und erzählen, was ihnen auch schon alles passiert ist. Angefangen von verbalen bis hin zu physischen Übergriffen, Locker-Room-Talk, Catcalling, K.-o.-Tropfen-Anschlägen, Täter-Opfer-Umkehr, Rape Jokes, Stealthing und sogar (Kindes-)Missbrauch. Und ganz oft hat es trotz Anzeigen und Beweisen keine Konsequenzen gegeben. WARUM? WARUM IST DAS SO?

Die sogenannte Rape-Mentalität ist Teil der Strukturen, in denen wir leben.

\# Verkehrte Welt: Als Rape-Mentalität oder auch Rape Culture bezeichnet man Gesellschaften, in denen sexualisierte Gewalt bis hin zu Vergewaltigungen verharmlost und geduldet wird. Eine Rape Culture kommt in zahlreichen Facetten zum Ausdruck, hier nur ein Beispiel: Eine Person, die eine Vergewaltigung zur Anzeige bringen möchte, wird gefragt, welche Kleidung sie getragen hat. Indirekt wird dem Vergewaltigungsopfer so vorgeworfen, dass es diese durch die Wahl der Kleidung provoziert haben könnte. Dies ist auch ein Beispiel für Victim Blaming, die sogenannte Täter-Opfer-Umkehr. Das muss unbedingt aufhören!

Mein Dating-Leben wurde durch das Wissen und die Sensibilität dieser Themen nicht gerade erleichtert. Ich weiß es daher immer mehr zu schätzen, wenn mein Partner sich aktiv schon selbst mit solchen Themen beschäftigt und sie reflektiert hat.

* * *

»Profisportler stehen ja doch auf kurvige Frauen?«

Zurück zu meinen Onlinedating-Erfahrungen. Immer mal wieder stoße ich beim Swipen auch auf bekannte Gesichter von Prominenten. Ich frage mich dann immer, ob es wohl echte Profile sind. Und dann ist da dieser Profisportler Ich kenne mich da gar nicht aus, erkenne aber an seinen professionellen Bildern, dass er wohl beruflich zu Sport zu treiben scheint. Seinen Beruf nenne ich hier so explizit, weil sich daraus ein weiteres Phänomen ableiten lässt, zu dem ich gleich komme. Einer meiner Nachbar*innen ist riesiger Fan von ihm, und ich erzähle ihm von dem Match. Er flippt vor Freude aus, weil er so ein Fan ist und nicht glauben kann, dass das Profil echt ist. Von diesem Moment an ist mein Ehrgeiz gepackt herauszufinden, ob er es wirklich ist. Wir schreiben und verabreden uns. Vielleicht ein bisschen naiv, mache ich mich auf den Weg in seine Richtung. Weil ich den Weg nicht direkt finde, sammelt er mich auf halber Strecke ein. Mit einem ziemlich großen Auto.

Ich öffne die Türe. *Er ist es wirklich*, denke ich. Da sitzt er und strahlt mich an. Wir steuern auf sein Anwesen zu, die schweren Tore öffnen sich automatisch und gehen hinter uns zu. Ich schlucke. In seiner Tiefgarage parken unzählige Autos, ein riesiger Fuhrpark. Ist das hier gerade wirklich echt? Bin ich lebensmüde? Ja! Meine Neugierde bringt mich immer mal wieder in verzwickte Situationen. (Bitte nicht nachmachen!) Wir gehen in sein Wohnzimmer, das locker so groß ist wie meine ganze Wohnung. Wir sprechen darüber, wie es ist, so viel Geld zu verdienen, er sagt, es sei schwierig abzuschätzen, wer es ernst mit einem meint. Man kann sich alle Träume erfüllen, und irgendwie verliert vieles seinen Reiz. Sehr spannende Blickwinkel, die ich an diesem Abend kennenlerne. Wir unterhalten uns gut. Er ist sympathisch und respektvoll. Am Ende kommt meine investigative Ader durch, und ich frage ihn, warum Profisportler eigentlich immer diesen einen bestimmten Typ Frau an ihrer Seite haben. Es gibt ja immer wieder Gerüchte, woran das liegen könnte. In seinem Job keine »Trophy Wife« an seiner Seite zu haben ist quasi unmöglich, sagt er mir. Trophy Wife ist ein sehr abwertendes Wort für eine attraktive, schlanke Frau, die oftmals jünger als der Mann selbst ist. Der Mann schmückt sich mit der Frau und bekommt für sie Anerkennung. Sonst würde man von anderen Männern und der Presse abgewertet und verspottet werden, meint er. Ähnliches sei beim Thema Homosexualität und Fußball zu beobachten. Meine jahrelangen Beobachtungen bewahrheiten sich.

Zurück in seinem Wohnzimmer auf der Couch. Er ist näher an mich herangerückt. Er fragt, ob er mich küssen darf. Seine Hände fangen an zu zittern. Auf der einen Seite freue ich mich, dass er mich attraktiv zu finden scheint, und auf der anderen Seite habe ich keine Lust, die heimliche kurvige Geliebte für ein paar nette Stunden zu sein. Ich sage ihm das, er respektiert meine Entscheidung und bietet mir an, mich nach Hause zu fahren. Bei der Rückfahrt wählt er den Mini. Ich muss ein bisschen lachen und frage mich, mit welchem Auto wir wohl zurückgefahren wären, wenn mehr gelaufen wäre.

Ein paar Monate später lerne ich einen netten Mann kennen, der Pilot ist. Wir matchen in Hamburg, als er etwas später auch schon auf dem Weg nach Düsseldorf ist. Was für ein Zufall, genau wie ich. Nur mit dem Zug. Als wir uns zum ersten Mal treffen, geht es für ihn am Folgetag nach Stockholm – meine Lieblingsstadt. Wir treffen uns in meiner Heimat. Frühstück in meinem Lieblingscafé. Sein Lächeln und seine warmen braunen Augen haben es mir sofort angetan, ich bin ein wenig nervös, wir haben gleich einen Vibe.

Unser nächstes Treffen findet in Berlin statt, wo wir beide beruflich sind, er mit dem Flugzeug, ich auf einem Businesstrip.

Diesmal treffen wir uns in einer Bar und ziehen von da aus immer wieder weiter, wenn einer der Läden schließt. Wir sprechen über Musik, unsere Jugend, das Fliegen und so viel mehr. Ich fühle mich total wohl. Er wechselt den Platz und rückt neben mir auf der Bank immer ein Stück näher. Es ist fast drei Uhr nachts. Das weiß ich so genau, weil mein Job um neun Uhr startet.

Den Versuch, mich zu küssen, unternimmt er aber nicht. Ich erinnere mich daran, wie meine Freundinnen mir immer wieder sagen: »Nimm dein Glück halt mal selbst in die Hand.« Also verlasse ich meine Komfortzone. Im beruflichen Kontext hatte ich damit immer Erfolg, wieso dann nicht auch endlich mal in der Liebe?

Wir schauen uns tief in die Augen, und ich küsse ihn. Er

erwidert den Kuss, dann sagt er mir:»Julia, du bist für mich echt etwas ganz Besonderes.« Mit einem hoffnungsvollen Blick schaue ich ihn an. Was kommt jetzt? Dieses kurze Gefühl von Glück ...»Du bist so schön, interessant, und ich mag dich echt. Aber ich habe gerade selbst vier, fünf Kilo zu viel, und ich weiß nicht, wie ich damit umgehen soll. Und ich wüsste auch nicht, wie ich bei dir damit umgehen sollte.« Glück geplatzt. NICHT SCHON WIEDER! NICHT ER, wir haben uns doch jetzt schon einige Male getroffen, wieso ist er näher gerückt? *Wieso fühlt sich die Zeit mit ihm so schön an?*, denke ich mir. Ich zweifle an meiner Wahrnehmung. Doch ich reagiere verständnisvoll und frage ihn:»Schau mal, wir mögen uns doch, oder?«

»Ja«, sagt er Händchen haltend und mit zitternden Lippen.

»Und ich scheine dir ja auch zu gefallen, sonst würden wir uns nicht immer wiedersehen und den Kontakt weiter ausbauen, richtig?«

»Ja, da hast du recht.«

Ich kann verstehen, wie schwer es für ihn sein muss, in einer Welt, in der Frauen mit meiner Statur verteufelt werden, sich genau für mich zu entscheiden. Gerade wenn man den eigenen Körper vielleicht selbst nicht so gut annehmen kann. Das sage ich ihm auch und gebe ihm Halt.

Wir wollen schauen, wie sich das mit uns entwickelt, und schaffen es tatsächlich, uns immer wiederzusehen. Ich mag seine sanftmütige Art, wir können über alles und die Welt reden, und die körperliche Anziehung ist auch da.

Eines Abends passiert es dann, und es ist wirklich schön. Er fragt nach, ob ich gekommen sei. Ich bin bei so was immer ehrlich, weil ich offene Kommunikation schätze und denke, dass man so wohl am besten voneinander lernen kann und sich besser versteht. Daher sage ich ein bisschen im Scherz: »Wovon hätte ich kommen sollen?« Was folgt, ist ein wirklich gutes und offenes Gespräch über gefakte Orgasmen, mit denen manche Frauen den Männern einen Gefallen tun wollen. Wusstet ihr, dass 91 Prozent der Männer zum Orgasmus kommen, aber nur 64 Prozent der Frauen? Das nennt sich Orgasm Gap. Er wirkt zwar überrascht, weil er davon noch nichts gehört hat, aber offen.

Das mit uns beiden geht noch eine kleine Weile so, bis wir merken, dass unsere Lebensstile vielleicht doch etwas zu unterschiedlich sind. Bis heute haben wir immer wieder freundschaftlich Kontakt, den ich sehr schätze. Warum die kleine Anekdote überhaupt den Weg in dieses Buch gefunden hat: Ich kann jeder Person empfehlen, den eigenen Körper und die eigenen Bedürfnisse zu erkunden und niemals etwas vorzutäuschen, nur um andere Menschen glücklich zu machen. Lieber nimmt man seinen Mut zusammen und spricht an, was man mag und was man nicht mag. Davon haben beide Seiten etwas, so kann man voneinander und miteinander lernen.

Eine weitere Geschichte aus meinem Dating-Kosmos habe ich noch für euch. Und ausnahmsweise geht es hier um analoges Dating, ganz ohne App.

Mit einer Freundin bin ich an einem Wochenende auf dem Hamburger Kiez unterwegs. Wir feiern, haben Spaß. Es ist laut. Zwei Männer stehen an der Theke. Meine Freundin, groß, schlank und selbstbewusst, spricht sie an. Sie ist es gewohnt, dass Männer sehr positiv auf sie reagieren. Die Männer freuen sich und sind ähnlich gut drauf wie wir. Der eine gräbt meine Freundin an. Sie tanzen eng umschlungen miteinander. Ich unterhalte mich in der Zwischenzeit mit dem anderen, er ist in meinen Augen deutlich attraktiver als der andere – warum ich das an dieser Stelle betone, erfahrt ihr gleich. Ich mache mir genau deshalb wenig Hoffnungen, dass er Interesse daran haben könnte, mich kennenzulernen. Wie oft habe ich es an solchen Abenden schon erlebt, dass Männer mir nicht mal die Hand geben oder in die Augen schauen, wenn sie sich meiner Mädelsclique vorstellen. Jahre später habe ich mitbekommen, dass ich – oh Wunder – auch damit nicht allein bin. Das passiert mehrgewichtigen Frauen immer wieder, weil Männer anscheinend befürchten, dass »die Dicke« dann auf sie stehen könnte. Wieso haben einige Männer so große Angst davor, dass eine dicke Frau auf sie stehen könnte, und sie jeglichen Respekt verlieren? Wenn so etwas einmal passiert, okay. Aber so häufig, wie ich und andere kurvige Freundinnen dieses Phänomen schon erlebt haben, weiß ich mittlerweile, dass es auch etwas Strukturelles sein muss.

Wenn ich so was meinen Freundinnen erzähle, sagen sie oft: »Ach, das ist sicher ein Versehen gewesen, der ist doch voll nett. Der meint das bestimmt nicht so.« Ich finde, genau da liegt das Problem! »Ja, zu dir ist er nett, weil er dich anscheinend attraktiv findet und deshalb als Mensch wahrnimmt und dir mit Respekt begegnet. Ich passe nicht in sein Beuteschema und werde übersehen und ignoriert.«

Ich habe immer gedacht, dass ich wirklich zu empfindlich sei. Überraschung! Nein, bin ich nicht. Was da passiert, ist wahr, und wir sollten uns bewusst machen, dass jemand zu einer Person sehr freundlich sein kann, während er zu einer anderen unhöflich ist. Glaubt euren Freundinnen, wenn sie mit solchen Erfahrungen zu euch kommen! Warum sollten sie lügen? Und natürlich passieren auch mal Versehen und Fehlinterpretationen, aber eben nicht immer, und genau darüber sollten wir sprechen. Dahingehend habe ich mich wirklich schon zig Mal reflektiert und mir Feedback von anderen geben lassen, die in solchen Situationen dabei waren. It's real.

Meine Freundin kommt irgendwann von der Tanzfläche zurück zu mir und sagt, wir sollten jetzt besser gehen. Warum sie den Abend so abrupt beendet, verrät sie mir erst später. Ihr Tanzpartner hat zu ihr den folgenden Satz gesagt: »Sag mal, hast du kein Selbstbewusstsein, oder wieso bist du sonst mit deiner hässlichen, fetten Freundin unterwegs?« Richtig. Ich bin die »hässliche, fette Freundin«.

Warum sie mich mit den beiden dann noch gemeinsam im Taxi nach Hause hat fahren lassen und warum sie mir das alles überhaupt erzählt hat, ist mir bis heute unklar. Was mir auch unklar ist: Wieso muss man andere Menschen so verletzen? Um sich besser zu fühlen? Ich kann mir kein Szenario der Welt ausmalen, in dem so ein Umgang mit anderen Menschen gerechtfertigt ist. Auch nicht unter Alkoholeinfluss.

Ein paar Monate später ziehen wir beide wieder zusammen los. Diesmal ist alles anders: Als uns zwei Männer in der Schlange vor einem Club ansprechen, beschließen wir, alle zusammen essen zu gehen. Einen der beiden finde ich besonders süß, meine Freundin scheint allerdings auch ein Auge auf ihn geworfen zu haben. Doch er setzt sich neben mich. Der andere Mann nimmt neben meiner Freundin Platz. Sie gibt mir irgendwann ein Zeichen und lotst mich auf die Toilette. Dort eröffnet sie mir, dass sie sich mit ihrem Sitznachbarn gar nicht versteht, und will, dass wir die beiden sitzen lassen und woanders hingehen. Ich bin baff. Nach all den Partyabenden, an denen ich geduldig auf sie gewartet habe, wenn sie jemanden kennengelernt hat, jetzt das? Da bin ich endlich (!) ausnahmsweise mal an der Reihe, und sie möchte gehen? Mir ist klar, dass meine nun folgende Äußerung eine Annahme ist, aber ich muss ehrlich sagen, dass mir der Gedanke im Kopf herumging: Das erste Mal in ihrem Leben fühlte sie sich anscheinend so ungesehen und so unbeachtet wie ich all die Jahre. Und sie konnte es nicht einmal für ein paar wenige Stunden aushalten? Ich bin mir ganz sicher, dass es absolut nicht böse gemeint war. Aber vielleicht macht euch dieses Beispiel einmal mehr bewusst, wie sich die Abwesenheit von Thin Privilege und Pretty Privilege anfühlen kann. Wichtig für mich war es zu verstehen, dass Privileg auch mit Verantwortung oder Macht übersetzt werden kann. Niemand sollte sich schlecht fühlen, mit einem Privileg geboren zu sein. Wichtig ist, dass man sich bewusst macht, auf welche Weise man profitiert und wie man sich ggf. auch für andere starkmachen kann, die weniger Privilegien genießen. Ich kann euch auch sehr ans Herz legen, das Gespräch zu suchen und mit euren Freund*innen über eure Gefühlswelten zu sprechen und zu schildern wie ihr Situationen wahrnehmt. Das kann sehr dabei helfen, sich gegenseitig besser zu verstehen. Die Erstellung dieses Kapitels habe ich auch dafür genutzt, mit einigen Freund*innen ins Gespräch zu kommen und Situationen zu reflektieren. Das war sehr aufschlussreich und bereichernd.

Onlinedating: Der Algorithmus datet mit

Zurück zum Onlinedating-Game: Wenn Menschen online daten, geben sich Sehgewohnheiten und (diskriminierende) Algorithmen die Klinke in die Hand. Ich habe ja bereits angedeutet, dass ich während meiner Onlinedating-Zeit immer wieder auch den Algorithmus der Apps auf die Probe gestellt habe. Zum Beispiel, indem ich mithilfe unterschiedlicher Fotos mit meinen Profilen auf den Plattformen experimentierte. Wenn ich weniger von meinem kurvigen Körper zeigte, hatte ich mehr Matches, als wenn ich mich mit ganzem Körper und im Bikini zeigte. Meine

Vermutung: Als dicke Frau wirst du in solchen Apps unter Umständen schnell zur Karteileiche, weil du zum einen aufgrund von fehlenden Sehgewohnheiten und ggf. daraus resultierendem mangelndem Interesse weniger Likes bekommst und zum anderen dann auch dementsprechend weniger Menschen vorgeschlagen wirst.

Ich fand das eigenartig und wollte Gewissheit haben, ob mich der Algorithmus tatsächlich anders ausspielte, wenn ich auf Bildern schlanker wirkte, mal mit anderen Hobbys und mal weniger gestylt als auf anderen Bildern. Ich meldete mich also für einen kleinen Selbstversuch von der App ab, deinstallierte sie sogar, nur um mich kurze Zeit später mit neuem Profil wieder anzumelden. Und siehe da: Der Love Interest war nur wenige Minuten später auf einmal groß. Es ploppte ein Match nach dem anderen auf. Kleine Randnotiz: Algorithmen können uns nicht nur auf Dating-Portalen benachteiligen.

Auf einer Social-Media-Plattform wurde eines meiner Fotos nicht als Werbung zugelassen, man schrieb wortwörtlich die folgende Begründung: »aufgrund von zu viel Bauchfett oder Bauchmuskeln«. Ironischerweise wurde mir direkt danach sogar eine Werbeanzeige von einem muskulösen, oberkörperfreien Mann angezeigt, der auch noch für ein Produkt warb. Diese Guideline greift dann wohl nur bei kurvigen Frauen. Fand ich krass.

Es gibt also Gründe anzunehmen, dass man beim Matching oder auch beim Posten von Social-Media-Beiträgen bzw. gesponserten Posts, die man selbst mit Budget hinterlegen möchte, nicht nur zu zweit ist, sondern mindestens zu dritt.

Der Algorithmus datet nämlich mit. Generiert wird er auch aus dem Like-Verhalten der Nutzer*innen, und das wiederum wird maßgeblich von unseren Sehgewohnheiten bestimmt. Wir bestätigen und liken eher solche Bilder, von denen wir wissen oder ahnen, dass sie gesellschaftlich erwünscht und anerkannt sind. Beim Swipen müssen wir binnen Sekunden entscheiden, ob uns ein Mensch gefällt oder nicht. Und was greift da? Unser anerzogenes Schönheitsempfinden.

Immer öfter werden jetzt glücklicherweise Medien laut, die genau darüber berichten. So griff die Zeitschrift *Stern* 2020 auf, dass Instagram Postings von vor allem mehrgewichtigen Schwarzen Frauen, die Haut zeigen, viel eher sperrt. Der CEO einer Plattform entschuldigte sich sogar öffentlich dafür und bestätigte dadurch das, was viele vermuteten. Neue Sehgewohnheiten zu generieren, die unsere Diversität in der Realität im Alltag abbilden, ist ein mühsamer Prozess, wie ihr merkt.

Wie wird unser Geschmack geprägt? Let's unpack that!

Wenn ich in der Öffentlichkeit darüber spreche, dass es einigen Männern schwerfällt, zu ihren Vorlieben zu stehen, bekomme ich immer wieder einen großen Backlash. »Nein, HeinzHarryBert. Wenn du nicht auf kurvige oder dicke Frauen stehst, dann gilt das nicht für dich.« Es gilt für all die Männer, die gerne mal heimlich mit einer kurvigen Frau schlafen beziehungsweise »testen« würden, wie es ist, mit einer dicken Frau Sex zu haben, aber kategorisch ausschließen, sie zu daten und kennenzulernen aufgrund des gesellschaftlichen Drucks.

Wenn ich das Thema anspreche, startet leider oft der Whataboutism, der jedes Gespräch im Keim erstickt. Nach dem Motto: »Ja, aber kleine Männer haben es auch schwer.«

Ja, haben sie wirklich. Das sage ich ganz aufrichtig. Und es tut mir unfassbar leid. Kein Mensch hat Bodyshaming verdient! Ich habe da sehr viel Mitgefühl und werde auch immer wieder laut, wenn zum Beispiel von kleinen Geschlechtsmerkmalen gesprochen wird, um Männer herabzuwürdigen. Auch das ist Bodyshaming, darunter leiden Menschen, und dagegen sage ich etwas, immer!

Männern, die mir schreiben, dass sie sich mit mir heimlich treffen möchten, oder die mir einfach nur ungefragt mitteilen, dass sie mich zu dick finden, um mich »richtig« kennenzulernen, habe ich in der Vergangenheit oft Gegenfragen gestellt. »Was machst du, wenn deine Partnerin, mit der du seit Jahren zusammen bist, zunimmt? Oder wenn sie nach einer Schwangerschaft nicht wieder schlank wird? Trennst du dich dann?« Die Chance, dass das passiert, existiert, und trotzdem hat die Partnerin doch absoluten Respekt verdient, egal welche Kleidergröße sie trägt.

Reflektierte Antworten habe ich leider fast nie bekommen.

Dating-(Horror-)Storys aus der Community

Wer mich kennt, weiß, dass ich es liebe, mit Menschen zu kommunizieren. Einer der Gründe, warum es dieses Kapitel gibt, seid ihr: meine Community. An dieser Stelle möchte ich euch dafür danken, dass ihr immer wieder eure Geschichten mit mir teilt. Leider haben einige von euch ähnlich menschenunwürdige Erfahrungen wie ich gemacht, wenn es um Dating, Verlieben und Beziehungen geht, wie die zahlreichen Nachrichten zeigen, die mich erreichen. Was mir nach all den Jahren wirklich bewusst wurde, ist, dass es immer wieder sehr ähnliche Geschichten gibt, obwohl wir alle an ganz unterschiedlichen Orten wohnen und unterschiedlich aufgewachsen sind. Und trotzdem sind so viele Diskriminierungserfahrungen ähnlich.

Ich habe schon öfter Nachrichten von Userinnen bekommen, die Hunderte Kilometer zu einem Date fuhren. Dort wurden ihnen große romantische Versprechungen gemacht. Sie schliefen mit dem Partner, und er sagte danach, dass sie ihm zu dick für eine Beziehung seien. Er hatte einfach mal austesten wollen, wie es ist, mit einer dicken Frau zu schlafen. Dieses Verhalten ekelt mich so an, und ich wünsche mir, dass so eine Tat künftig strafrechtlich verfolgbar ist. In meinen Augen werden Personen unter falschem Vorwand so manipuliert, damit die ausnutzende Person das bekommt, was sie will. Andere Menschen wie ein Objekt »auszutesten« ist einfach nur widerwärtig. Sorry, dass ich an dieser Stelle so harte Worte dafür finde, aber ich habe von diesen Geschichten einfach schon zu viele gelesen. Wenn ihr in eurem Umfeld von solchen Erfahrungen hört, lacht bitte nicht stumpf darüber, sondern macht euch bewusst, was da wirklich passiert und welchen Einfluss solche verletzenden Erlebnisse auf Betroffene haben.

Was ich auch immer wieder aus meiner Community höre und leider auch schon selbst mitbekommen habe, ist, dass Ärzt*innen bei medizinischen Untersuchungen anmerken, man würde niemals einen Freund finden, wenn man dick sei. Kein Mann würde ein dickes Mädchen lieben. Oft wird dann leider nicht aufgehört, obwohl die Betroffenen zu weinen anfangen. Eine Person hat mir sogar davon berichtet, dass sie sich nach einem solchen Termin mit Magersucht beschäftigte, weil sie unbedingt dünn werden wollte. Sie nahm tatsächlich ab, aber fühlte sich schrecklicher als jemals zuvor.

Ich habe keine Worte ... Wenn das das Ergebnis einer

Vorsorge(-Untersuchung) ist, dann läuft in meinen Augen etwas gewaltig schief, oder?

»Ein echter Mann steht nicht auf fette Frauen«, bekomme ich auch immer wieder zu hören oder zu lesen. Ich wüsste so gerne, wann und warum sich dieser Glaubenssatz festgesetzt hat. Ich habe ebenfalls gehört, dass Männer, die eine dicke Partnerin haben, nicht selbstbewusst seien. Ist nicht gerade das ein absolutes Statement, um Selbstbewusstsein zu demonstrieren? Wenn man zu sich und seinem Geschmack steht, egal, was andere Menschen sagen? Und was sind »echte Männer«? Wer definiert das?

Was all diese Erlebnisse gemeinsam haben: Sie sind diskriminierend.

Was genau ist Diskriminierung?
Für die Beantwortung dieser Frage zitiere ich die Antidiskriminierungsstelle Steiermark:
»Diskriminierung ist die Benachteiligung von Menschen im Zusammenhang mit bestimmten Merkmalen wie Geschlecht, Hautfarbe, ethnischer oder sozialer Herkunft, Alter, Behinderung, Sprache, Religion, Weltanschauung, politischer oder sonstiger Anschauung, Zugehörigkeit zu einer nationalen Minderheit, sexueller Orientierung, Vermögen, Geburt oder genetischen Merkmalen.«

Um Diskriminierung in der Tiefe zu verstehen, sollten wir uns bewusst machen, dass sie Teil eines Systems ist. Es gibt viele verschiedene Formen, wie beispielsweise die individuelle Ebene, auf der eine Person von einer anderen herabgewürdigt und benachteiligt wird.

Dann gibt es die strukturelle Ebene, von der ich in diesem Buch immer wieder spreche. Sie betrifft Menschen, die aufgrund ihrer Körperstatur oder anderer Merkmale nicht dieselben Chancen in wichtigen Bereichen der Gesellschaft haben. Wichtig ist auch zu verstehen, dass sich Diskriminierung auf der gesamtgesellschaftlichen Ebene durch die Verwendung von Stereotypen und Klischees äußern kann. Diese Vorurteile werden oftmals in den Medien unreflektiert reproduziert und führen zu einer Verfestigung unserer Bilder im Kopf.

Unterdrückungssysteme wie Fettfeindlichkeit, Rassismus, Sexismus, Klassismus, Homofeindlichkeit, Islamfeindlichkeit,

Ageismus, Antisemitismus u.v.m. sind tief verankert und historisch gewachsen. Der Abbau dieser Systeme ist sehr mühsam.

* * *

Bevor wir das Dating-Kapitel schließen, möchte ich natürlich auch ein wenig Hoffnung schenken. Ich habe in meinem Umfeld viele großartige Paare mit ganz unterschiedlichen Körperformen und in diversen Konstellationen. Mit ganz romantischen Liebesgeschichten, wunderschönen Hochzeiten und allem, was dazugehört.

Mir war es wirklich wichtig, in diesem Kapitel einmal diese Seite des Datings gebündelt zu beleuchten, über die man nicht so gerne spricht, weil sie mit viel Scham verbunden ist. Ich möchte, dass ihr euch in Zukunft traut, über solche Erfahrungen zu sprechen, Grenzen zu ziehen und für euch einzustehen.

Lasst uns zusammen daran arbeiten und uns dafür einsetzen, dass Bodyshaming nicht mehr toleriert wird. Und noch etwas: Lasst uns einen riesigen Spaß haben beim Dating und beim Verlieben! Einer meiner größten Befreiungsschläge war es, als ich auf einmal verstand, dass man sich Liebe weder erkämpfen muss noch erarbeiten kann. Als ich aufhörte, so zu sein, wie mich andere vermeintlich haben wollten. Als ich beschloss, für niemanden anderes jemals mehr abzunehmen, um in irgendein unrealistisches und vor allem unerreichbares Schönheitsideal zu passen, und mir von niemandem mehr diesen Satz anzuhören: »Du wärst meine Traumfrau, wenn …« Kurz gesagt, als ich beschloss: Ich bin gut, so wie ich bin, ohne Wenn und Aber! Was nicht bedeutet, dass ich nicht weiter an mir arbeiten möchte. Es bedeutet vielmehr, dass ich mich selbst so akzeptiere, wie ich bin.

Wenn ich heute auf ein Date gehe, dann ist meine oberste Prämisse nicht mehr, meinem Dating-Partner zu gefallen, sondern zu spüren, ob ich mich in der Gegenwart der anderen Person gut fühle, respektvoll behandelt und gemocht werde. Und wenn die Person mich nicht so mag, wie ich bin, dann passt es einfach nicht, und das ist total okay. Reisende soll man nicht aufhalten, und mich schon lange nicht mehr.

In meinem Hinterkopf war in meinen Jugendjahren noch recht lange dieser Glaubenssatz: »Eines Tages wirst du von einem Prinzen ›gerettet‹, und dann wird alles gut.« Wisst ihr, was? Dank euch, dank Therapie und der stetigen Arbeit an mir selbst bin ich seit einigen Jahren zu einer neuen Erkenntnis gekommen. Und wisst ihr, wer mich jetzt »rettet«?
Ich, mich selbst.

Kapitel 5

»Iss einfach weniger & mach Sport!«
Was dicke Menschen bei Ärzten & Ärztinnen immer wieder erleben

Die Überschrift dieses Kapitels mag für einige vielleicht provokant und für andere wie ein Witz klingen, ist für viele mehrgewichtige Menschen aber leider die Realität. Deswegen ist es mir sehr wichtig, dass an dieser Stelle nicht nur meine persönlichen Erfahrungen und die aus meiner Community geschildert werden, sondern auch zwei Expert*innen zu Wort kommen und neue Blickwinkel schaffen – die Ernährungsberaterin Isabel Bersenkowitsch, B.Sc., und der angehende Humanmediziner Thilo Papenroth. Starten wir mit meiner persönlichen Erfahrung.

Mittels Blickdiagnose zur Magenbypass-OP-Empfehlung

Bei einer jährlichen gynäkologischen Vorsorgeuntersuchung bin ich mit dem Anliegen in die Praxis gekommen, meinen Check-up zu machen und folgende Themen zu besprechen: Welche Ursache kann es haben, dass sich meine Periode in den letzten Monaten verschoben hat?

Woher kommt das Ziehen im Brustbereich und im Unterleib, das ich immer wieder habe? Besteht die Möglichkeit, dass ich Endometriose habe? Und wie sieht es aus mit dem polyzystischen Ovarialsyndrom (PCOS)?

Den folgenden Dialog habe ich kurz nach meinem Besuch aufgeschrieben, dies sind Auszüge aus meinem Gedächtnisprotokoll:

Ich betrete das Zimmer und werde von der Gynäkologin freundlich gefragt, wie es mir geht. Ich berichte ihr, dass sich mein Leben in der letzten Zeit sehr verändert hat und es stressig ist.

Als Nächstes fragt sie: »Und wie sieht es mit Ihrem Gewicht aus?«

»Ich bin auf einem sehr guten Weg. Mir wurde eine Essstörung durch emotionales Essen als Folge von undiagnostizierter ADHS und einer posttraumatischen Belastungsstörung diagnostiziert. Seit letztem Jahr mache ich große Fortschritte. Das beinhaltet aktuell auch erst mal, nicht weiter gezielt abzunehmen, damit ich nicht in alte Muster der Essstörung falle. Wenn das als Nebenprodukt meiner veränderten Lebensweise passiert, ist das so, aber aktuell soll ich eine Abnahme nicht mehr forcieren. So ist es mit meiner Ernährungstherapeutin, die auf Essstörungen spezialisiert ist, ausgemacht. Die Heilung einer Essstörung ist kein Sprint, sondern ein Marathon. Über viele Jahrzehnte habe ich in diesen Mustern gelebt, es braucht Zeit, gesund zu werden, und ob ich am Ende dieser Reise schlank bin, weiß ich aktuell auch nicht. Ich würde Sie deshalb bitten, nicht weiter auf dieses Thema einzugehen. Der Weg, den meine Therapeutin und ich da gehen, passt für mich sehr gut. Es wäre schön, wenn wir uns darauf fokussieren, weswegen ich hier bin.«

Ich habe damit gerechnet, dass sie sich nach dieser ausführlichen Erklärung für mich freut, dass ich auf dem Weg der langfristigen Genesung bin. Aber für manche Ärztinnen und Ärzte, die ich kennengelernt habe, scheint Gesundheit über die Optik zu laufen. Ein schlanker Körper ist für sie automatisch gesund, ein mehrgewichtiger Körper nicht. Ihre Antwort geht leider in ebendiese Richtung.

Die Gynäkologin reicht mir einen Flyer: »Aber als Ärztin muss ich Sie das fragen: Haben Sie eigentlich schon mal über eine Magenbypassoperation nachgedacht? Ich könnte Sie da direkt zu einem Kollegen überweisen. Er kann Ihnen mehr dazu sagen.«

Ich habe mich nach diesem Vorfall extra noch einmal informiert. So eine Empfehlung muss sie keinesfalls aussprechen. Als gute Ärztin sollte sie zuhören und meinen Wunsch respektieren. Sie sollte ihre Expertise kennen, und diese liegt im gynäkologischen und nicht im ernährungswissenschaftlichen Bereich, wenn sie keine Zusatzqualifikation hat, habe ich erfahren.

»Ich möchte Sie wirklich bitten, meinen Wunsch zu respektieren, nicht weiter über dieses Thema zu sprechen, und mit der Untersuchung zu beginnen«, sage ich. »Sie verursachen bei mir gerade leider eher Stress, als dass Sie mir helfen. Vielleicht ist es Ihnen nicht klar, was Sie hier gerade machen, aber Sie überschreiten meine Grenzen, die ich doch gerade erst gesetzt habe.«

»Wie bitte?«, erwidert die Gynäkologin.

»Ich erkläre es Ihnen gerne: Sie können mich fragen, ob ich über mein Gewicht reden möchte. Das ist richtig und wichtig. Aber Sie können mir nicht ungefragt eine Magen-OP empfehlen, ohne meine Blutwerte oder mein Gewicht zu kennen. Und ich habe Ihnen doch gerade erst von meiner Vergangenheit mit Essstörungen berichtet, in so einem

Fall sollte man meines Wissens erst mal keine OP in Erwägung ziehen. Wie Sie mir gerade begegnen, wirkt sich negativ auf meine mentale Verfassung aus, und die wiederum wirkt negativ auf meine körperliche Gesundheit. Das erzeugt Stress. Ich möchte Sie bitten, dass wir uns auf die Themen konzentrieren, weswegen ich hier bin. Führen Sie bitte die Untersuchungen durch, für die ich zu Ihnen gekommen bin, das wäre sehr hilfreich.«

Mir ist bewusst, dass Menschen, die so etwas nicht immer wieder erleben, sich absolut nicht vorstellen können, wie anstrengend es ist, in solchen Momenten für sich einstehen zu müssen, um eine richtige Behandlung zu bekommen. Es ist leider nicht das erste Gespräch dieser Art gewesen, das ich geführt habe, und es wird wohl auch nicht das letzte gewesen sein. Dass medizinisches Fachpersonal meine Symptome aufgrund meiner Statur nicht wahrnimmt, habe ich auf meinem Lebensweg leider häufig erlebt. Ärztinnen und Ärzte schoben so viele Symptome, die ich hatte, auf mein Mehrgewicht, anstatt der Sache auf den Grund zu gehen.

Ein paar Tage nach meinem Erlebnis bei der Gynäkologin schreibe ich eine Mail an das Praxismanagement-Team. Mir ist es wichtig, ihnen einen neuen Blickwinkel zum Thema Gewicht und Diskriminierung zu zeigen, und sende neben meinem Erfahrungsbericht viele Artikel und Studien mit. Ich erhalte zwar eine Antwort, aber keine Entschuldigung und schon gar kein Verständnis, und das, obwohl die Praxis extra eine Ansprechpartnerin für Feedback hat.

Viele haben mir im Nachhinein empfohlen, diesen Vorfall bei der Ärztekammer zu melden, aber dazu hatte ich dann keine Kapazität mehr.

Wie schädlich kann Gewichtsstigmatisierung auf gesundheitlicher Ebene sein?

An dieser Stelle freue ich mich sehr, mit Thilo Papenroth zu sprechen. Er arbeitet momentan im praktischen Jahr seines Medizinstudiums und steht kurz vor seiner Approbation. Er setzt sich für Gleichberechtigung und gerechte Teilhabe für Menschen in der Medizin ein – und so eben auch für Menschen, die aufgrund ihres Gewichts Diskriminierung erfahren.

Julia: Thilo, wie siehst du das? Müssen Ärzte und Ärtzinnen, ohne weitere Werte zu kennen, direkt als zweite Information eine Empfehlung für eine Magen-OP aussprechen?

Thilo: Nein, das müssen sie nicht. Insbesondere dann nicht, wenn Patient*innen ihnen mitteilen, sich bereits in Behandlung zu befinden. Mediziner*innen haben eine gewisse Fürsorgepflicht und müssen darauf achten, dass Menschen mit ihren medizinischen Herausforderungen versorgt sind. Dabei ist aber auch wichtig, den eigenen Teilbereich und dessen Grenzen und somit auch die der eigenen Kompetenzen zu kennen. Es ist richtig, sich im passenden Kontext sensibel danach zu erkundigen, ob jemand sich in Behandlung befindet. Denn so kann auch herausgefunden werden, ob jemand eventuell ein noch nicht gedecktes Bedürfnis danach hat, versorgt zu werden. Sollte die Person ein Bedürfnis äußern, eine Anbindung an eine Therapie zu erhalten, dann sind Kontakte mit Ärzt*innen und medizinischem Personal, die sich mit Mehrgewicht auskennen, herzustellen. Ich sehe keinen Fall, in dem es angebracht ist, eine Operation zu empfehlen, die einen wirklich massiven Eingriff darstellt und auch einige Schritte vorausgreift. Es sollte reiflich überlegt sein, welchen Menschen und zu welchen Zeitpunkten Operationen empfohlen werden.

Julia: Viele sagen, dass die Ärzt*innen jede*n auf das Gewicht ansprechen MÜSSEN. »Endlich mal Tacheles reden.« Wie siehst du das?

Thilo: Von Ärzt*innen darf Ehrlichkeit erwartet werden, es ist aber nicht unsere Aufgabe, Menschen aufs Härteste und schonungslos zurechtzuweisen. Unser Verhalten ist auch auf Personen und deren Informationsbedürfnis anzupassen. Ebenso sollten wir nicht ungefragt immer unser gesamtes Wissen präsentieren, sondern uns in einer gesunden Dynamik danach richten, was Patient*innen sich wünschen und was sie gerade brauchen. Darüber hinaus sollte das, was gesagt wird, auch an den Wissensstand der Person angepasst werden. Es ist richtig, Menschen zu Bewegung, Sport und gesunder, ausgewogener Ernährung zu motivieren – nachdem auch gefragt wurde, ob das nicht einfach schon bereits Bestandteil des eigenen Lebens ist. Es muss darum gehen, Menschen wertzuschätzen und zu unterstützen, ohne dabei mit erhobenem Zeigefinger aufzutreten, der suggeriert, dass wir alles besser wüssten, was wir eben auch einfach nicht tun.

Julia: Wieso hast du dich für diesen Beruf als Arzt entschieden, wie sehen deine Werte und Einstellungen aus, und wie haben sie sich im Laufe der Zeit entwickelt?

Thilo: Als ich mich für das Studium der Humanmedizin entschied, hatte ich ein sehr idealisiertes Bild. Mir war es insbesondere wichtig, dass ich jeden Tag damit verbringe, sinnvolle Tätigkeiten für andere Menschen zu tun, die es dadurch ein wenig besser haben. Ich habe leider schnell feststellen müssen, dass dabei nicht alle mitgedacht werden und es so einige Fehler in unserem Gesundheitssystem gibt.

Ich habe in einer Begleitung für sterbende und trauernde Jugendliche und junge Erwachsene gearbeitet. Diese Arbeit hat mir viel darüber beigebracht, wie wichtig Zuhören, Verständnis und Empathie sind. Damals habe ich mir vorgenommen, mir diese Aufmerksamkeit und auch die Neugier für jedes einzelne Schicksal zu behalten und Menschen nicht als Masse zu begreifen. Das Pensum des Studiums und der hohe Workload im Arbeitsalltag lassen es aber häufig kaum zu, sich richtig Zeit für Patient*innen zu nehmen.

Weiterhin habe ich mich über mein Studium hinweg durch die Tätigkeit in verschiedenen Vereinen mit Diskriminierungsmechanismen in unserer Gesellschaft wie Rassismus, Sexismus oder Klassismus auseinandergesetzt. Seitdem begreife ich Medizin auch nicht mehr losgelöst von Politik, sondern sehe sie genauso in der Verantwortung, dass jegliche Diskriminierungsformen keinen Platz finden und hart angegangen werden. Nur so kann die bestmögliche Behandlung für jede*n garantiert werden.

Julia: Wann ist dir das Thema Fettfeindlichkeit bzw. Gewichtsdiskriminierung im medizinischen Bereich zum ersten Mal bewusst geworden, und hast du Beispiele dafür?

Thilo: Ich denke, dass die ersten Berührungspunkte in meiner Zeit in der Pflege waren, wenn mehrgewichtige Menschen versorgt wurden. Oft habe ich es als unangenehm empfunden, dabei zu sein, weil ich die ganze Zeit damit rechnen musste, dass wieder irgendein Kommentar zum

Gewicht der Person gemacht werden wird. Das tat mir für die Menschen immer leid, die sicherlich zu oft damit konfrontiert werden.

Auch in der Pädiatrie habe ich durchaus erlebt, wie mit Eltern mehrgewichtiger Kinder häufig sehr vorwurfsvoll umgegangen wurde und oft Schuldfragen und -zuweisungen im Raum standen. Der sozioökonomische Status wird dabei nicht beachtet. Oftmals blieb da einfach ein gequälter Ausdruck auf den Gesichtern der Kinder zurück, die schon wieder eine schmerzhafte Erfahrung machen mussten. Dabei verpassen wir hierbei insbesondere Chancen, gute Präventionsarbeit zu leisten.

Was besonders auffällt, ist, dass das Gewicht eines Menschen oft als Ursache aller Beschwerden und nicht als eigenes Symptom verstanden wird, obwohl es nicht immer einen Zusammenhang gibt. Da habe ich den Eindruck gewonnen, dass es sich oft zu leicht gemacht wird. Das empfinde ich als schweren Fehler, da dadurch eigentliche Ursachen übersehen werden und unbehandelt bleiben.

Nicht unwichtig ist auch, dass häufig im Raum steht, dass Menschen für ihr Mehrgewicht komplett selbst verantwortlich seien, es dementsprechend selbstverschuldet sei. Dabei werden Krankheiten außer Acht gelassen, die zu Gewichtszunahmen führen und wenig beeinflussbar sind, wozu Lipödeme, das PCOS und auch psychische Erkrankungen wie Depressionen, ADHS und Essstörungen gehören. Nicht nur durch diese verlieren Menschen die Kontrolle über ihr Körpergewicht, auch die Gesellschaft verhilft durch ihre klassistischen Strukturen dazu, denn Personen aus einer sozioökonomisch schwächeren Schicht fehlt der Zugang zu ausgewogener Ernährung und Sportangeboten. Das Stigma, mehrgewichtige Menschen seien in erster Linie »faul«, hält sich leider hartnäckig.

Weiterhin ist unser Gesundheitssystem größtenteils auf Menschen ausgelegt, die einer ausgedachten Norm entsprechen, im besten Fall männlich sind, 75 kg schwer, 1,75 m groß. Nach diesem gedachten Standard, der ja wohl kaum der Realität entspricht, werden Materialien und medizinische Geräte in Krankenhäusern entworfen, sodass beispielsweise Computertomografen und auch die Kernspintomografie nur bis zu einer gewissen Größe von Menschen einsetzbar sind. Wenn Menschen zu groß sind, können wichtige Untersuchungen dann einfach nicht stattfinden. Hier müssen wir uns in der Medizin anpassen und damit arbeiten, dass diese angebliche Norm nicht existiert, und somit umdenken, um möglichst viele, am besten alle Menschen, bestmöglich behandeln zu können.

Außerdem ist mir aufgefallen, dass es eine sexistische Komponente gibt, Geschlechter also unterschiedlich stark Diskriminierung erfahren. Bei männlichen Personen wird über den sogenannten Bierbauch gerne hinweggesehen, während Frauen häufiger mit ihrem Mehrgewicht konfrontiert werden. So wird das Aussehen von Frauen, wie es auch in der Gesellschaft leider oft der Fall ist, ständig kommentiert und kritisiert.

Zuletzt funktioniert die Diskriminierung leider auch in die andere Richtung – von Patient*innen auf medizinisches Personal. Mehrgewichtiges Personal ist kaum vorhanden, es sind auch Fälle beschrieben worden, in denen Bewerber*innen für Pflegeberufe abgelehnt wurden, da sie zu mehrgewichtig seien. Es wirft die Frage auf, wer momentan Ärzt*in oder Pfleger*in sein darf und was auch von Patient*innen toleriert wird. Dabei beobachte ich, dass erwartet wird, dass medizinisches Personal Vorbilder darstellt, möglichst sportlich ist, jung aussieht, schlank ist, nicht raucht und nicht trinkt. Über das Rauchen und

Trinken wird dabei häufig noch hinweggesehen, über ein Mehrgewicht scheinbar weniger. Es führt dazu, dass kaum mehrgewichtige Personen in der Medizin arbeiten und unterrepräsentiert sind. Und es suggeriert auch, dass mehrgewichtige Personen nicht gesund sein könnten, was eben nicht stimmt. Außerdem ist auch zu beobachten, dass Mehrgewicht bei weiblichen Mitarbeitenden stärker verurteilt wird, während es bei männlichen Kollegen eher Akzeptanz findet.

Julia: Was sagt der BMI allein über unsere Gesundheit aus?

Thilo: Der BMI stellt eine sehr einfache, aber sehr ungenaue Methode dar, um festzustellen, ob Menschen mehrgewichtig sind. Dabei werden auch Menschen als mehrgewichtig eingeordnet, die beispielsweise sehr viel Sport treiben und deshalb sehr muskulös sind. Auch gibt es einen nur kleinen Spielraum, der Menschen als normalgewichtig ausweist, viele landen drunter oder drüber. Entworfen worden ist der BMI von einem Mathematiker, nicht von Mediziner*innen, wird allerdings von der WHO empfohlen zur Nutzung und auch zur Therapieentscheidung – eben weil er so einfach zu berechnen ist und Alternativen (noch) nicht etabliert wurden. Dabei gibt es Möglichkeiten wie die Lipotyp-Methode, die dazu da ist, das viszerale Fett, also jenes, das um die Bauchorgane herum organisiert ist, zu bestimmen. Das sagt weit mehr über die Gesundheit und das Risiko des Auftretens chronischer Erkrankungen aus.

Der BMI kann maximal eine Tendenz darstellen, sollte jedoch nicht als einziger Parameter für eine Diagnose genutzt werden. Das ist leider in der Diagnostik der A*ipositas noch zu häufig der Fall. Es bleiben dabei aber wichtige

Blutwerte außer Acht, die bei Mehrgewichtigen normwertig und auch bei schlanken auffällig sein können. Wir brauchen Methoden, die messgenauer sind.

Auch wird aus dem BMI gerne geschlossen, dass dick ungesund und schlank gesund entsprechen würde. Das ist jedoch nicht immer der Fall. Neuere Studien haben gezeigt, dass Bewegung und auch in großem Maße die Ernährung großen Einfluss auf das Entstehen von Krankheiten nehmen. So kann ein schlanker Mensch, der sich wenig bewegt und ungesund ernährt, ein höheres Risiko haben, chronische Krankheiten zu entwickeln, als ein mehrgewichtiger Mensch, der auf eine ausgewogene Ernährung achtet und viel Sport treibt. Der BMI suggeriert etwas anderes und führt in die Irre.

Julia: Würdest du sagen, dass dieses Thema ein riesiger blinder Fleck im System zu sein scheint, und kannst du dir erklären, woran es liegt?

Thilo: Diskriminierungsformen sind insgesamt wenig benannt und bedacht in der Medizin, da sie sich gerne losgelöst von anderen gesellschaftlichen Räumen betrachtet. Insgesamt müssen wir also viel mehr Bewusstsein dafür schaffen, was im medizinischen Kontext passiert. Und eben auch dafür, was die verschiedenen Diskriminierungsformen für einen Schaden anrichten. Sie können nämlich auch krank machen. In neueren Forschungen ist gezeigt worden, dass Diskriminierung zu erhöhten Cortisolleveln führt, was nicht überrascht, da dies das menschliche Stresshormon ist. Es führt dazu, dass der Körper mehr Energie bereitstellen möchte, was durch erhöhte Nahrungsaufnahme und Reserveeinlagerung gelingt. Durch diesen ständigen Stress nehmen Menschen zu – und werden dadurch noch stärker Diskriminierung ausgesetzt. Es ist ein Teufelskreis, den wir unbedingt durchbrechen müssen, indem wir jede Form von Stigmatisierung und Diskriminierung bekämpfen.

Darüber hinaus glaube ich auch, dass die Diskriminierung von mehrgewichtigen Personen leider eine lange Geschichte hat und somit sehr verfestigt ist. Es wird auch eine zu einfache »Lösung« damit gesucht, dass Menschen mit Mehrgewicht sich doch einfach mehr bewegen oder gesünder ernähren sollten. Mehrgewichtige Menschen sind in der Medizin, insbesondere im Personal, wenig bis kaum präsent, werden also kaum gehört, sodass die Bedürfnisse mehrgewichtiger Menschen wenig im Fokus stehen.

Julia: Was versuchst du im Umgang mit Patient*innen anders zu machen?

Thilo: Meiner Erfahrung nach ist es wichtig, Patient*innen mit ihrer ganz individuellen Geschichte zu begreifen. Das beinhaltet für mich viel Zuhören. Ich muss verstehen, welchen (Leidens-)Weg Menschen hinter sich haben, welche Therapien es zuvor schon gab, welchen Stellenwert die eigene Gesundheit für den Menschen hat und wozu die Person auch gerade bereit ist. Medizin hat das paternalistische Konzept, in dem Mediziner*innen alles für Patient*innen entscheiden, glücklicherweise verlassen, um zu einer konsensuellen Entscheidungsfindung zu kommen, bei der wir eher in der Rolle der Beratenden sind und Patient*innen in ihren Entscheidungen unterstützen. Patient*innen sollen im Kontakt mit mir Ehrlichkeit erwarten dürfen, aber eben auch, dass ich Grenzen akzeptiere und respektiere. Jeder Mensch, egal ob gesund oder krank, hat einen respektvollen Umgang verdient.

Wichtig ist aber eben auch, das Mehrgewicht nicht in jeder Situation zum Thema zu machen, sondern nur dann, wenn es auch wirklich Sinn ergibt und passt. Und das dann auf eine respektvolle und defensive Art und Weise. In medizinischen Behandlungssituationen, in denen das Mehrgewicht nicht wichtig ist, kann es auch einfach unerwähnt bleiben. Wir sollten immer darauf hinarbeiten, einen vertrauensvollen Umgang miteinander zu haben, der eben auch etwas Zeit braucht.

Julia: Was würdest du dir für die Zukunft für die Branche und von Kolleg*innen wünschen?

Thilo: Wir müssen in der Medizin lernen, dass niemand perfekt ist und wir uns ständig weiterbilden und weiterentwickeln müssen. So sind wir als Mediziner*innen dauerhaft in der Pflicht, uns zu Fortbildungen anzumelden, um wissenschaftlich auf dem neuesten Stand zu bleiben. Gleichzeitig lebt die Medizin aber auch von der Zwischenmenschlichkeit. Und dort mangelt es an Strukturen, die uns gute Räume für Reflexionen, Feedback und persönliche Weiterentwicklung geben. Wir müssen verstehen, dass wir als Mediziner*innen eine ausgesprochen hohe Wirkmacht haben. Das ist eine immense Verantwortung.

In der Medizin fehlen in meiner Welt auch gute Self-Care-Strukturen, die mit Supervisionen und Praxisbegleitungen ausgestattet sind, um Mediziner*innen die Möglichkeit zu geben, über ihre ganz verschiedenen Erfahrungen im Arbeitsalltag zu sprechen, sich auszutauschen – und schwer Ertragbares und Aushaltbares auch mal abzugeben und loszulassen. In der Medizin herrscht fast dauerhaft Stress, aber das wird oft verneint und nicht erkannt. Das hat eben auch gesundheitliche Folgen für das Personal.

Für das Studium bedeutet das, dass wir auch über Diskriminierungsmechanismen in der Medizin lernen müssen. Dazu gehören ebenso Kommunikationstrainings, die garantieren, dass alle Mediziner*innen eine heilsame Atmosphäre und ein gutes Umfeld schaffen können. Weiterhin könnte der Erwerb von Zertifikaten wichtig sein, die Mediziner*innen als sensibel im Umgang mit mehrgewichtigen Menschen ausweisen. So schaffen wir Safe Spaces, in denen sich Menschen sicher sein können, keiner Diskriminierung ausgesetzt zu sein.

* * *

Meine Gesundheit liegt mir am Herzen. So mancher runzelt jetzt vielleicht die Stirn und denkt: *So dick, wie sie ist, kann ihr Gesundheit doch nicht wichtig sein!* Und genau weil dieser Irrglaube so fest in vielen Menschen verankert ist, möchte ich mit diesem Kapitel aufklären.

Ich möchte betonen: Mir ist absolut bewusst, dass es ein Privileg ist, in diesem Land mit einem solchen Gesundheitssystem zu leben. Ich schätze medizinisches Fachpersonal *sehr* und bin dankbar für alle, die sich jeden Tag für unsere Gesundheit einsetzen!

Mein Wunsch ist, dass wir trotz unseres Wissens über die Privilegien gleichzeitig anerkennen, dass es Themen im Gesundheitssystem gibt, die dringend einer Überholung bedürfen. Wie beispielsweise der Pflegenotstand. Es braucht bessere Arbeitsbedingungen, Arbeitsentlastung und eine bessere Bezahlung.

Es ist wichtig, dass uns bewusst wird, dass mehrere Wahrheiten gleichzeitig existieren können. Ich kann gleichzeitig sehr dankbar für dieses System sein, weil ich weiß, dass es in anderen Ländern nicht selbstverständlich ist, und gleichzeitig kann ich mir wünschen, dass das System dahinter angepasst wird. Nicht nur für Mitarbeitende, sondern auch für Patient*innen. Beispielsweise, was die Erfahrungen von mehrgewichtigen Menschen angeht. Ich hoffe sehr, dass dieses Buch bewirkt, dass der blinde Fleck bei der Behandlung von mehrgewichtigen Menschen sichtbar gemacht und immer weiter aufgearbeitet wird. Ich bin sehr froh, dass es dazu immer mehr Stimmen gibt, die gehört werden.

Und ich möchte zeitgleich betonen, dass ich auch immer wieder bei Ärzten und Ärztinnen bin, die das Thema sehen, verstehen und bei denen ich großartig aufgehoben bin. Es ist nur jedes Mal ein langer Prozess und ein Kraftakt, diese Menschen zu finden, und ich würde es sehr begrüßen, wenn es künftig Möglichkeiten gäbe, diese schneller ausfindig zu machen.

Da gibt es den einen Arzt in meiner alten Heimat zum Beispiel, zu dem ich noch regelmäßig fahre, obwohl ich im Hunderte Kilometer entfernten Hamburg wohne. Er macht so einen großartigen Job, und deswegen nehme ich auch den langen Weg auf mich.

Ich möchte auch betonen: Es geht nicht darum, dass Ärzte und Ärztinnen mein Gewicht bzw. mein Aussehen ansprechen. Es geht darum, dass das Gewicht meist als einzige Ursache für alle Symptome gesehen wird und nicht das Gewicht als Symptom, so wie es Thilo perfekt beschrieben hat. Sehr oft werden leider keine anderen Werte ermittelt, eine Art »Blickdiagnose« wird gestellt, und dann muss ich erfahrungsgemäß sehr dafür kämpfen, um überhaupt untersucht zu werden, nachdem ich monatelang auf einen Termin gewartet habe. Das ist sehr belastend.

In den Medien lese ich immer wieder, dass Krankheiten

bei mehrgewichtigen Menschen unentdeckt bleiben, weil sie aufgrund der Vorurteile nicht richtig untersucht wurden. Immer öfter erwische ich mich, dass ich voller Sorgen zu Arztterminen gehe, weil ich oftmals für eine ordentliche Behandlung kämpfen muss. Damit bin ich nicht allein, viele mehrgewichtige Personen haben vor ihrem Besuch bei Ärztinnen und Ärzten großen Respekt und gehen teilweise auch gar nicht mehr hin, wie ich es den Nachrichten aus meiner Community entnehme. Doch es handelt sich hier um mehr als eine Ahnung, dass dicke Menschen schlechter behandelt werden, wie verschiedene Studien belegen. Zum Beispiel haben Obduktionen gezeigt, dass bei mehrgewichtigen Menschen »Krankheiten 1,65-mal häufiger nicht erkannt werden als bei schlanken Menschen«, berichtete die *Süddeutsche Zeitung*. Dies liege auch daran, dass die Beschwerden von dicken Menschen nicht so gründlich untersucht würden, da Symptome auf das Gewicht geschoben würden.

Trotzdem gehe ich mindestens einmal pro Jahr zu allen wichtigen Vorsorgeuntersuchungen – und bin mir und jeder einzelnen Person dafür dankbar, die gut auf sich achtgibt und trotzdem hingeht. Ich weiß, was für ein Kraftakt es ist, sich möglichen verbalen Vorurteilen auszusetzen.

Ein Faktor, der leider außer Acht gelassen wird, wenn mehrgewichtige Menschen immer wieder auf ihr Gewicht angesprochen werden, ist: Stress!
Dicke Menschen wissen selbst, dass sie dick sind. Sie werden nicht schlanker, gesünder oder fitter dadurch, dass man sie ständig daran erinnert! Von außen kann man nicht sehen, wo eine Person gerade steht und auf welchem Weg sie sich befindet. Wenn Essen zum Beispiel eine Kompen-

sationsstrategie für Stress ist, so wie auch Rauchen oder Alkohol, dann wird die Person durch solche Aussagen gestresst und verfällt in bestehende Muster.

Studien von Mary S. Himmelstein und Kolleg*innen aus dem Jahr 2015 zeigen, dass permanenter psychosozialer Stress, dem mehrgewichtige Menschen ausgesetzt sind, Depressionen und Angststörungen fördert. Die Folge: Der dadurch ansteigende Cortisolspiegel im Blut kann Mehrgewicht begünstigen. Auch die Tagespresse berichtet über diesen Zustand, so etwa die *taz* im Artikel »Übergewichtige werden stigmatisiert: Spießrutenlauf für Dicke«.

»Friedrich Schorb stößt in Studien immer wieder auf ein Paradox: Wenn dicke Menschen diskriminiert werden, hat das einen schlechteren Einfluss auf deren Gesundheit als das Dicksein selbst«, berichtet der Deutschlandfunk.

Dicke Menschen werden von fremden Menschen ungefragt darauf hingewiesen, dass sie mit ihrem Gewicht ihrer eigenen Gesundheit schaden würden. Würden sich diese Menschen wirklich Sorgen um die Gesundheit mehrgewichtiger Menschen machen, dann könnten sie höflich nachfragen, wie es ihnen geht, und sich gemeinsam für mehr Aufklärung und Respekt einsetzen. Alles andere wirkt sich nur negativ auf die Gesundheit aus, wie wir jetzt von verschiedenen Expert*innen gelesen haben.

Immer wieder muss man sich als dicke Person Vorurteile anhören wie: »Du bist einfach nur faul und selbst schuld.« Friedrich Schorb von der Universität Bremen, der zum Gesundheitswesen forscht, sagt in einem Artikel auf Deutschlandfunk.de Folgendes: »A*ipositas ist keine selbstverschuldete Erkrankung. Da spielen zahlreiche Faktoren mit, die A*ipositas begünstigen, wie beispielsweise die Genetik, Stress, Schlafstörungen, psychische Erkrankungen, die adipogene Umwelt, in der wir leben, in der zu jeder Zeit Hohe-Kalorie-Lebensmittel immer verfügbar sind und quasi an jeder Ecke erworben werden können. All das spielt rein.«

Noch einmal zurück zu meinem Besuch bei der Gynäkologin. Tatsächlich erlebte ich die Situation eins zu eins auch noch mal bei der Vorsorgeuntersuchung beim Endokrinologen. Dass ich mit diesen Erfahrungen kein Einzelfall bin, weiß ich seit spätestens April 2021. Da habe ich auf meinem Instagram-Account ein humorvolles Video zum Thema Arztbesuche gemacht, und es ging viral. Ich spiele darin mich selbst, wie ich mit eingegipstem Arm zum Arzt komme, er den Arm aber völlig ignoriert und sagt:»Ich sehe ja gleich, was bei ihnen los ist – weniger essen, mehr Sport.«

Ich bekam Hunderte Nachrichten und Kommentare mit Erfahrungsberichten. Diese erschreckenden Erlebnisse zu lesen hat mich richtig fertiggemacht, weil mir alles so bekannt vorkam. Ich realisierte, dass offenbar viele mehrgewichtige Menschen bei Arztbesuchen nicht ausreichend untersucht werden und es sich dabei wohl um ein tiefer gehendes Problem handeln muss. Seitdem mache ich mich auf die Suche nach Antworten auf die Frage, woran das liegen könnte.

Was mich zudem echt überrascht hat: Wenn Videos von mir viral gehen, bekomme ich normalerweise recht schnell viele Medienanfragen. Eine Zeitschrift, ein Onlinedienst oder ein Fernsehsender fragen dann beispielsweise an, ob ich mich in einem Interview dazu äußern möchte, weil sie das Thema aufgreifen wollen. Obwohl mein Arzt-Video bald 700.000 Mal abgespielt wurde, meldete sich diesmal kein einziges Medium bei mir. Könnte es sein, dass diese Perspektive nicht ernst genommen wird?

Der Weg, dieses komplexe Thema zu verstehen, ist lang, das zeigen mir all die Erfahrungen. Mein Traum wäre es, genau diese strukturellen Probleme zum Beispiel in einer Dokumentation sichtbar zu machen und darüber aufzuklären.

Ich wünschte, man würde dicken Menschen öfter zuhören und in die Tiefe gehen. In den letzten Jahren ist auch immer deutlicher geworden, dass FINTA – Frauen, inter-, nicht binäre, Trans- und agender Personen – in der Medizin und in der Forschung nicht berücksichtigt werden. Gender-Data-Gap nennt man solche Datenlücken. In der Medizin wird nämlich der männliche Körper meist als Standard gesehen.

Dazu kommt: Der Body-Mass-Index (BMI), der in der Medizin als der wichtigste Indikator für Mehrgewicht gilt, sagt – wie oben bereits angedeutet – alleine wenig über die Gesundheit aus.

Food-Freedom statt Diät

Mit der Ernährungstherapeutin und -beraterin und Anti-Diät-Diätologin Isabel Bersenkowitsch, Gründerin des Unternehmens Ernährungsrevolution und Mitgründerin des ersten gewichtsneutralen Gesundheitszentrums in Europa – HOLi –, spreche ich darüber, warum Diäten gesundheitsschädigend sind, der BMI als einziger Gesundheitsparameter gefährlich ist und was das alles mit patriarchalen Strukturen zu tun hat. Schon mal vorab: Der Weg ist lang. Die gute Nachricht: Wenn wir zusammen daran arbeiten, wird ein Umdenken möglich.

Julia: Liebe Isabel, an welchen Merkmalen erkennt man eigentlich eine Diät?

Isabel: Eine Diät zu identifizieren ist im Laufe der Jahre schwieriger geworden. Früher war klar, dass sie mit Einschränkungen einhergeht, weniger Fett, keine Kohlenhydrate, zero Zucker. Mittlerweile gibt es viele Pseudodiäten, bei denen man beispielsweise Punkte zählt. Auch das sind sehr starke Einschränkungen, die dieselben Symptome wie eine Diät auslösen und somit keinen Deut besser sind.

Julia: Welche Symptome sind das?

Isabel: Auf physischer Ebene etwa ist das die kurzfristige Gewichtsreduktion, bei der das Gewicht langfristig aber wieder zurückkommt. Oder Heißhunger, den wir kriegen, weil der Körper unterversorgt ist. Auf der Verhaltensebene liegen Symptome vor, wenn man die folgenden Fragen mit einem Ja beantwortet:
- Stresst dich das Thema Essen?
- Isst du vor anderen Menschen anders als alleine?
- Meidest du essen in Gesellschaft?

Die dritte Ebene ist die psychologische, hier bescheren uns Diäten einen schrumpfenden Selbstwert. Wenn wir unser Ziel nicht erreichen, gehen wir davon aus, dass mangelnde Disziplin oder Willenskraft schuld sind. Dieses vermeintliche Versagen liegt aber nicht am Individuum, sondern am Konzept Diät. Am Ende des Tages scheitert jede*r daran, Menschen sind autonome, freiheitsliebende

Wesen, die sich unterbewusst gegen diese Einschränkung wehren.

Julia: Wie verhält es sich mit Menschen, die über einen längeren Zeitraum schlank bleiben und sich gegen diese letzte Aussage aussprechen würden?

Isabel: Es gibt wohl einen geringen Prozentsatz an Menschen im einstelligen Bereich, die mit Diäten langfristig abnehmen. Diese müssen ihr Essverhalten aber für den Rest ihres Lebens streng kontrollieren, wodurch die Lebensqualität massiv beeinträchtigt ist. Bei den meisten Menschen – egal ob dick oder dünn – würden aber viele dieser Symptome auftauchen. Kontrollversuche enden meistens in Kontrollverlust.

Julia: Sind Diäten deiner Meinung nach generell schädlich, oder gibt es Lebenssituationen, in denen eine Diät gesundheitsfördernd sein kann?

Isabel: Es kommt darauf an, was mit Diät gemeint ist. In der Ernährungstherapie kann für einen Menschen mit Zöliakie eine glutenfreie Ernährung sinnvoll sein. Wenn wir mit Diät aber meinen, dass wir Körpergewicht reduzieren wollen, kann ich ganz klar sagen: Diäten sind gesundheitsschädigend. Auf körperlicher und psychischer Ebene.

Julia: Kritiker*innen könnten jetzt sagen: »Aber was ist mit Menschen, die 200 Kilo wiegen und sich kaum noch bewegen können? Ist eine Diät dann nicht angebracht?«

Isabel: Diäten sind auch dann weder sinnvoll noch hilfreich, wenn es um sehr starkes Mehrgewicht geht. Selbst wenn es sich um eine Person handelt, die 200 Kilogramm wiegt, steckt hinter dem Gewicht immer noch ein Mensch, der wahrscheinlich sehr intensive Gefühle über Essen reguliert. Im schlimmsten Fall verbirgt sich dahinter ein Trauma und/oder eine Binge-Eating-Disorder. Wenn allein das Körpergewicht als Problem gesehen wird, das behoben werden muss, ist das eine Behandlung von Symptomen, die einem Kampf gegen Windmühlen gleicht. Wenn die Ursache für den erhöhten Essensdrang therapiert wird, findet der Körper sein natürliches Sollgewicht von allein.

Julia: Kalorien zu zählen oder fettiges Essen vom Vortag mit gesünderen Lebensmitteln auszugleichen – beginnt hier bereits essgestörtes Verhalten?

Isabel: Wer Diäten macht, um Gewicht zu reduzieren, bei dem liegt bereits ein gestörtes Verhalten vor. Damit eine Psychotherapeutin aber eine Essstörung diagnostiziert, braucht es weitere Faktoren. Eine Essstörung ist immer eine Erkrankung der Psyche, sie nimmt das ganze Leben ein. Das ist bei einem gestörten Essverhalten nicht so. Gemeinsamkeiten sind fehlender Selbstwert und ungesunde Essgewohnheiten. Was die Gesellschaft oft nicht sieht: Eine Essstörung kann bei einer schlanken Frau genauso vorliegen wie bei einer dicken Frau oder einem Mann.

Julia: Wieso, denkst du, existiert dieser Irrglaube?

Isabel: Das hat wahrscheinlich mit der gesellschaftlichen Perspektive zu tun. Diese wird ja maßgeblich von Medien auf sämtlichen Kanälen bestimmt, was dort sichtbar ist, formt unsere Sehgewohnheiten. Denken wir einmal an die Olsen-Zwillinge, die in den 1990ern superberühmt und überall zu sehen waren. Size Zero und Heroin Chic waren damals gängige Schönheitsideale. Auch im Zusammenhang mit Essstörungen waren dünne Körper in der Sichtbarkeit prägend.

Julia: Wie ernährt sich ein Mensch im Idealfall, wenn er sich gesund ernährt?

Isabel: Gesunde Ernährung heißt für mich, eine gesunde Beziehung zum Essen zu haben. Intuitives Essen ist hier das Schlüsselwort: Hunger und Sättigung zu fühlen, Genuss beim Essen zu empfinden, achtsam zu essen, Respekt für den eigenen Körper zu haben. Dazu müssen wir uns von dem Denken verabschieden, dass wir ihn manipulieren können – genau das versucht man mit Diäten aber. Manchmal denken Menschen den ganzen Tag darüber nach, ob sie dieses eine Stück Schokolade essen sollen. Viel gesünder ist es, sich Dinge direkt zu erlauben, wenn man sie möchte. So kann man Überessen, kompensatorisches Essen also, vermeiden. Sich alle Lebensmittel zu erlauben, ohne dass ein Tamtam darum gemacht wird, das ist Food-Freedom.

Julia: Kritiker*innen könnten jetzt anmerken: Bedeutet das dann nicht auch, dass Menschen einfach mehr Chips und Schokolade essen?

Isabel: Meistens nicht. Sich jederzeit alles zu erlauben ist beim intuitiven Essen ja nur ein Prinzip von zehn. Es geht dabei um die emotionale Gleichheit aller Lebensmittel, damit psychologische Faktoren, die zu einem Überessen führen, überwunden werden können. Wohl wissend natürlich, dass sich Lebensmittel in ihrem physiologischen Wert unterscheiden. Oft stellt sich nach der sogenannten Honey-moon-Phase der Habituationseffekt ein, der Gewohnheits-effekt. Dinge, die wir immer haben können, verlieren sehr bald ihren Reiz und ihre Magie. Intuitive Esser*innen essen viel abwechslungsreicher, weil sie eine starke Ver-bindung zu ihrem Körper und seinen Bedürfnissen entwi-ckeln.

Julia: Liegt in dieser Freiheit auch dein Auftrag als Anti-Diät-Diätologin?

Isabel: Viele von uns können weder Hunger noch Sätti-gung spüren, Essen besteht immer öfter nur noch aus Zahlen als aus Genuss. Ich erkläre, dass Gesundheit mit gesundheitsförderndem Verhalten verbessert werden kann, unabhängig vom Körpergewicht. Ich arbeite hauptsächlich mit Frauen, da kommen wir auch immer schnell auf die Einschränkungen zu sprechen, die ihnen die Diätmentali-tät innerhalb des Patriarchats auferlegt. Worauf sie verzich-ten müssen, was sie gerne machen würden. Ich sehe mich als Vertreterin eines Gesundheitssystems, das nicht mehr länger rechtfertigen kann, das Abnehmen zu empfehlen. Das Konzept, nach dem ich arbeite, beruht auf dem Grund-satz Health at Every Size®: Gesundheit geht vor Körperge-wicht. Im Vorderpunkt stehen die inneren Signale, die Ins-tinkte. Dabei findet der Körper sein Sollgewicht von selbst. In der Herangehensweise zu sagen: »Ich möchte schlank sein«, darin liegt bereits der Fehler.

Julia: In deiner Praxis als Diätologin und Ernährungsbera-terin suchen dich viele Frauen aus genau diesem Grund auf, weil sie abnehmen wollen. Was sagst du ihnen?

Isabel: Die Gesellschaft zwingt uns, den eigenen Körper zu manipulieren. Ich erkläre meinen Klient*innen, was Diäten mit den körperlichen Funktionen, dem Selbstwert und der Psyche machen. Für ein Verstehen hilft oft die Frage: Was sind die Vor- und Nachteile dieses Diätverhaltens, dem wir uns unterworfen haben? Ein Vorteil ist die Hoffnung auf ein besseres Leben, die mit Diäten immer wieder geschürt wird. Und der Quick fix, diese Dinge schnell zu schaffen. Fragen wir uns dann aber, inwiefern uns das alles geschadet hat, kommen die meisten Frauen schnell darauf, dass es ihren Selbstwert wahnsinnig negativ beeinflusst hat. Dass sie gar keine Verbindung mehr zu ihrem Körper haben, kein Körpergefühl. Ich nenne das ein Leben oberhalb des Halses, das also nur im Kopf stattfindet. Wenn der Kopf Essen steuern soll, ist das extrem einnehmend und kompliziert. Die meisten merken auch schnell, dass die Gewichtsreduktion nie nachhaltig war und das Gewicht im Laufe der Zeit noch weiter angestiegen ist. Außerdem tut es nichts für unser Wohlbefinden, wenn wir ständig Angst haben, etwas falsch zu machen. Diese Erkenntnis ist für viele sehr schmerzhaft, aber auch sehr heilsam. Wenn ich meine Klient*innen frage, ob sie den Rest ihres Lebens so verbringen wollen, dann ist die Sache schnell klar. Der Leidensdruck ist so hoch, dass die meisten bereit sind, den Wunsch nach Gewichtsreduktion mal für eine Weile in die letzte Ecke des Kopfes zu packen, damit wir uns den Dingen widmen können, die ursächlich sind.

Julia: Ist Food-Freedom für Menschen, die aufgrund von ADHS oder Traumata kein Hunger- und/oder Sättigungsgefühl spüren, eine besondere Herausforderung?

Isabel: Bei Menschen mit ADHS kann intuitives Essen eine besondere Herausforderung sein, weil das Hirn anders funktioniert. Lebensmittel haben ja auch immer eine neurobiologische Wirkung: Zucker kann zu einer Dopaminausschüttung im Hirn führen und sorgt für einen schnellen Energiekick. Zucker und Eiweiß in Kombination sind beteiligt am Serotoninstoffwechsel, also bei der Produktion von Glückshormonen. Und Fett hat eine sedierende, also beruhigende Wirkung. Bei Menschen mit ADHS wäre es wichtig herauszufinden, zu welchen Lebensmitteln wann gegriffen wird, um die Funktion des Essens ohne Hunger kennenzulernen. Das Kennen der Funktion hilft dann dabei, neue Strategien zu entwickeln, die dieselbe Funktion erfüllen. Weil Menschen mit ADHS eher chaotisch leben oder Medikamente einnehmen, kann es sein, dass Essen vergessen wird, was zu einem Pendel der Extreme führt: Extremer Hunger endet oft in extremer Sättigung. Hier ist in der Ernährungstherapie das Herausarbeiten einer guten Tagesstruktur wichtig, um den Körper regelmäßig mit Energie und Nährstoffen zu versorgen. Wichtig und intuitiv ist, mindestens drei Mahlzeiten pro Tag zu essen.

Intuitives Essen bei Trauma kann sehr schwierig sein, vor allem wenn die Ablehnung des eigenen Körpers ein Resultat des Traumas ist. Intuitives Essen heißt ja auch, dass wir in den Körper gehen, um die Signale zu lesen, die dort entstehen. Wenn der eigene Körper gehasst und partout nicht gespürt werden will, ist es fast unmöglich, die kommunizierten Signale wahrzunehmen. Trauma- und Körpertherapie sind hier sehr wichtig. Die neuere Forschung hat übrigens auch ergeben, dass Trauma den Fettstoffwechsel verändert: Der Körper speichert vermehrt Fett, unabhängig von der Energiebilanz. Ob das mit Trauma- und Ernährungstherapie reversibel ist, ist noch unklar.

Julia: Welche Auswirkungen hat die Diätmentalität, in der wir alle leben, auf Kinder – körperlich wie emotional?

Isabel: Ein Kind, das auf Diät gesetzt wird, lernt vor allem, dass es nicht gut genug ist und dass dünn besser ist. Dieser niedrige Selbstwert ist etwas, das eine starke Anziehungskraft auf Diäten und kompensatorisches, emotionales Essen hat. Das Vertrauen in den eigenen Körper und die eigenen Fähigkeiten sinkt. Aus Studien wissen wir, dass das Risiko, im Erwachsenenalter eine Essstörung zu bekommen, um das Achtfache höher ist.

Julia: Was können Eltern besser machen?

Isabel: Eltern wollen ja im Normalfall das Beste für ihre Kinder, aber auch sie hängen oftmals in einer Spirale fest: Von den Kinderärzt*innen hören sie von den angeblichen gesundheitlichen Folgen von zu viel Gewicht, zudem wissen sie um die Diskriminierung von Menschen mit Mehrgewicht in der Gesellschaft. Der wichtigste Schritt ist für mich die Akzeptanz, dass körperliche Diversität Teil der menschlichen Existenz ist. Es gibt dicke und dünne Kinder, genauso wie es große und kleine Kinder gibt. Es wäre für jedes Kind wünschenswert, einen gesunden Umgang mit Lebensmitteln zu lernen. Dass es lernt, dass Lebensmittel emotional gleichwertig sind und nicht in gut und schlecht eingeteilt werden.

Julia: Egal, ob bei Kindern oder Erwachsenen, deren Mehrgewicht kritisiert wird, heißt es als finales Argument oft: »Dick ist doch aber ungesund.« Was sagst du dazu?

Isabel: Ich würde fragen: Was ist denn mit der psychischen Gesundheit? Mehrgewichtige Menschen werden strukturell diskriminiert. Als dicker Mensch hat man schlechtere Chancen auf einen Job, in der Liebe – das zieht sich durch alle Lebensbereiche. Außerdem wissen wir tatsächlich nicht, ob das Körpergewicht wirklich die Ursache für einen schlechteren Gesundheitszustand ist. Denn Diskriminierung macht ja auch etwas mit unserem Herz-Kreislauf-System, sie verursacht Stress, erhöhten Blutdruck, der dann natürlich wieder gegen die Blutgefäße knallt. Herz-Kreislauf-Probleme liegen vielleicht nicht am Körpergewicht, sondern auch an der Diskriminierung. Wir wissen aus Studien, dass dieser seelische Stress ein vom Gewicht unabhängiger Risikofaktor für Entzündungen im Körper, Herzinfarkte und Schlaganfälle ist.

Julia: Du siehst mehr Körpergewicht demnach nicht als Risikofaktor für die Gesundheit?

Isabel: Wir können im Moment höchstenfalls von einem Zusammenhang mit erhöhtem Körpergewicht sprechen, solange wir Weight Cycling, das ist der Fachbegriff für permanentes Ab- und Zunehmen, und die Diskriminierung nicht aus dieser Gleichung herausgerechnet haben, aber sicher nicht von einer Ursache. Das ist sehr viel komplexer, als momentan von der Gesellschaft und vom Gesundheitssystem angenommen wird.

Julia: Das Gesundheitssystem teilt Menschen mithilfe des Body-Mass-Index (BMI) in die Kategorien normal-, unter- und ü*bergewichtig ein. Was hältst du davon?

Isabel: Nichts. Der BMI war nie dazu gedacht, den Gesundheitszustand eines Individuums festzulegen. Ein Mathematiker, der nichts mit Gesundheit am Hut hatte, entwickelte diese Formel im Jahr 1830, als Kennzahl für 5000 weiße männliche Soldaten. Für Frauen oder andere Ethnien gibt es hier schon mal gar keine Ausgangsgrundlage. Trotzdem ist der BMI bis heute unser Referenzwert. Die Versicherungsgesellschaften haben sich diesen Wert leider irgendwann zu eigen gemacht, um den Gesundheitszustand eines Menschen festzustellen, wissenschaftlich ist er aber nicht. Deswegen ist es auch so diskriminierend, Begriffe wie Ü*ergewicht oder A*ipositas zu verwenden, denn sie leiten sich aus dem BMI ab.

Julia: Inwiefern ist der Begriff A*dipositas diskriminierend?

Isabel: Es wird derzeit versucht, A*ipositas als Krankheitsphänomen zu klassifizieren, um das Schuldempfinden von den Menschen zu nehmen. Das Problem hierbei: Es gibt Menschen mit A*dipositas, die völlig gesund sind. So bekommen sie trotzdem den Stempel der Krankheit aufgedrückt, und das ist diskriminierend. Mir wäre es am liebsten, wenn wir Abstand von allen gewichtszentrierten Begriffen und Methoden nehmen würden. Konzentrieren wir uns auf die Dinge, die wir beeinflussen können! Unser Verhalten zum Beispiel. Der Körper wird sich immer dort einpendeln, wo er sich am wohlsten fühlt und wo er am gesündesten ist.

Julia: Schätzt du es als gefährlich für Körper und Psyche ein, dass weiterhin mit dem BMI gearbeitet wird?

Isabel: Als Diätologin und Ernährungsberaterin erlebe ich häufig die folgende Situation: Ärzt*innen weisen uns Patient*innen mit dem Anliegen einer Ernährungsberatung zu. Oftmals handelt es sich bei ihnen aber um gesunde Menschen, deren metabolische Biomarker wie Cholesterin, Blutdruck oder Blutzucker völlig in Ordnung sind. In der Folge versuchen diese Menschen, ihren Körper zu manipulieren, um beim Gewicht in den Normalbereich reinzurutschen – und gefährden dadurch erst ihre Gesundheit.

Julia: Kannst du davon berichten, dass Ärzt*innen anderer Fachrichtungen als der Ernährungswissenschaften mehrgewichtigen Menschen ungefragt eine Magenverkleinerung anraten?

Isabel: Ärzt*innen lernen das auf der Uni und empfehlen ihren Patient*innen das vermutlich aus bestem Wissen und Gewissen. Aus wissenschaftlicher Perspektive ist eine Magenoperation mit dem Hintergrund der Gewichtsabnahme die invasivste aller Diäten. Ich kann es wirklich gut verstehen, dass viele mehrgewichtige Menschen das als letzten Ausweg sehen, da der Leidensdruck so hoch ist, schlank zu werden. Worüber kaum berichtet wird: Das Gewicht kommt meistens nach ein paar Jahren zurück. Dann denkt der Mensch, der die OP über sich hat ergehen lassen, dass er nicht nur bei all den Diäten versagt hat, sondern auch hier. Die Suizidrate nach Magenverkleinerungen ist hoch. Weight Cycling kann durch eine OP nicht aufgehalten werden, es wird nur verlangsamt.

Julia: Der Magen holt sich trotz OP den Raum zurück?

Isabel: Das kann passieren. Und wir müssen auch bedenken: Wenn die operierte Person beispielsweise eine Binge-Eating-Störung hat oder stark unter emotionalem Essen leidet, ist diese psychisch begründete Störung ja mit der OP nicht gelöst, sondern nur in die Warteschleife gelegt. Hier sehen wir deutlich das Problem an unserem Gesundheitssystem: Gewicht wird wie ein ursächliches Problem behandelt, dabei ist es ein Symptom.

Julia: Mehrgewichtige Menschen berichten davon, dass sie von ihren Ärzt*innen diskriminiert werden – deckt sich das mit den Erfahrungen deiner Klient*innen?

Isabel: Dicke Menschen werden oft gar nicht richtig oder gar nicht untersucht, da alles auf ihr Körpergewicht geschoben wird, in der Folge gehen sie natürlich auch seltener zum Arzt. Auch das ist ein Faktor, der negativ auf die Gesundheit einer dicken Person einwirkt.

Julia: Wie verheerend schätzt du die Auswirkungen bei der Diskriminierung von mehrgewichtigen Menschen ein?

Isabel: Viele dicke Menschen fühlen sich gezwungen, mithilfe von Diäten Gewicht zu reduzieren. Sie sind dann jahrelang in einem Weight Cycling gefangen. Nicht schlank zu sein oder dick zu sein ist in unserer Gesellschaft mit dem Schuldphänomen behaftet. Das heißt, wenn jemand dick ist, gilt er meist als willensschwach und selbst für seinen Zustand verantwortlich. Das tut mir in der Seele weh. Ich glaube, niemand lebt gerne in einer Welt, in der man das optische Feindbild ist. Was die Gesellschaft dicken Menschen entgegenschleudert, verinnerlichen diese. Die Diskriminierung von mehrgewichtigen Menschen passiert auf so vielen Ebenen: Sie haben ein schlechtes Bild von sich selbst, wenig Selbstvertrauen, wir sprechen hier von Weight Stigma. Dies beinhaltet ein erhöhtes Risiko für Depressionen, Essstörungen, negative Ernährungsgewohnheiten und vermehrtes emotionales Essen. Wenig Bewegung gehört auch dazu, weil es keinen sicheren Ort für dicke Menschen gibt: Auf der einen Seite wird ihnen ständig gesagt, sie sollen sich sportlich betätigen, auf der anderen Seite müssen sie sich im Fitnessstudio anhören, dass sie hässlich und fett sind.

Julia: Wir haben bislang hauptsächlich Frauen als Adressatinnen benannt, sind Männer weniger empfänglich für Diäten?

Isabel: Auch auf Männern lastet ein Schönheitsdruck. Essstörungen treten bei ihnen inzwischen immer häufiger auf. Generell gibt es bei männlichen Vorbildern aber mehr Diversitäten als bei weiblichen, ein sehr wichtiger Unterschied.

Julia: Wie hängen Diäten und patriarchale Strukturen zusammen?

Isabel: Diäten haben meistens Frauen als Zielgruppe. Das hat vor allem den Grund, dass es in unserer Gesellschaft immer noch wichtiger ist, dass eine Frau gut aussieht, als dass sie besonders viel leistet. Für Frauen gilt Schönheit auch als Privileg, das ihnen Sicherheit bringt. Schaut man sich berühmte Frauen an, die in der Öffentlichkeit stehen, wird man sehen, dass die meisten von ihnen versuchen, dem Schönheitsideal zu entsprechen. Das hat auch den Grund, dass sie damit weniger Angriffsfläche bieten.

Beziehungsweise: Frauen können sehr oft nur dann erfolgreich werden, wenn sie dem Ideal entsprechen. Ein weiterer Punkt, der dafür spricht, dass wir mit Diäten dem Patriarchat dienen: Die Unterversorgung an Nahrung und Nährstoffen, die herrscht, wenn man auf Diät ist, braucht irrsinnig viel Kapazität. Wenn ich also permanent übers Essen nachdenke, kann ich mich nicht mit anderen Dingen beschäftigen, die ich gerne machen würde, zum Beispiel mein Potenzial ausschöpfen oder Karriere machen. Sich 24/7 mit dem Thema Essen zu beschäftigen ist ein Vollzeitjob.

Julia: Wir alle sind Teil dieser toxischen Diätmentalität. Wie schaffen wir den Ausstieg?

Isabel: Wir müssen Sichtbarkeit in den Medien schaffen, aufklären, nicht müde werden, laut bleiben. Aber Schlüssel ist das Gesundheitssystem. In Kanada zum Beispiel hat sich die A*ipositasgesellschaft dem Thema der Diskriminierung bereits gewidmet. Die medizinischen Richtwerte wurden dahingehend überarbeitet, dass nicht mehr die Gewichtsreduktion das Wichtigste ist, sondern die Verbesserung des Gesundheitszustands. Ich selbst baue derzeit in Österreich das erste gewichtsneutrale Gesundheitszentrum auf. Solange das Gesundheitssystem das Totschlagargument »Dick ist ungesund« legitimiert, ist meine Aufgabe als Health-at-Every-Size®-Aktivistin erschwert. Wenn es uns gelingt, dort Antidiskriminierung zu schaffen, dann entziehen wir den Menschen, die so argumentieren, ihre Grundlage. Dann können wir endlich anfangen aufzuklären.

* * *

Die Aufklärungsarbeit, die Isabel leistet, halte ich für revolutionär. Sie entlarvt nicht nur die Diätmentalität, in der wir sozialisiert sind, sondern zeigt auch, dass es einen Ausweg gibt. Ich wünsche mir, dass dieses Wissen, das im Moment noch Nischencharakter hat, mehr Sichtbarkeit bekommt. Und ich hoffe, dass Erkenntnisse wie diese bald auch mehr Raum in der Medizin finden.

Wenn ihr diese geschilderten Erlebnisse bei Arztbesuchen aus eigener Erfahrung kennt, möchte ich euch inspirieren: Traut euch, respektvoll und höflich für euch einzustehen, eure Grenzen aufzuzeigen, argumentativ und schlagfertig zu reagieren. Wenn ich heute bei einem Arztbesuch so etwas erlebe, stehe ich für mich ein. Auch wenn es müde und vor allem traurig macht, weil man weiß, dass man mit einem anderen Aussehen vermutlich eine andere Behandlung erfahren würde. Selbstwirksamkeit, das Wissen darum, dass es einen Unterschied macht, wenn man für sich einsteht, hat mir in meinem Leben wirklich viel Selbstbewusstsein gegeben.

Was mir auch sehr dabei geholfen hat, für mich selbst einstehen zu können, ist eine sehr lange Reise – und auf die gehen wir jetzt zusammen, wenn ihr Lust habt.

Kapitel 6

» Ich schaffe das! « —
Jetzt fängt mein Leben an

An dieser Stelle möchte ich euch sensibilisieren, meine Erfahrungen aus der Therapie als individuell zu sehen. Sie sind weder Empfehlungen noch Handlungsaufforderungen, sondern Teil meiner persönlichen Geschichte. Wenn ihr merkt, dass ihr auf eurem Weg Unterstützung braucht, lege ich euch sehr ans Herz, sie euch zu holen.

In der Tagesklinik

Kehren wir noch mal in die Zeit zurück, als ich Anfang zwanzig bin und mein Studium kaum noch verfolgen kann, weil die Panikattacken mich im Griff haben (siehe Kapitel 3). Je näher das Ende meines Studiums rückt, desto klarer wird mir, dass ich dringend Hilfe brauche und es nicht allein aus diesem Teufelskreis schaffe.

Meine Panikattacken kommen mittlerweile mehrmals am Tag und zwingen mich in einen Käfig, der von Tag zu Tag kleiner wird. Alle Situationen, die ich nicht kontrollieren kann, sind potenzielle Auslöser für meine Ängste. Zuerst sind es spezielle Orte, wie lange Brücken, hohe Gebäude oder Fahrten auf der Autobahn, die ich so sehr fürchte, dass ich sie meide. Anfangs schaffe ich es noch, mich zu überwinden, der Angst und den dunklen Gedanken nicht die Überhand über mein Leben zu geben und trotzdem weiterhin zu studieren, nebenher zu arbeiten, Pflichten zu erfüllen und abzuliefern. Die Anstrengungen, ein »normales« Leben nach außen aufrechtzuerhalten, sind riesig und tragen nicht dazu bei, dass es mir besser geht.

Doch irgendwann überkommen mich die Panikattacken auch in Kaufhäusern, Supermärkten, in den Hörsälen der Uni, in Cafés – und schließlich im kompletten öffentlichen Raum und sozialen Situationen. Ich meide jeden Ort, der dazu führen könnte, meine Ängste auszulösen. Social Anxiety, auf Deutsch Sozialphobie, nennt man das. Weder kenne ich zu diesem Zeitpunkt das Wort, noch kann ich rational nachvollziehen, was da mit mir passiert.

Der Zustand der Sozialphobie kann aus unterschiedlichsten Gründen entstehen. Zum Beispiel, wie in meinem Fall, als Resultat von Mobbing. Unterdrückte Gefühle, um unaussprechliche Situationen in meinem Leben zu überleben, bzw. eine komplexe posttraumatische Belastungsstörung, Diskriminierung, undiagnostizierte ADHS und die Essstörung haben rückblickend wohl dazu beigetragen, dass mein Körper mit allen Mitteln nach »Hilfe« ruft und mir signalisiert, dass etwas nicht okay ist.

Mein Umfeld hat mir über Jahrzehnte zu verstehen gegeben, dass ich mit meiner Persönlichkeit und meinem dicken Körper im öffentlichen Raum nicht erwünscht bin. Ich habe gelernt, mich zu schämen, zu verstecken und meine Gefühle zu verdrängen oder (unbewusst) wegzuessen, um einfach nichts mehr zu fühlen, das Nervensystem runterzufahren und zu betäuben. Das geschieht nämlich, wenn der Körper mit dem Verdauungsprozess beschäftigt ist, weiß ich heute. Wichtige Gefühle können nützliche

Wegweiser sein, aber in verletzenden Situationen sind sie einfach nicht auszuhalten, wenn man nicht gelernt hat, wie man mit ihnen richtig umgeht.

Und nun bin ich in der Tagesklinik für Menschen mit Depressionen, Angststörungen und Ähnlichem, in der ich einen Monat lang jeden Tag außer Sonntag verbringen werde.

Ich bin hoffnungsvoll, aber habe auch große Sorgen: Werden die Therapeut*innen meine Geschichte für sich behalten? Ich möchte nicht, dass andere erfahren, was mit mir los ist. Was sollen die nur über mich denken? Ich schäme mich so dafür, dass ich nicht so funktioniere wie andere Leute in meinem Alter. Ich war doch sonst immer so stark; mich jetzt derart »schwach« zu erleben fühlt sich einfach nicht richtig an, mein destruktives Gedankenkarussell dreht sich immer schneller. Und eine große Frage schwingt vor Therapiestart mit:

Können sie mir dort überhaupt helfen?

Sie können! Und wie!

In Gruppen- und Einzeltherapien lerne ich erst einmal meine negativen und von Angst geprägten Glaubenssätze zu ergründen, und danach brechen wir sie Stück für Stück auf. Ich lerne, was hinter ihnen steckt und was sie eigentlich bedeuten. Ich bekomme die Aufgabe, meine Sprache zu beobachten und zuzuordnen, woher die negativen Gedanken über mich selbst überhaupt kommen.

In einer Einzelstunde sitze ich meiner Therapeutin gegenüber. Sie ist einfühlsam, hört mir zu. Ich erzähle ihr meine Geschichte, sie kämpft mit den Tränen. Diesen Tag werde ich niemals vergessen, denn sie bringt mir eine Sache bei. Auch wenn das Leben unfassbar unfair sein kann, gibt es nur eine Chance, damit umgehen zu lernen. Sie legt mir ein Arbeitsblatt vor. Darauf steht es geschrieben: radikale Akzeptanz.

In einem Artikel von psy.com ist dieses Mittel ganz treffend beschrieben: Radikale Akzeptanz ist das Gegenteil von Wollen. Es ist die Bereitschaft, darauf zu verzichten, sich gegen Schmerz und ungewollte Ereignisse real oder auch gedanklich aufzulehnen, sie zu bekämpfen oder auch nur irgendwie verändern zu wollen. »Zu lernen, unangenehme Ereignisse und Gefühle zu ertragen (radikal zu akzeptieren), solange sich die Umstände nicht verändern lassen, versetzt uns in die Lage, Schmerz zu überwinden.«

Dieses Tool hat mir sehr dabei geholfen, Dinge in meinem Leben zu akzeptieren, die sehr schmerzhaft waren, die ich nicht eigenmächtig verändern konnte, egal wie sehr ich dafür gearbeitet habe. Mit dem Wissen über radikale Akzeptanz habe ich gelernt, loszulassen, mich auf alles zu fokussieren, was ich selbst beeinflussen kann, und weiterzumachen.

Dann kommt der Tag, an dem meine Therapeutin den einen Satz zu mir sagt:

»Morgen fahren wir auf die Autobahn, Frau Kremer.«
Dieser Satz bedeutet für mich zugleich Ende und Anfang von allem. Bei dem Wort »Autobahn« eskaliert mein Nervensystem komplett. Nasse Hände. Übelkeit. *Was habe ich mir nur angetan? Soll ich doch noch einen Rückzieher machen? Ich werde das niemals schaffen*, denke ich.

Schreiender Fahrschullehrer und totaler Kontrollverlust

Wieso Angst vor Autobahnen?, fragt ihr euch jetzt vielleicht. Ja, weil eine Autobahnfahrt für mich zu diesem Zeitpunkt die höchste Stufe des Kontrollverlusts darstellt. Falls das schwer nachvollziehbar klingt, kann ich das total verstehen, denn ein wichtiges Merkmal von Angststörungen ist, dass sie für andere irrational erscheinen können. Allerdings könnt ihr es vielleicht ein wenig besser einordnen, wenn ich euch von der Situation erzähle, die diese spezifische Angst Jahre zuvor überhaupt erst ins Rollen gebracht hat. Ihr müsst wissen, dass ich meinen Führerschein möglichst schnell machen musste und auch am besten direkt beim ersten Mal bestehen sollte, weil ich mir einen weiteren Versuch nur schwer hätte leisten können. Als ich achtzehn Jahre alt war, hatte ich eine Phase, in der ich nicht mehr ganz so viele Panikattacken hatte wie zu dem Zeitpunkt, als ich vierzehn Jahre alt war. Ich hatte zwar großen Respekt davor, Auto zu fahren, aber gerade in der Gegend, in der ich groß wurde, war ein Führerschein sehr hilfreich, und vor allem im Job wollte ich flexibel sein können. Ich meldete mich also in der Fahrschule an und nahm die ersten Fahrstunden. Es war ungewohnt, und das Fahren machte mir auch etwas Angst, aber es war irgendwie machbar; und weil ich wusste, dass ich nur diese eine Chance hatte, klammerte ich mich daran.

Und dann kam der Tag, der die nächsten Jahre meines Lebens zur Hölle machen sollte: Mein Fahrlehrer wollte, dass ich auf der Autobahn einen sehr langen Kranwagen überholte, der sehr schnell fuhr, und dann die direkt dahinterliegende Ausfahrt nahm. Das zu schaffen schien mir unrealistisch und gefährlich. Ohne Ankündigung übernahm mein Fahrlehrer die Kontrolle, drückte das Gaspedal durch, beschleunigte so, dass mir schwindelig wurde, riss das Lenkrad herum und schrie mich dann an. Wir fuhren von der Autobahn runter und hielten am Straßenrand. In diesem Moment wusste ich nicht mehr, wo hinten oder vorne, oben oder unten war. Alles drehte sich. Ich war wie erstarrt.

Nach diesem Vorfall hatte ich extreme Angst, wieder zu fahren, hatte aber immer im Hinterkopf, dass die Entscheidung, jetzt aufzuhören, mir etwas Großes in der Zukunft verbauen könnte. Der Drang, erfolgreich im Berufsleben zu sein, spornte mich an, mich diesen Ängsten zu stellen, also wechselte ich zu einer sehr empathischen Fahrlehrerin. Ich lieh mir wie wild Bücher in der Bibliothek über Ängste aus – damals gab es dazu aber leider wenig. Ich kannte das Wort »Panikattacken« nicht einmal und wusste nicht wirklich, wonach ich hätte suchen können.

Ich wollte in dieser Zeit einfach nur einen kleinen Anker und wissen, dass ich nicht mein gesamtes Leben lang darunter leiden müsste. Gleichgesinnte zu finden war schwer, weil ich meinen Zustand nicht benennen konnte. Das ganze Thema war ein riesiges, kaum überwindbares Tabu, über das ich besser nicht sprach, um überhaupt noch ernst genommen zu werden. Nicht einmal meine Hausärztin konnte mir so richtig sagen, was man dagegen tun könnte. Ich zog die restlichen Stunden trotz Atemnot, Herzrasen, Schweißausbrüchen und destruktiver Gedanken durch.

Am Tag der Prüfung war ich superaufgeregt, aber meine Fahrlehrerin stand mir so gut bei. Und dann die Überraschung: Ich hatte den Führerschein in der Tasche! Danach weinte ich so sehr, vermutlich noch viel mehr, als wenn ich nicht bestanden hätte. Die Freude war unbeschreiblich! Eine riesige Last fiel von mir ab. Vielleicht könnt ihr euch vorstellen, WIE erleichtert ich war. Ich fuhr danach fleißig Auto, allerdings machte ich einen riesigen Bogen um alle Autobahnen. Doch mit der Zeit konnte ich dann auch die einfachsten Wege nicht mehr fahren, weil die Panikattacken überhandnahmen.

Kurz vor dem offiziellen Ende meines Studiums bekam ich von einer großartigen Mitarbeiterin meiner Krankenkasse den entscheidenden Tipp. Im Vorfeld hatte ich ihr einen handgeschriebenen Brief gesendet und erzählt, in welcher Lage ich mich aktuell befände und dass ich Hilfe brauchte, zusammen mit dem Antrag für eine Kur. Die Sachbearbeiterin rief mich kurze Zeit später an und erzählte mir, dass ihr meine Situation bekannt vorkomme und sie mir eine Tagesklinik dringend empfehlen könne. Die Kur wäre eher eine der letzten möglichen Maßnahmen. Dankbar nahm ich ihren Tipp an und setzte mit meinen letzten Kräften alles in Bewegung, um einen Platz zu bekommen. Nach ein paar Wochen Wartezeit hatte ich es geschafft.

* * *

Die Zeit in der Tagesklinik vergeht so schnell. In Gruppentherapien sprechen wir über Ängste, haben Bewegungseinheiten und wachsen über uns hinaus. Es ist eine angenehme Gruppe, in der ich mich wohlfühle. Nach knapp einer Woche wiege ich mich in Sicherheit, ohne die gefürchtete Konfrontation davongekommen zu sein. Na ja, und dann kommt, was kommen muss: Meine Therapeutin eröffnet mir, dass es jetzt so weit ist. Wir fahren Autobahn! Morgen früh.»Und Sie, Frau Kremer, Sie sind die Fahrerin.«

Die Emotionen, die ich all die Jahre unterdrückt habe, kommen in diesem Moment hoch. Ich will nicht, und gleichzeitig weiß ich, dass genau dort die Lösung liegen wird.

Endgegner Autobahn

Exposition nennt man die Konfrontation mit der Angst. Sie erfolgt innerhalb der Therapie und somit in einem geschützten Rahmen, weil entweder die/der Therapeut*in dabei oder erreichbar ist. Mein Gehirn weiß das alles, als ich am nächsten Morgen in meinen kleinen blauen Nissan Micra steige, den ich zum bestandenen Abitur bekam. Meine Hände zittern.

Meine Therapeutin nimmt auf dem Beifahrersitz Platz und sagt:»Wir machen das jetzt zusammen.« Meine Knie sind weich, mein Magen ist flau, ich zittere. Aber ich vertraue meiner Therapeutin, mir selbst noch nicht so ganz und ziehe die Autotür zu. Kupplung treten, Handbremse lösen, Schlüssel drehen, los.

Der erste Teil der Strecke ist mir bekannt. Eine lange, meist sehr leere Landstraße.

»Frau Kremer, biegen Sie bitte hier ab.«

»ABER, aber ... da ist doch die große Brücke. Ich kann das nicht.«

»Sie können das, Frau Kremer. Sie sind so eine starke Frau. Schauen Sie mal, was Sie schon alles geschafft haben. Sagen Sie mir nach: ICH SCHAFFE DAS! Und fahren Sie.«

Soll ich mich jetzt selbst belügen? Ohne es kontrollieren zu können, fange ich an zu weinen. Aber ich fahre weiter, und irgendwie ist es ganz anders, als ich es mir jemals in meinen schlimmsten Ängsten ausgemalt habe. Die große Brücke sieht nur von außen so lang und hoch aus. Ich fahre darüber und rufe:»OH MEIN GOTT – habe ich das gerade wirklich geschafft?« Ein riesiger Rausch von Glücksgefühlen jagt durch meinen Körper. Dann bittet sie mich, an die Seite zu fahren. Meine Therapeutin steigt aus und gibt mir die Aufgabe, die Strecke alleine zu fahren. Hin und zurück. Zum Glück ist auf dieser Strecke absolut nichts los. Ich habe noch Zweifel, aber ich will es ihr beweisen. Mir beweisen. Also fahre ich alleine los.

Die Angst versucht sich wieder in mir breitzumachen, aber ich besänftige sie mit Worten, so wie die Therapeutin es mir zuvor in der Therapie gezeigt hat: »Danke, liebe Angst, dass du da bist und mich beschützen möchtest. Allerdings brauche ich dich gerade nicht mehr. Ich schaffe das.« Parallel dazu weine ich weiter und singe ein wenig. Ja, richtig gelesen. Ich beginne in diesem Moment zu singen. Wusstet ihr, dass man, wenn man singt, keine Angst empfinden kann? Mir hilft diese Methode tatsächlich sehr.

Schließlich komme ich wieder bei meiner Therapeutin an. Sie lobt mich und erinnert mich daran, dieses positive Gefühl mithilfe von einer Pose physisch zu »ankern«. Ich reiße die Arme in die Luft, mache eine Faust und nehme sie voller Stolz wieder runter. »JUHUUUU, geankert!« Das soll dem Körper dabei helfen, sich schneller an diese Erfolgsgefühle zu erinnern.

Dann fahren wir weiter. Blaue Autobahnschilder. Vor denen versuche ich im Alltag immer einen großen Bogen zu machen. Die Angst macht sich breit, und dieses Mal kann ich sie nicht besänftigen. Sie bäumt sich wieder in mir auf. Atemnot, Herzrasen. Ich fahre weiter und erinnere mich an die Atemübungen, die wir zuvor gemacht haben. Seit diesen Übungen habe ich das erste Mal im Leben das Gefühl gehabt, so richtig zu atmen. Ganz tief in den Bauch. Und das aufzulösen ist ein ganz schöner Kampf für mich gewesen, weil ich jahrelang meinen Bauch auf Anraten meines gesamten Umfelds eingezogen habe.

Meine Therapeutin sieht mich an.

»Frau Kremer, wir schaffen das, nehmen Sie die Auffahrt.« In mir sagt alles NEIN! Mein ganzer Körper sagt NEIN!! Aber in meinem Kopf weiß ich, dass es der einzige Weg in Richtung Freiheit ist. Rein rational ist mir alles klar, aber mein Körper wehrt sich in Form von Herzrasen und Schweißausbrüchen. Hat er doch über Jahre gelernt, dass das eine gefährliche Situation ist und wir vermutlich gleich sterben werden. Ich nehme die Auffahrt, die ich in den vergangenen Jahren immer gemieden habe und wofür ich Tausende Umwege gefahren bin.

»Ich schaffe das. Entweder jetzt oder NIE!« Mir laufen Tränen über das Gesicht, als ich beschleunige, mein Magen krampft sich zusammen. Aber ich tue es. Ich nehme die Autobahnauffahrt in Richtung Zukunft.

In meinem Gehirn: eine neuronale Explosion. Mein Körper ist nicht mehr zu bändigen, trotzdem behalte ich die komplette Kontrolle beim Fahren. Ich lache, ich weine, ich schreie vor Angst und auch vor Glück. Ich kann nicht fassen, was hier gerade passiert. Ein wahres Wunder. Ich fahre und fahre. Bis zur nächsten Ausfahrt. Und dann noch eine. Und noch eine. Abfahren, wenden und zurück.

* * *

Ich empfand dieses Erlebnis als die brutalste Art, mir selbst zu begegnen. Was diese Erfahrung mit meinem Gehirn machte, dafür habe ich bis heute eigentlich gar keine Worte. Schon nach dem ersten Meter auf der Autobahnauffahrt wusste ich: Jetzt fängt mein Leben an! Jetzt kann ich alles schaffen!!!

Fast täglich übte ich in der Folgezeit mit Freundinnen und Freunden, Autobahn zu fahren. Es ist nicht so, dass es mit einem Mal geschafft wäre. Ihr müsst euch die Gedanken in unserem Gehirn auch so vorstellen wie eine Autobahn. Jahrelang wurden die Wege der Ängste geprägt und befahren. Mithilfe der Konfrontationstherapie fuhren wir einen ganz neuen Weg, und der musste erst mal geebnet und viel befahren werden, damit es sich genauso routiniert anfühlte wie die anderen Wege, die ich schon jahrelang gefahren bin.

Ahoi Hamburg & Traumatherapie

Nach dieser Konfrontation sind viele andere Ängste auch gelöst. Ich bin auf einmal wieder ein freier Mensch. Zum ersten Mal in meinem Leben stehen mir jetzt Türen offen. Durch die Zeit in der Tagesklinik habe ich das Fundament meines neuen Selbstvertrauens gelegt. Ich traue mir seitdem wieder Dinge zu, unter anderem den Umzug in meine Traumstadt Hamburg. Ich breche in Neuss alle Zelte ab und beginne in Hamburg noch mal neu – ein kreatives Studium. Nach der großen Abschiedsfeier breche ich am nächsten Tag auf. Ganz alleine fahre ich die 410 Kilometer mit meinem Auto in die neue Heimat. Das wäre Monate zuvor undenkbar gewesen. Auf der Fahrt höre ich Bosse und sein Album *Kraniche* rauf und runter. Als hätte er die Etappe meines aktuellen Lebensabschnitts besungen, wird dies die Hymne meines Neustarts.

In Hamburg lerne ich, dass das Leben echt schön sein kann.

An dieser Stelle darf ein besonderes Erlebnis nicht fehlen. Bevor ich nach Hamburg zog, hatte ich wirklich kaum eine Idee, wie ich das alles finanziell schaffen sollte. Ich schloss einen Studienkredit über eine riesige Summe ab. Wenn ich an die Zahl dachte, wurde mir schwindelig, aber anders hätte ich mir die duale Ausbildung nicht finanzieren können. Mein Ziel war es damals, den Kredit innerhalb von zwei Jahren nach dem Studium zurückzuzahlen, um die Zinsen zu sparen. Ich hatte keine Idee, wie mir das jemals gelingen sollte, aber ich glaubte fest daran. In meiner Vorstellung kam ich mit einem Koffer in die Filiale, legte ihn auf den Tisch, öffnete ihn und übergab die komplette Summe meinem Berater.

Auch wenn ich viel arbeitete, war das, was ich zum Leben besaß, nicht wirklich viel. Deswegen lernte ich schnell, kreativ zu werden und zum Beispiel über kreative Gewinnspiele die Veranstalter*innen zu begeistern. Ich investierte dann einige Zeit und erstellte sehr persönliche Stop-Motion-Videos, anstatt nur eine Textantwort einzureichen. Ich reimte Gedichte und ließ mir jedes Mal etwas ganz Besonderes und auch echt Aufwendiges einfallen. So gewann ich beispielsweise noch eine weitere Teilnahme an einem Event mit YouTuber*innen, eine Kameraausrüstung und ein MacBook, das ich für den Start in Hamburg unfassbar gut gebrauchen konnte. Ich gewann auch Gutscheine für Onlineshops und tatsächlich sogar ein Auto. Mein kreatives Video hatte das Team überzeugt. Diesen Anruf werde ich niemals vergessen. Diese Aufregung, diese Freude. Unfassbar.

Viele Gewinnspiele gewann ich, kurz bevor ich umzog und als ich in Hamburg ankam und für mich alles sehr neu, aufregend und unsicher war. Diese Gewinne wirkten für mich damals wie ein Wink des Schicksals, dass die Entscheidung, einen Neuanfang in Hamburg zu wagen, der richtige Weg war. Dass ich auch endlich mal »vom Schicksal belohnt« wurde nach all den anstrengenden Jahren, tat unsagbar gut.

An dieser Stelle greife ich kurz vorweg: Ich habe es geschafft! Nach meinem Studium habe ich so unglaublich viel gearbeitet und gespart, dass ich meinen Studienkredit auf einmal abbezahlen konnte. Ich hatte leider keinen kleinen Koffer, aber ich ließ mir den ganzen Betrag in bar geben, um einmal zu sehen, wie viel Geld das wirklich war. Und dann übergab ich meiner Beraterin die ganze

Summe, die zwei Jahre zuvor noch unerreichbar aufzubringen schien, und fühlte mich befreit wie nie zuvor in meinem Leben. Ein befreiendes Gefühl!

∗ ∗ ∗

Als ich in der neuen Stadt langsam Fuß gefasst habe, suche ich mir dort einen Traumatherapeuten, zu dem ich einmal pro Woche gehe. Wir arbeiten daran, einen sicheren Ort in mir aufzubauen, und tasten uns mal mehr und mal weniger an die Erlebnisse aus meiner Kindheit und Jugend. Testen EMDR (Eye Movement Desensitization and Reprocessing) und Brainspotting. Die Therapie ist anstrengend, aber auch unglaublich lehrreich. Mein Selbstvertrauen, mein Selbstwert und auch mein Selbstbewusstsein wachsen mit der Zeit. Ich reagiere auf Situationen ganz anders als noch Jahre zuvor. Wenn mich jetzt ein Typ von Tinder aufgrund meiner Figur ausschließlich heimlich treffen möchte, schäme ich mich nicht mehr für meinen kurvigen Körper und werte mich nicht länger selbst ab. Vielmehr weiß ich, dass es sein Problem ist und ich mich in solchen Fällen besser distanziere.

In der Therapie erkenne ich auch, dass Beziehungen und Freundschaften etwas Bewegliches sind. Ich lerne, in den richtigen Momenten Grenzen zu setzen, zum Beispiel nach getaner Arbeit und acht Stunden im Büro Feierabend zu machen, anstatt mit anderen Mitarbeitenden um die Wette zu arbeiten und zu schauen, wer am längsten bleibt. Ich empfinde weniger Ängste, die mich einschränken würden, habe keine Panikattacken mehr, ich bin insgesamt auf einem guten Weg. Die Diskriminierungen haben zwar nicht plötzlich aufgehört, aber ich lasse weniger zu, dass sie meinen Selbstwert ankratzen.

»Was trinken Sie denn da, Frau Kremer?« – »Eistee mit Hibiskusgeschmack, warum?« – »Ein bisschen viel Zucker, oder?«

Ich frage mich, ob mein Therapeut mich jetzt auf einmal provozieren will oder seit wann er Ernährungsexperte ist. Innerlich sträubt sich etwas in mir – und ich frage zurück: »Ja, und wo ist das Problem?« Schließlich bin ich froh, nach all den Jahren endlich so langsam von den Diäten losgekommen zu sein und kategorisch nicht mehr auf alle Lebensmittel zu verzichten, die Zucker haben, nur um später am Abend oder am Ende der Woche einen »Essanfall« zu erleiden und dann sauer auf mich zu sein, dass ich keine »Disziplin« hätte. *Aber warum macht mich seine Frage jetzt so sauer?*, frage ich mich.

Nachdem mein Therapeut also nun nach mehreren Monaten der Zusammenarbeit auf einmal meine Ernährung kritisiert, frustriert mich das total. Er kennt doch meine Geschichte und weiß, was das mit mir macht, ich verstehe nicht, was das soll.

Das Thema Essen bedeutet für mich noch immer mehr als die reine Nahrungsaufnahme. Zu diesem Zeitpunkt vermeide ich noch immer, in Anwesenheit anderer zu essen. Kalorien zu zählen gehört genauso zu meinem Alltag wie unbewusste Verbote, die mir gar nicht auffallen, weil sie so fest verankert sind, genauso wie Heißhunger und Diet Talk. Und wenn ich auf Social Media etwas über intuitives Essen lese, kann ich mir beim besten Willen nicht vorstellen, wie das funktionieren soll.

In dieser Zeit konfrontiert mich ein Bekannter auch noch mit einer für mich damals sehr spannenden, aber rückblickend auch sehr dreisten und vorurteilsbehafteten Frage: »Julia, warum bist du eigentlich dick? Ich nehme dich als diszipliniert wahr und gar nicht als maßlos. Ich kann mir das gar nicht erklären.« Als er das sagt, gebe ich ihm recht, weil ich mich selbst über all die Jahre noch nie so richtig nach dem Warum gefragt habe. Heute hätte ich wohl eher entgegnet, dass er mal seine unbewussten Vorurteile, auch *unconscious bias* genannt, reflektieren sollte. Aber damals bringen diese Frage und das Erlebnis bei meinem Therapeuten einen Stein ins Rollen. Ja, woran liegt es denn, dass meine Statur so aussieht? Ich esse mittlerweile ähnlich große Portionen wie Freund*innen. Fahre täglich zehn Kilometer Fahrrad zur Arbeit und zurück. Aber meine Kleidung passt immer gleich. Zusammen mit meinem Therapeuten, der mir erzählt, dass das ein wichtiger Teil des Therapieprozesses sein kann, beschließe ich, erneut eine psychotherapeutische Klinik aufzusuchen, die auf ADHS und Essstörungen spezialisiert ist.

Knapp sieben Jahre nach meinem Aufenthalt in der Tagesklinik geht es für mich in eine stationäre psychosomatische Klinik, um endlich herauszufinden, was mit meinem Essverhalten los ist. Geplant sind zwei ganze Monate in der Klinik, als selbstständige Person ist das ein heftiger Schritt.

Mein Berufsalltag sieht damals so aus, dass ich zwischen sechs und sieben Uhr aufstehe, Mails abarbeite, Kooperationen umsetze und Shootings plane, Calls, Meetings und Shootings unterbringe, zwischendrin irgendwann mal etwas esse, mal zum Sport gehe, etwas mit Freund*innen unternehme und etwa jeden bis jeden zweiten Abend zu einem oder auch mal zwei Events eingeladen bin. Abends bin ich meist so überwältigt von allen Eindrücken, dass ich kaum Ruhe finde, noch einige Zeit auf Social Media verbringe und dann völlig übermüdet einschlafe.

An Wochenenden liege ich an freien Tagen wie paralysiert im Bett und bin sauer auf mich, dass ich so »faul« bin und wenig Energie habe. *Gibt es Faulheit überhaupt, oder ist es nicht einfach der Zustand, in dem wir uns erholen sollten, aber schlecht fühlen, weil wir gelernt haben, immer produktiv zu sein?*, frage ich mich heute. *Andere schaffen das doch auch irgendwie,* denke ich damals immer wieder. An manchen Wochenenden arbeite ich weiter. Und montags beginnt alles wieder von vorne. Wie soll ich da bitte einfach zwei Monate aussetzen? Aber wenn ich etwas gelernt habe, dann, dass Mut belohnt wird. Und so entschließe ich mich für die Anmeldung. Mein Wunschtermin ist Dezember/Januar, weil dort erfahrungsgemäß Jahresabschluss ist und das Business erst ab Februar richtig Fahrt aufnimmt. Mein Umfeld bestärkt mich. Ich bekomme nach knapp einem halben Jahr die Zusage, packe meine Koffer und stehe mit einer Mischung aus Respekt, Hoffnung auf Heilung und Neugier vor den Kliniktüren.

Klinik für Essstörungen & lange unentdeckte ADHS

»Was? Du kannst doch gar keine Essstörung haben. Du bist doch dick!« Sucht man online, Stand 2022, den Begriff Anorexie, stößt man vorwiegend auf Bilder von sehr dünnen, sehr jungen und vor allem weißen Frauen. Bei dem Begriff Binge-Eating hingegen tauchen vermehrt Fotos von dicken Frauen auf, gerne auch nur vom Körper – ohne Kopf. Dieses Phänomen nennt man auch »kopflose Dicke«, das führt bei den Betrachtenden schnell zur Entmenschlichung und Stigmatisierung mehrgewichtiger Menschen, das habe ich von Dr. Antonie Post gelernt. Dabei treten sämtliche Formen von Essstörungen bei allen Menschen auf. Repräsentation ist meiner Meinung nach hier unfassbar wichtig, um Menschen bei einer anstehenden Diagnose ernst zu nehmen. Eine Anorexie wird meist nach starkem Gewichts-verlust diagnostiziert. Ärztinnen und Ärzte ziehen hier-für oft den Body-Mass-Index zu Rate, die errechnete Zahl entscheidet mit darüber, welche Diagnose man bekommt. Dass ich eine Essstörung habe, kann also nicht sein. Oder doch? Mit diesen Gedanken komme ich in der Klinik auf der A*ipositas-Station an – und werde schnell eines Bes-seren belehrt.

Als das Plus-Size-Model Tess Holliday im Frühjahr 2021 öffentlich von ihrer Anorexie erzählt, wird sie mit ungläu-bigen Headlines und Hassnachrichten bestraft. Eines der Symptome unseres fettfeindlich sozialisierten Denkens ist die Überzeugung, dass dicke Menschen nicht anorektisch sein können. In der Klinik lerne ich: Können sie sehr wohl. Bloß dass die Medizin dafür einen neuen Begriff erfunden hat: atypische Anorexie. Sie kann diagnostiziert werden, wenn man ein gestörtes Essverhalten, aber nicht das nied-rige Gewicht hat, das mit einer Magersucht in Verbindung gebracht wird. Wenn es um dicke Menschen geht, werden viele gerne zu Hobby-Ärztinnen und -Ärzten und stellen ungefragt eine Diagnose. Lookismus nennt man das: die Stereotypisierung von Menschen aufgrund ihres Ausse-hens. Anhand der körperlichen Merkmale werden diese zudem negativ oder positiv bewertet, und das stellt eine Diskriminierung dar.

Bei diesem Aufenthalt erfahre ich von meinen Thera-peut*innen auch: Obwohl ich nicht mehr aktiv Diäten mache, liegt meinem Essverhalten eine schädliche Diät-mentalität zugrunde: Kalorien zählen, Lebensmittel in »gut« und »schlecht« einteilen, Frühstück ausfallen lassen, Intervallfasten, Low-fat-Produkte kaufen … Diese Aufzäh-lung könnte ich ewig fortführen. Außerdem diagnostiziert mir die Ernährungsberaterin ein Diättrauma. Mein Körper ist von den Diäten meiner Kindheit und Jugend ziemlich in Mitleidenschaft gezogen. Mein Grundumsatz und damit die Anzahl an Kalorien, die ich täglich essen kann, sind durch die Diäten extrem niedrig. Das heißt, mein Körper lebt in ständiger Panik, nicht genug zu essen zu bekommen, und hortet deshalb Reserven, wo er nur kann.

Das Erste, was ich also lernen darf, ist, richtig zu essen. Der Weg dorthin klingt vielleicht erst einmal banal, ist es für mich aber nicht.

Regel Nr. 1 lautet: Dreimal am Tag essen. Wenn man zwischendurch Hunger bekommt, nimmt man ebenfalls eine Zwischenmahlzeit zu sich. Man lernt die Signale des Körpers kennen und ihnen vertrauen. All meine Essgewohnheiten, die auch nur im Entferntesten etwas mit Diätmustern zu tun hatten, werden in dieser Therapie ersetzt. Ich lerne, mein Hungergefühl und auch meine Emotionen direkt vor dem Essen mithilfe einer Skala einzuschätzen und dementsprechend meinen Teller zu befüllen. Und zwar nach dem sogenannten Tellermodell: 2/5 Gemüse, 2/5 Beilagen wie Reis oder andere Kohlenhydrate, 1/5 Eiweiß wie Hülsenfrüchte oder Tofu. Danach reflektieren wir Patient*innen, ob sich die Mengen, die wir gegessen haben, auch wirklich mit unserem Hunger gedeckt haben und wie wir uns dabei fühlen. Wir überdenken auch, wie Gefühle unser Essverhalten und unser Sättigungsgefühl beeinflussen.

Ohne den geschützten Raum, in dem wir uns in der Therapie befinden, wäre mir schon allein das Essen vor den Augen der anderen schwergefallen. Aber in der Klinik ist das alles ganz anders – ich fühle mich so beschützt und sicher wie nie zuvor. Nach etwa zwei Wochen höre ich auf, mich zu stylen und zu schminken, fahre meine unbewussten Schutzmauern runter und trage meistens bequeme

Kleidung. Und nicht weil ich mich gehen lasse, sondern weil ich die professionelle berufliche Fassade fallen lasse. In der Klinik kommt es ausschließlich auf meinen Kern an, nicht darauf, wie gut ich aussehe oder performe. Ein unfassbar wichtiges Gefühl für mich, um zu lernen, dass mein Wert nicht davon abhängt.

Der Klinikalltag sieht ungefähr so aus: Morgens aufstehen, Frühstück in der riesigen Mensa mit allen Patient*innen der Klinik, Morgenrunde auf der Station, individueller Stundenplan mit Einheiten aus: Bewegungstherapie, Ernährungstherapie, Psychotherapie, Gruppentherapien zu verschiedenen Themen wie Depression, Gefühle wahrnehmen, u. v. m., Biofeedback, Kunsttherapie, aber auch privat zubuchbare Massagebehandlungen, Mittagessen mit Feedback, weitere Einheiten, Abendessen, Abendplanung, schlafen gehen. Ein superroutinierter Ablauf, bei dem ich wirklich gut zu mir selbst finden kann.

In der Klinik gibt es ein besonderes Erlebnis, das ich gerne mit euch teilen möchte. Ich habe dort über mehrere Wochen andere Patient*innen ins Herz geschlossen, und leider müssen sie alle ziemlich zeitgleich die Klinik verlassen. Im selben Zeitraum wird ein geliebter Mensch zu Hause in der Heimat operiert, was mir sehr viel Angst bereitet. Da kommen bei mir viel verdrängte Trauer und die Angst vor Verlust sehr stark hoch. In diesem Moment erkenne ich die Chance und traue mich, die Gefühle das erste Mal zuzulassen und sie zu spüren. Es macht mich unfassbar müde und fertig, aber es ist zeitgleich so wichtig für meine Entwicklung.

Nachdem ich mich unter Tränen von meinen neu gewonnenen Freundinnen und Freunden verabschiedet habe, stehe ich ziemlich traurig und geknickt im Speisesaal. Fühle mich allein, aber nicht mehr einsam. Einsamkeit ist dieses tiefe leere Gefühl, das ich jahrelang hatte und das nach meinem Wissen mit der komplexen traumatischen Belastungsstörung zu tun hatte. Diese Leere, die ich jahrelang versuchte, unbewusst mit irgendwas zu füllen, auch wenn es nie gelang. Heute spüre ich dieses Gefühl zum Glück nur noch selten. Ich erzähle das so genau, weil dieses Wissen bei mir damals einen Aha-Moment ausgelöst hat. Bei einigen von euch ja vielleicht auch.

Zurück im Speisesaal. Ich nehme ein Tablett und lächele die Person vor mir an. Ich sehe noch einmal hin. »Sophie (Name geändert), bist du es?« Ich traue meinen Augen nicht. Ich hatte Sophie damals im Job kennengelernt. Dank ihr wurde mir eine riesige Chance im Berufsleben eröffnet. Wir wollten uns immer mal auf einen Kaffee treffen, aber schafften es nie. Und jetzt sind wir hier. In der Klinik. Die Freude ist riesig. Wir nehmen uns direkt in den Arm und setzen uns zusammen.

Sie ist für das Thema ADHS dort. Sie erklärt mir, wie sich das bei ihr äußert, und ich sitze gebannt und mit offenem Mund neben ihr. Beschreibt sie da gerade mich? Uff. Vor Jahren, während des Abiturs, konsultierte ich eine Psychiaterin mit meinem Verdacht auf ADHS, weil diese Zeit für mich kaum bewältigbar war durch die Panikattacken und alles, was damit einherging. Sie gab mir Tabletten mit, sagte: »Wenn sie wirken, haben Sie ADHS, und wenn nicht, dann nicht.« Ich hatte damals riesige Angst, Tabletten zu nehmen, und spürte nur Magenschmerzen. Es wurde keine ausführliche Diagnose erhoben. Nichts. Leider ist es wohl eher die Regel, dass Mädchen in der Kindheit nicht diagnostiziert werden. Laut der Website neurodivers-bremen.de kommt auf sieben neu diagnostizierte Jungen nur ein neu diagnostiziertes Mädchen. Das liegt unter anderem daran, »dass die häufig benutzten ADHS-Diagnoseverfahren überwiegend die Kriterien der Hyperaktivität und weniger Symptome der Unaufmerksamkeit erfassen«. Wobei Letzteres bei Mädchen aber häufiger der Fall zu sein scheint. Bei mir war es auch so, dass ich eher als ruhig, angepasst, kreativ und verträumt galt.

Da die Klinik auf ADHS spezialisiert ist, spreche ich meinen Therapeuten direkt auf meinen Verdacht an. Er macht mit mir mehrere Tage ausführliche Tests. Ich musste sogar während des Aufenthalts noch einmal meine Zeugnisse aus der Kindheit besorgen. Ein paar Tage später habe ich das Ergebnis: ADHS – Aufmerksamkeitsdefizit-/Hyperaktivitätsstörung. Eine Botenstoffwechselstörung im Gehirn.

Quarks.de schreibt über ADHS, dass in einem Gehirn ohne ADHS Neurotransmitter (Botenstoffe) die Weiterleitung von Signalen bzw. Informationen zwischen den Hirnzellen regulieren. Dadurch werden unser Verhalten und unsere Wahrnehmung beeinflusst. Für Motivation und Aufmerksamkeit sorgen die Botenstoffe Dopamin und Noradrenalin. In einem ADHS-Gehirn stehen beide Botenstoffe nicht in ausreichender Menge zur Verfügung, was bedeutet, dass Reize anders verarbeitet werden und Menschen mit ADHS ihre Umgebung anders wahrnehmen können.

Leider wird der Begriff ADHS immer wieder als Beleidigung missbraucht, wenn Menschen sagen wollen, dass jemand zum Beispiel in den Medien alles dafür tut, um Aufmerksamkeit zu bekommen. Dabei bedeutet es, dass Menschen mit ADHS unter anderem den eigenen Fokus verlieren und sich nicht konzentrieren können. Deswegen ist es mir so wichtig, darüber zu schreiben und dafür zu sensibilisieren.

Durch Gespräche mit anderen Patient*innen in der Klinik aus der ADHS-Gruppe fallen uns auch immer wieder positive Eigenschaften auf, die einige von uns haben, wie etwa einen hohen Gerechtigkeitssinn, Empathie, Ehrlichkeit, viele Ideen, Hilfsbereitschaft, Spontaneität. Einige von uns können sich mit dem sogenannten Hyperfokus tief und lange in Themen einarbeiten, die uns sehr interessieren. Es hat mir so geholfen, direkt zu Beginn der Diagnose mit anderen Menschen zusammen zu sein, denen es auch so geht, und mich mit ihnen intensiv austauschen zu können. Das hat mir Kraft gegeben.

Viele Menschen mit ADHS bemühen sich darum, sich anzupassen und im Alltag nicht aufzufallen, denn man lernt früh, dass das gesellschaftlich so gewünscht ist. Dieser Prozess wird auch Masking genannt. Entsprechend verlagert man die Symptome nach innen und unternimmt häufig große Anstrengungen, um leistungsmäßig mitzuhalten und in ein bestimmtes Bild zu passen.

Wenn mir das nicht gelang, empfand ich mich dann unfähig, undiszipliniert und faul – Worte, die ich leider in der Vergangenheit selbst regelmäßig für mich gebraucht habe. Darunter leidet das Selbstbewusstsein, woraus Folgeerkrankungen entstehen können.

Ergänzend dazu schreibt Zentrales-ADHS-Netz.de, dass komorbide Störungen wie zum Beispiel Essstörungen, Angststörungen, Persönlichkeitsstörungen, Borderlinestörungen, PTBS, Depressionen und Suchtprobleme auf einmal therapierbar werden können oder teils sogar ganz verschwinden, wenn ADHS behandelt wird. Besonders spannend finde ich den Zusammenhang zwischen ADHS, meinen Panikattacken und auch von Mehrgewicht.

Wenn man sich dann im Erwachsenenalter auf die Suche nach Unterstützung macht, ist das alles sehr ernüchternd, weil die meisten Therapeut*innen auf Kinder mit ADHS spezialisiert und die Wartelisten teilweise auf ewig geschlossen sind.

Ich habe aus dem Grund an einer Selbsthilfegruppe teilgenommen, bevor Corona kam. Und vermutlich könnte ich mit dem Thema ein ganzes Buch füllen, weil es so spannend ist, was ich alles über mich gelernt habe, seitdem ich meine Diagnose habe. Wenn euch das Thema interessiert, lest euch unbedingt ein. Mir hat es sehr geholfen, darüber Bescheid zu wissen und mir – meiner selbst – bewusst zu sein.

ADHS im Erwachsenenalter? Holt euch dazu unbedingt Hilfe über eure Krankenkasse oder behandelnde Psychiater*innen. Webseiten, die ich sehr informativ finde:
https://www.adhs-deutschland.de/
https://www.zentrales-adhs-netz.de/regionale-netze/
https://www.therapie.de/psyche/info/index/diagnose/
adhs-erwachsene/diagnose/

Lebensmittelkonfrontation & spannende Erkenntnisse

Essstörungen sind sehr individuell, lerne ich. Teil meiner Diagnose ist auch das sogenannte emotionale Essen. Sich mit bestimmten Lebensmitteln wahlweise zu belohnen oder zu bestrafen, weil wir sie mit bestimmten Gefühlen verbinden, ist eine der Praktiken, die ich jahrelang unbewusst betrieben habe.

Im Rahmen einer sogenannten Lebensmittelkonfrontation lerne ich, dass beispielsweise ein bestimmtes Lebensmittel für mich viel mehr bedeutet. Es steht sinnbildlich für Phasen in meinem Leben, Verletzungen und Emotionen, die ich mit seiner Hilfe runtergeschluckt habe. Runtergeschluckt, um Situationen zu überstehen, zu überleben. Wenn ich eigentlich Trost, eine Umarmung, Liebe oder Nähe gebraucht hätte, half dieses Lebensmittel. Diese Konfrontation tut unglaublich weh. Aber sie ist wichtig für meinen Heilungsweg. Auf der Suche zu mir selbst spielt die Erkenntnis, dass mir emotionales Essen hilft, eine Schlüsselrolle. Weil ich Gefühle wie Wut oder Trauer, aber auch Freude mit Essen kompensiert habe, anstatt sie zu artikulieren und zu kanalisieren. Ich lerne, dass die meisten Menschen ihre Gefühle kompensieren, weil wir es nicht anders gelernt haben. Die einen mit Alkohol oder Rauchen, Spielsucht, Sex, Shopping, Adrenalinrausch u.v.m. und die anderen mit Essen. Das schreibe ich nicht auf, weil ich jemandem einen Vorwurf machen möchte. Vielmehr möchte ich einen Denkanstoß geben: Viele von uns haben nicht gelernt, die eigenen Gefühle einzuordnen, wir tragen die Überzeugung in uns, dass es uns ständig gut gehen müsste, obwohl das gar nicht möglich ist. Mit dem Problem der Emotionsregulierung sitzen wir alle im selben Boot, jede*r kompensiert auf seine Weise. Wir sollten aufhören, gegenseitig mit dem Finger auf andere zu zeigen. Lasst uns lieber damit anfangen, Empathie zu entwickeln und hinter die Kulissen zu schauen.

Habt ihr euch schon mal gefragt, warum wir eigentlich Nutella zum Frühstück essen?! Habt ihr euch bewusst gemacht, dass es nichts anderes als eine Süßigkeit ist? Einige denken jetzt vielleicht: Schmeckt halt gut.

Ich weiß nicht, wie es bei euch ist, aber für mich ist Nutella tatsächlich eines meiner Konfrontationslebensmittel, das ich immer wieder gegessen habe. Immer in kleinen Mengen, nie viel. Gerade in der Klinik esse ich zu Beginn jeden Morgen ein halbes Brötchen mit Schokocreme. Während der Konfrontation isst man immer wieder etwas von diesem Lebensmittel und bespricht mit der Therapeutin oder dem Therapeuten, was man fühlt und welche Gedanken und Emotionen man dabei hat. Mal nimmt man einen großen Löffel in den Mund, spürt nach, wie sich das Lebensmittel im Mund anfühlt und wie es »wirklich« schmeckt. Man setzt sich ganz intensiv mit dem Lebensmittel und den emotionalen, persönlichen Verknüpfungen auseinander durch gezielte Fragen der Therapeut*innen. Ein ziemlich intensiver Prozess, der für mich sehr aufschlussreich ist.

Eine Idee, warum sich dieses Lebensmittel so tief mit Emotionen verbunden haben könnte, habe ich auf dem YouTube-Kanal Simplicissimus erfahren: »Nutella – von Natur aus gesund«, so lautete der Slogan. Durch Niche-Marketingstrategien wurde die Süßigkeit als Frühstück platziert und mit Leistungssportlern, Milch, Orangensaft und Haferflocken konsequent inszeniert. In den 2000er-Jahren hielt die Fußballnationalmannschaft ihre Gesichter für die Werbung in die Kamera, damals lautete der Claim: »Da hast du was drauf« und später dann: »Hast du's drauf« – Sport als Marketing-Vehikel für Süßigkeiten. Profisportler sind Idole für Kinder und Jugendliche, und viele unserer Essgewohnheiten entwickeln sich sehr früh in der Kindheit und halten sich hartnäckig. Nicht ohne Grund fordert die World Health Organisation (WHO) seit Jahren, Süßigkeitenwerbung an Kinder einzustellen, weil systemisches Mehrgewicht mit dieser Art der Werbung befeuert wird.

Und ich erinnere mich gut, wie gerne ich die Nutella-Werbung früher mochte.

Während meines Aufenthalts in der Klinik und meiner Lebensmittelkonfrontation mit Nutella hat es bei mir klick gemacht. Schon kurze Zeit nach der Therapie hat Nutella diesen Reiz total verloren, und ich esse wochenlang nichts mehr davon. Das Frühstück habe ich in der Klinik fortan auch problemlos verändert, was vorher undenkbar gewesen wäre. Es hat seitdem auch einen ganz anderen Geschmack für mich bekommen. Ich hätte niemals gedacht, wie tief solche Verbindungen gehen können.

Gedanken während der Therapie & #EatWithMe

Zwar machen wir während der Therapie vor Ort die meiste Zeit Handydetox, dafür denke ich aber viel über Social Media und die ungeschriebenen Gesetze, die Doppelmoral in dieser Welt nach. Ist euch dieses Phänomen auch schon mal bewusst geworden?

Auf Social Media sieht man, wie eine schlanke Person in sehr kurzer Zeit einen Burger, Chickenwings und Onionrings isst, um möglichst schnell auf 10.000 Kalorien zu kommen. Diese Challenge ist eine Zeit lang total im Trend. Es gibt Kanäle, auf denen schlanke Menschen nahezu täglich Pizza essen und dafür gefeiert werden. Die Zahl der Likes explodiert, und die Kommentarspalten füllen sich mit Herzen und anerkennenden Worten. »Wow, wie schaffst du es nur, schlank zu bleiben? RESPEKT!« Dabei können wir doch überhaupt nicht einschätzen, ob die schlanke Person nicht vielleicht eine Essstörung oder Ähnliches hat und ob so eine 10.000-Kalorien-Challenge für sie nicht auch Auswirkungen hat, die nicht gesund sind.

Davon wird aufgrund der Statur jedoch erst mal nicht ausgegangen.

Isst eine dicke Person auf Social Media auch nur ein einziges Stück Pizza (es kann aber auch nur ein Salat sein, denn egal, was eine mehrgewichtige Person isst, löst sie bei anderen Entrüstung aus), füllen sich die Kommentarspalten und das Postfach mit Beleidigungen und ungefragten Ratschlägen. Plötzlich geht es doch um die Gesundheit.

Habt ihr eine Idee, warum das so sein könnte? Seht ihr die Doppelmoral und versteht, dass es vielen absolut gar nicht um die Gesundheit von anderen Menschen geht?

Tatsächlich passieren solche Kommentare, die nichts mit sachlicher Kritik oder Sorge zu tun haben, nicht nur online. Ich wurde auch schon mehrfach beim Essen in der Öffentlichkeit imitiert. Ich bin froh, dass ich zu diesem Zeitpunkt in der Behandlung für die Essstörung war, sonst wäre es eine große Challenge gewesen, nicht rückfällig zu werden. Früher wäre es so gewesen, dass ich dann tagelang auf Essen verzichtet hätte, und das wäre alles andere als gesund gewesen.

An dieser Stelle möchte ich auch noch einmal betonen, dass sehr schlanke Menschen auch ständig kommentiert werden und ihnen gesagt wird, dass sie mehr essen sollen. Das ist genauso übergriffig und steht niemandem zu! Es ist verletzend, damit hilft man niemandem weiter, und keiner weiß, was das bei der anderen Person auslöst.

Auch möchte ich bewusst machen, dass wir bei dieser Debatte um das Gesundsein darauf achten, nicht ableistisch zu sein. Es gibt Menschen, die »nicht gesund« sind, und sie haben genauso ein Recht, respektiert und nicht ständig kommentiert zu werden.

Wer mir auf Instagram folgt, kennt vielleicht meine Story-Routine #EatWithMe. Ich filme mich beim Essen und kläre zeitgleich über die unterschiedlichen Facetten von essgestörtem Verhalten auf und wie sich das bei mir bemerkbar gemacht hat. Diese Routine ist ein Teil meines Heilungsweges, weil ich sichtbar machen möchte, dass auch Menschen mit Mehrgewicht, ob online oder offline, essen dürfen müssen, ohne angefeindet zu werden.

Seitdem ich weiß, dass es vielen Menschen mit essgestörtem Verhalten schwerfällt, vor anderen zu essen, habe ich es mir zur Aufgabe gemacht, unser aller Sehgewohnheiten aktiv zu verändern. Ich habe einen besseren Umgang mit Essen und der Nahrungsaufnahme in der Klinik gelernt, und das will ich mit meiner Initiative zurückgeben.

Der öffentliche Raum, sei es in einem Restaurant, mit Freund*innen am Küchentisch, in einem Zugabteil oder auf einem sozialen Netzwerk, muss für Menschen, die darunter leiden und vor allem die Mehrgewicht haben, endlich ein sicherer Ort werden. Und damit einhergehend auch für Menschen, die aus einer Essstörung kommen, schlank sind und dadurch gegebenenfalls zunehmen. Wir alle brauchen sichere Orte, um wieder gesund zu werden. Und das heißt auch, dass wir das Essverhalten anderer Menschen nicht kommentieren sollten.

Es ist traurig, dass man das klarstellen muss, aber: Ein mehrgewichtiger Mensch muss genauso wie ein schlanker Mensch essen, um zu überleben. Ganz einfach.

Was mir während der Klinik deutlich bewusst geworden ist: Bei Therapie gibt es keine Patentlösung. Mein Verhältnis zu Essen, zu Gefühlen, alten Mustern und Bewegung verändere ich in kleinen Schritten. Mal geht es vor und mal zurück. Ich nehme mir Zeit dafür. Ich habe mehr als zwanzig Jahre lang mit einem essgestörten Verhalten gelebt und darf jetzt neue Verhaltensweisen lernen, und das wird nicht über Nacht gehen. Ich nehme mir den Druck raus. Dank der Therapie bin ich aber endlich so nah an mir dran wie noch nie zuvor. Ich spüre zum ersten Mal, wann ich wirklich Hunger habe. Auch wenn mir die ADHS dabei oft in die Quere kommt, weil ich manchmal vergesse zu essen und dann nach Stunden ohne Nahrungszufuhr zu viel zu mir nehme. Immer öfter schaffe ich es aber auch, intuitiv zu essen und die Signale meines Körpers wahrzunehmen und nachzuspüren – für mich ein riesiger Erfolg.

Die Therapien, die ich bislang gemacht habe, haben mir das Leben auf so vielen Ebenen gerettet. Ich bin noch nicht fertig, aber ich werde jetzt langsam ich selbst, und das finde ich richtig gut. Und zeitgleich ist mir absolut bewusst, dass Umstände in meinem Leben meine Fortschritte stoppen oder mich zurückwerfen werden, weil das Teil des Lebens ist. Das Fundament, das ich mir in den letzten Jahren erarbeitet habe, wird aber immer bleiben, und das macht mir Mut.

An dieser Stelle möchte ich auch noch einmal betonen, dass wir nie sehen, an welcher Stelle andere Menschen in ihrem Leben stehen. Deswegen lasst uns die Körper anderer Menschen bitte nicht kommentieren (auch wenn es als Kompliment gemeint ist), wenn wir uns nicht ein kurzes Einverständnis eingeholt haben, dass es für sie okay ist, denn wir wissen nie, was das mit anderen Menschen macht.

Traut euch, sucht euch Unterstützung!

Ich bin froh, dass wir in einer Zeit leben, in der es immer weniger Mut erfordert, öffentlich zu sagen, dass man in Therapie ist. So ist zumindest mein Gefühl. Trotzdem ist mir bewusst, dass viele Menschen Vorbehalte oder Angst haben, sich selbst an Therapeut*innen zu wenden. Auch ich hatte Angst, als ich zum ersten Mal in Berührung mit dem Thema Therapie kam. Ich schämte mich für meine Geschichte. Das Besondere an einer Therapie ist, dass man von der behandelnden Person im besten Fall nicht bewertet wird und man lernen darf, man selbst zu sein und zu sich zu stehen. Warum ich Therapien für so wichtig erachte, dass sie ein ganzes Kapitel in diesem Buch füllen? Weil eine Therapie meiner Ansicht nach der Schlüssel sein kann, an den eigenen inneren Kern zu gelangen und daraus Sicherheit und Stärke für das Leben zu entwickeln. Früher habe ich versucht, meinen Selbstwert und mein Selbstbewusstsein über das Aussehen zu bekommen, aber das klappte nie nachhaltig.

Egal ob es sich um ein Trauma handelt, eine Essstörung oder eine andere psychische Erkrankung: Den Teufelskreis, in dem man gefangen ist, durchbricht man vermutlich erst dann, wenn man sich traut, sich zu öffnen. Dabei hilft meiner Erfahrung nach selbst den reflektiertesten Personen nur der Blick von außen, und zwar der einer Therapeutin oder eines Therapeuten.

Und ja, ich weiß, dass es gar nicht so einfach ist, einen Therapieplatz zu bekommen. Die Wartezeiten können sehr lang sein. Ich würde mir sehr wünschen, dass sich da in Zukunft etwas tut.

Habt ihr das Gefühl, dass ihr Hilfe braucht? Psychotherapeutische Sprechstunde, Akutbehandlung oder psychosoziale Beratungsstellen? Auf der Website www.gesundheitsinformation.de findet ihr eine Übersicht und könnt nachlesen, was für euch infrage kommt.

Sprecht auch euren Hausarzt oder eure Hausärztin an und fragt bei eurer Krankenkasse nach, wenn ihr Unterstützung braucht.

Kapitel 7

»Raus aus der Komfortzone« — Wie ich aus meinen vermeintlichen »Schwächen« meine Stärken machte

Nachdem ihr die ersten Kapitel gelesen habt, habt ihr hoffentlich einen kleinen Eindruck bekommen, wie ich zu der Person wurde, die ich heute bin und die sich übermorgen sicherlich und hoffentlich wieder ein großes Stück weiterentwickelt hat. Hiermit also herzlich willkommen in der Gegenwart (2021/2022).

Immer wieder bekomme ich online und auch offline die Rückmeldung, wie dankbar Menschen sind, dass ich mich traue, über Selbstakzeptanz, ADHS, Panikattacken, Mobbing, das Ausbrechen aus alten Mustern, Selbstfürsorge und viele weitere Themen zu sprechen. Ich hoffe, dass immer mehr Menschen erkennen, dass sie vielleicht auch Cyclebreaker sind, und die negativen und so schädlichen Kreisläufe (zum Beispiel der Diätmentalität) entlarven, durchbrechen und auch ansprechen, damit die Generationen nach uns vielleicht schon von Anfang an lernen dürfen, selbstbewusst zu sein und eine gute Beziehung zu sich und ihrem Körper aufzubauen.

Ich wünsche mir, dass die nächsten Generationen alles tragen, worauf sie Lust haben, dass sie erleben, was sie wollen, und dies nicht damit verknüpft ist, dass sie eine bestimmte Kilozahl auf der Waage haben. Und vor allem wünsche ich mir, dass der Selbstwert von so viel mehr bestimmt wird als von der Kleidergröße im Etikett. Womit wir bei einem meiner Lieblingsthemen in meinem Erwachsenenleben wären: Persönlichkeitsentwicklung.

Meine liebsten Schlüsselmomente

»Bleib so, wie du bist« – ein typischer Wunsch für jemanden, der Geburtstag hat. Habe ich selbst gerne schon oft gewünscht. Als Kind dachte ich aufgrund dieses Spruchs immer, dass Menschen im Idealfall ihr Leben lang so bleiben würden, wie sie eben sind. Und das wäre ja gut, weil es Stabilität ausdrückt. Oder?

Irgendwann empfand ich genau das Gegenteil erstrebenswert: Ich wollte mich verändern. Von innen heraus. Meine inneren Kritiker*innen stummschalten und Selbstbewusstsein entwickeln. Nicht erst seit meiner ersten Psychotherapie. Ich fing an, Podcasts zu dem Thema zu hören, Bücher zu lesen, und ich versuchte »die beste Version von mir selbst zu werden«. Ihr kennt diesen Satz vielleicht, er wird oft im Zusammenhang mit Persönlichkeitsentwicklung gebraucht. Ich betrachtete das Thema also erst mal auf eine ziemlich absolute Weise, wie ihr merkt. Heute weiß ich, wie ableistisch diese Vorstellung war und wie sehr ich damit gegen mich selbst arbeitete. Schneller, höher, weiter, mehr, mehr, mehr und über jede eigene Grenze um jeden Preis.

Fakt ist, dass ich ADHS habe. Wusstet ihr, dass man mit der Diagnose unter Umständen sogar einen Schwerbehindertenausweis beantragen kann? Laut betanet.de können bestimmte Hilfen und Nachteilsausgleiche in Anspruch genommen werden, insbesondere wenn zusätzliche Beeinträchtigungen vorliegen, wie beispielsweise Teilleistungsschwächen.

Dadurch, dass ich von meiner ADHS lange nichts wusste, nahm ich nie Rücksicht auf mich und meine mentale Gesundheit. Weshalb ich vermutlich auch immer wieder ausbrannte und mich permanent überarbeitete und mich deswegen wiederum schlecht fühlte und ein schlechtes Gewissen hatte. Mit meinem heutigen Wissensstand versuche ich, einen Mittelweg zu finden. Ziele zu haben, das Beste aus meinem Leben zu machen, auf meinen Körper zu hören und ihm das zu geben, was er braucht. Ich höre immer wieder, dass Menschen keine Labels wollen und keine Diagnosen mögen und lieber einfach ihr Leben leben wollen. Ich kann das nachvollziehen und denke, solange man im Leben gut zurechtkommt, ist das auch ein Weg, für den man sich entscheiden kann. Mir persönlich hat es auf meinem Weg sehr geholfen, Dinge sichtbar zu machen, einordnen zu können und Lösungen zu finden. Zu wissen, dass ich mit alledem nicht allein bin. Das hat mir Sicherheit gegeben und neuen Antrieb, um mich gut um mich selbst zu kümmern.

Ich spüre, wie wertvoll es ist, mich selbst gut zu kennen. Ich habe das Gefühl, mit jedem guten Gespräch, das ich führe, jeder Therapiestunde, die ich besuche, und jeder Erkenntnis, die ich gewinne, ein großes Puzzle zu lösen. Mein Lebenspuzzle. Für mich bedeutet Leben, zu lernen. Das Gefühl von Stillstand ertrage ich nur schwer. Mein Weg ist geprägt von Weiterentwicklung und Selbstreflexion. Entwicklung ist wie ein Anker für mich.

Persönlichkeitsentwicklung kennt viele Ansätze und Wege. Ich möchte mit euch meine liebsten Schlüsselmomente teilen. Das, was für mich funktioniert, passt nicht für jede andere Person, aber vielleicht inspiriert es euch dazu, euch auch mit der Thematik zu beschäftigen.

Eine Erkenntnis, die mir sehr geholfen hat, Selbstbewusstsein aufzubauen, ist folgendes Bild: Die eigene Persönlichkeit fußt auf unterschiedlichen Säulen. Eine davon ist dein eigenes Umfeld, bestehend aus Familie, Freund*innen und Bekannten, eine andere dein Beruf und dein Weg dorthin, die nächste Säule symbolisiert deine Werte und alles, wofür du stehst, eine weitere deine Leidenschaften, dann dein Selbstbild und deine Freizeitbeschäftigungen. Als Jugendliche und junge Erwachsene war meine Selbstbild-Säule leider von der Vorstellung geprägt, dass Aussehen und Äußerlichkeiten enorm wichtig seien, auch bedingt durch meine Essstörung und die Body Dysmorphia. In dieser Phase schaute ich immer wieder in den Spiegel, ob sich mein Aussehen veränderte. Tage, an denen ich mich als okay empfand, waren erträglich; Tage, an denen ich mich als nicht schön empfand, waren unerträglich. An solchen Tagen wollte ich das Haus am liebsten nicht verlassen, fühlte mich nicht wohl in meinem Körper. Früher hätte ich wohl gesagt:»Ich fühle mich f*tt«, dabei wissen wir ja jetzt hoffentlich alle, dass Fett kein Gefühl ist, sondern dass damit gemeint ist, dass man sich nicht wohlfühlt.

Body Dysmorphia kann sogar so weit gehen, dass man Eingriffe in Erwägung zieht, anstatt das Problem von innen heraus zu lösen. Betroffene Personen holen sich selten psychotherapeutische Hilfe, heißt es auf netdoktor.com zum Stichwort»Dysmorphophobie«. Häufig suchen sie jedoch Schönheitschirurg*innen oder Dermatolog*innen auf, um die wahrgenommenen Makel beheben zu lassen. Dies trägt aber nur selten zu einer Verbesserung der Symptomatik bei, da das angestrebte Ideal unerreichbar ist und therapeutisch begleitet werden sollte. Wir leben in einer Zeit, in der wir mit wenigen Klicks unsere Körperformen mit einer App, selbst in Videoform, ganz einfach verändern können. Jeden Tag sehen wir Fotos und Videos mit Filtern und verzerrten Proportionen, und obwohl sich darüber sehr viele Menschen bewusst sind, macht es etwas mit uns. Seit 2018 hat das Phänomen einen Namen: Selfie- oder Snapchat-Dysmorphia. In den USA ist allein die Zahl der Lippenunterspritzungen in den letzten zehn Jahren um 70 Prozent gestiegen, schreibt zeit.de.

Eine Übung, die mir sehr dabei geholfen hat, meinen Körper so zu akzeptieren, wie er ist, war die Spiegel-Konfrontationstherapie in der Klinik. Bitte macht sie nicht alleine, sondern nur im therapeutischen Setting. Die Therapeutin bat mich, eng anliegende Kleidung zu tragen. Ich stellte mich vor den Spiegel, und sie bat mich, meinen Körper von oben bis unten neutral, nicht wertend zu beschreiben. Ich hatte zu diesem Zeitpunkt schon das Gefühl, ein wenig Frieden mit meinem Körper geschlossen zu haben, war aber wirklich überrascht, wie viele Abwertungen ich dann doch unbewusst noch äußerte. Die Therapeutin korrigierte mich und bat mich, die neutralen Worte noch einmal zu wiederholen. Nach ein paar Minuten setzten wir uns und arbeiteten das Erlebte auf. Das wiederholten wir. Seitdem sehe ich meinen Körper mit viel mehr Respekt.

Dank meiner Community weiß ich, dass ich bei vielen Themen Verbündete habe, und das motiviert mich extrem. Genau das empfinde ich auch als die positive Kraft, die soziale Netzwerke uns geben können. Im Folgenden erzähle ich euch nun von drei für mich sehr bedeutsamen Ereignissen in meinem Leben, die allesamt mit Selbstwert, Körperakzeptanz und Mut zu tun haben. Und die eines gemeinsam haben: Sie konnten erst entstehen, weil ich mich weiterentwickelt hatte.

Mein Workshop »Selbstliebe & Selbstbewusstsein kennen keine Kleidergröße«

In der ersten Zeit meiner Selbstständigkeit arbeitete ich mit Einkaufszentren in Hamburg zusammen. Teilweise beriet ich vor Ort, erstellte Content für Social Media, fotografierte und entwickelte PR-Aktionen. Für mich der perfekte Start in meine Selbstständigkeit. Alles Aufträge, die mein Grundeinkommen für die kommenden Jahre sichern und mir Halt auf meinem neuen Weg geben würden. Wieder ein kleines Zeichen, dass mein Mut, den Weg der Selbstständigkeit zu gehen, belohnt wurde. In einem der Einkaufszentren arbeitete damals eine sehr kreative und ganz wundervolle Frau: Lena (Name geändert). Sie betreute viele wichtige Events in den Centern. Als eines Tages eine Eventreihe anstand, fragte sie mich, ob ich nicht Lust hätte, dabei zu sein. Es sollte etwas mit Mode zu tun haben und vor Ort im Einkaufszentrum gut umsetzbar sein. Mir kam sofort der Gedanke, dass meine Aktion etwas mit Selbstbewusstsein zu tun haben sollte. Die Message war mir direkt klar: Selbstbewusstsein und Selbstliebe kennen keine Kleidergröße! Wenn mich die Erfahrungen und Erlebnisse der vergangenen Jahre etwas gelehrt hatten, dann wohl das: Egal, welche Kleidergröße man trägt, als weiblich gelesene Person scheint man doch nie genug zu sein – nicht schön genug, nicht schlank genug, nicht trainiert genug … »Das

Essen muss ich mir verdienen« oder »Bis zum Sommer müssen noch zwei Kleidergrößen runter«. Ich wusste ja inzwischen, dass Wohlbefinden im Kopf beginnt und nichts mit einer Zahl zu tun hat. Es gibt noch immer so viele Personen, die sich für ihr Gewicht oder ihre Kleidergröße schämen, übrigens völlig unabhängig davon, welche Größe sie tragen. Vielen mehrgewichtigen Menschen wurde in ihrem Leben mitgegeben, dass sie gar nicht selbstbewusst sein könnten, weil sie ja diesen großen »Makel« haben, nicht schlank zu sein. Mit meinem Workshop wollte ich unbedingt gegenwirken und so vielen Frauen wie möglich etwas von meinem neuen Mindset mitgeben: Es ist egal, welche Größe du trägst, du darfst dich wohlfühlen, du gehörst dazu, und du hast einen Platz verdient! Und so machte ich aus meiner vermeintlichen Schwäche eine große Stärke.

Plus-Size-Fashion und Selbstbewusstsein!

Die Entstehung meines Workshops kommt allerdings nicht ohne einen kleinen Schlenker in meine Vergangenheit aus: die Geschichte über meine eigene modische Selbstermächtigung. Wie ihr bereits gelesen habt, fiel es mir selbst jahrzehntelang schwer, mich und meinen Körper so anzunehmen, wie er ist. Wie soll das auch gehen, wenn die wenige Kleidung, die man zur Auswahl hat, schreit: »Ich hasse dicke Menschen!« Oder wie lassen sich sonst die schwarzen zeltähnlichen Kleider ohne Form und Schnitt beschreiben, die mir jahrelang neben den kitschigen Schmetterlings-Strass-Pailletten-Teilen zur Auswahl standen? Etwas in meinem preislichen Rahmen zu finden, das mir gut passt und annähernd so aussieht, als würde es meine schlanke Freundin auch tragen, war schlichtweg unmöglich. Deswegen trug ich oft Hosen in Größe 38/40, obwohl ich vermutlich Kleidergröße 42 hatte, die Durchschnittsgröße von Frauen in Deutschland. Genau dort endeten so gut wie alle Kollektionen auch schon, und da war an Onlineshopping noch nicht zu denken. Durch das Einschneiden der Kleidung, wie beispielsweise bei Jeans, hatte ich nicht nur echt oft Schmerzen, sondern mein Körper wurde auch ständig kommentiert, und ich fühlte mich einfach superunwohl.

Mein modischer Befreiungsschlag begann im Jahr 2014: Für einen Beitrag zum Thema Sommermode auf meinem Blog SchönWild hatte ich ein mintfarbenes Kleid für ein Fotoshooting bestellt. Ich fand es wunderschön, das einzige Problem war, dass es nur bis zum Knie ging. Beinfrei hatte ich mich bis dato noch nie im Internet gezeigt und auch privat so gut wie nie. Ihr wisst ja, ich hatte die ganzen alten Glaubenssätze im Kopf, die mir sagten, dass eine kurvige Frau keine nackte Haut zeigen dürfe.

Mittlerweile liebte ich es, mir selbst Challenges zu stellen und bewusst daran zu wachsen, auch wenn ich riesige Angst vor der Aufgabe hatte. Eine liebe Freundin ermutigte mich, machte mir ein Kompliment für das schöne Outfit. Ich erzählte ihr von meinen Bedenken, aber sie bestärkte mich zum Umdenken. Wir machten Fotos, und als ich sie später zu Hause sah, gewöhnte ich mich immer mehr an den Anblick meiner Beine. Die lauten Stimmen, die mir früher immer wieder gesagt hatten, dass ich einen hässlichen Körper hätte, wurden immer leiser. Und selbst wenn andere Menschen mich nicht schön finden, habe ich doch trotzdem jedes Recht, mich so zu zeigen, wie ich bin.

Während ich die Fotos hochlud, war ich trotzdem sehr nervös. Zu groß war die Angst vor den Reaktionen auf Social Media. Ich fürchtete mich davor, dass der Hass im

Netz als Reaktion auf die Fotos mein kleines bisschen neu gewonnenes Selbstbewusstsein direkt wieder vernichten würde. Und wisst ihr, was passierte? Ich wurde mit Komplimenten und lieben Nachrichten überschüttet. Ein Gefühl, das ich so noch gar nicht kannte, und es tat so gut! Früher trug ich im Sommer immer Jeans oder Leggings unter jedem Kleid und fragte mich, bevor ich rausging, wie andere mich wohl in dem jeweiligen Outfit beurteilen würden – damit war ab sofort Schluss. Das mintfarbene Kleid war mein erster Durchbruch hin zu meiner modischen Selbstbestimmung.

Mein nächster modischer Befreiungsschlag folgte etwa zwei Jahre später. Ein Shooting am Meer für einen großen Fashion-Kooperationspartner stand an, es ging um Bikinibilder. Ich hatte dafür einen wunderschönen Zweiteiler mit Fransen bestellt. All die Jahre davor trug ich am Strand immer ein T-Shirt über dem Badeanzug, wenn ich überhaupt ans Meer fuhr. Ihr wisst ja, als Jugendliche war Schwimmen für mich eine große Belastung. Nach den Erfahrungen beim Schulschwimmen machte ich einen großen Bogen um alles, was damit zu tun hatte, dabei liebte ich Wasser und Schwimmen immer sehr. Mich im Internet in Bademode zu zeigen war für mich bislang nicht infrage gekommen. Das Herz schlug mir bis zum Hals, als ich mit meinem besten Freund und Fotografen Richtung Strand ging. Dort angekommen, hieß es für mich: hopp oder topp, machen oder lassen. Ich legte Hose und Shirt ab – und dachte: *Du kannst nur gewinnen. Du weißt doch, wie gut das Gefühl ist, die eigene Komfortzone zu verlassen und über sich hinauszuwachsen, LOS!* Und dann stand ich zum ersten Mal in einem Bikini am Meer. Ich fühlte mich befreit und war zugleich extrem nervös, aber ich zog das Shooting durch.

Mein bester Freund war mir so eine große Stütze, weil wir ständig lachen, wenn wir zusammen sind.

Meine größte Sorge war, dass Leute über mich tuscheln, mich abwertend ansehen oder mir einen unhöflichen Spruch zurufen würden, so wie ich es sonst immer wieder erlebt hatte. Und ja, die Leute schauten. Aber wisst ihr, wieso? Weil es April war und noch viel zu kalt, um im Bikini am Strand zu sein. Diese Vorstellung bringt mich immer wieder zum Lachen. Und selbst wenn sie eine Bemerkung gemacht hätten, dann hätte das viel mehr über sie als über mich ausgesagt. Ich war an diesem Tag einfach nur glücklich und befreit.

Einige Tage später lud ich die Fotos voller Ehrfurcht auf Social Media hoch – und was soll ich sagen? Der Beitrag ging durch die Decke! Mein Auftraggeber buchte den Beitrag sogar noch als Werbeanzeige, weil er so gut geklickt wurde. Dieses positive Feedback einerseits von meiner Community, andererseits auch außerhalb meiner Bubble gab mir unglaublichen Rückenwind und wehte mich noch ein Stück weiter in Richtung Körperakzeptanz.

Und hier kommt Befreiungsschlag Nr. 3: Wenn ich früher, mit Mitte zwanzig, auf Events ging, war ich immer ein bisschen »überstylt« – auch ein Überbleibsel eines alten Glaubenssatzes: »Du musst schön sein, um gesehen und gemocht zu werden.« In einem anderen Kapitel haben wir ja durchaus gelernt, dass Pretty Privilege ein Thema ist.

Als mehrgewichtige Person dachte ich lange, ich müsse eben immer ein bisschen mehr machen, um respektiert zu werden. Ein bisschen mehr Lipgloss, ein Schuh mit ein bisschen mehr Absatz, über das Oberteil ein schicker Blazer und so weiter. Einfach mal in einem Hoodie loszugehen wäre für mich früher undenkbar gewesen. Dadurch, dass mein Selbstbewusstsein aber mittlerweile mehr aus dem Inneren kommt, habe ich das Vertrauen, dass ich auch unabhängig von meiner Optik gemocht werde. Das durfte ich ja besonders während meines Klinikaufenthalts lernen. Diese Erkenntnis hat es mir viel leichter gemacht, auch mal auf starkes Styling zu verzichten, und geholfen, ab und zu Kleidung zu tragen, die mir als »unvorteilhaft« eingeredet wurde. Ich finde mittlerweile, dass Kleidung immer vorteilhaft ist, wenn man sich in ihr wohlfühlt. Gleichzeitig werde ich mich auch trotzdem weiterhin stärker stylen und schicker anziehen, wenn mir danach ist. Der Unterschied ist, dass der Antrieb dahinter mittlerweile ein anderer ist, ich das Thema für mich reflektiert und bearbeitet habe und dies weiterhin immer wieder tue.

* * *

Nachdem also mein Konzept für den Aktionstag im Center stand, stellte ich es meiner Ansprechpartnerin vor und bekam sofort die Zusage. Mein erster Workshop! Ab jetzt ging es richtig los: Ich besorgte T-Shirts von Größe XXS bis 6 XL. Ich hatte schließlich keine Ahnung, welche Kleidergrößen meine Workshop-Teilnehmerinnen haben würden, und wollte auf jede Person vorbereitet sein. Sie sollten sich sofort wohl, gesehen und willkommen fühlen.

Ich weiß schließlich nur zu gut, wie weh es tut, wenn man zwar irgendwo auf ein Event eingeladen ist, aber die Veranstalter*innen nicht mitgedacht haben und zum Beispiel keine passende Kleidung in der Größe haben, als wäre man doch nicht erwünscht oder irgendwie unsichtbar.

Als Nächstes ließ ich von einer Designerin empowernde Statements zum Aufbügeln anfertigen, die ich zuvor mit meiner Community abgestimmt hatte, zum Beispiel »You are lovely, my dear«, außerdem Symbole wie Herzen und mein SchönWild-Logo. Am Tag des Events brachte ich Luftballons in Herzform mit. Außerdem im Gepäck: mein Laptop mit meiner Präsentation »10 Tipps für mehr Selbstbewusstsein« sowie meine Kamera. Ich wollte nämlich von jeder Teilnehmerin auf Wunsch mit ihrem selbst gestalteten Shirt ein Bild machen und allen ein schönes Erinnerungsfoto schenken. Vor Ort im Center war eine riesige Fläche für mein Event reserviert, ein Moderator war auch engagiert worden. Als die Teilnehmerinnen eintrafen, herrschte eine ganz besondere Stimmung, eine Mischung aus Aufregung und unbändiger Vorfreude stieg in mir hoch. In meinem Kopf arbeitete es: *Ich halte jetzt hier wirklich gleich eine Präsentation und kann – hoffentlich – auch andere Frauen zu mehr Selbstbewusstsein inspirieren?* Ja! Ganz genau! Und dann legte ich los: Ich erzählte den Teilnehmerinnen von meinen zehn wichtigsten Learnings aus den vergangenen Jahren. Was mich wirklich bewegte: Mein Konzept ging auf, vor mir saßen Frauen von Kleidergröße 32 bis 54, und sie alle beschäftigten sehr ähnliche Themen, wenn es um Selbstakzeptanz und Selbstbewusstsein ging.

Auf eine der Teilnehmerinnen war ich besonders stolz. Sie war in einem Jeansrock zu meinem Event gekommen, den ich ein paar Monate zuvor auf meinem Social-Media-Kanal vorgestellt hatte. Ich hatte damals mit ihr gechattet und ihr gut zugeredet, nachdem sie mich gefragt hatte, ob ich glaubte, dass sie diesen Rock tragen könnte. Sie sah großartig darin aus! Sie strahlte so sehr, und zeitgleich wurde mir plötzlich so richtig bewusst, was für einen positiven Effekt meine Arbeit auf meine Community haben kann. Ich darf für einige Menschen die neue Sehgewohnheit sein, die ich mir in meiner Jugend so sehr gewünscht hätte – was für ein unglaubliches Geschenk! An diesem Tag sprach ich zum ersten Mal mit einem Mikrofon vor so vielen Leuten. Es war superaufregend, und gleichzeitig machte es unendlich viel Spaß. Wir gestalteten gemeinsam die T-Shirts, die Sprüche kamen richtig gut an, meine Idee mit dem Foto als Erinnerung auch. Nach meinem Vortrag stellten die Frauen unzählige Fragen. Wir unterhielten uns intensiv, es war alles sehr emotional. Wir hatten wohl alle längst ausgeblendet, dass wir uns mitten auf einer Aktionsfläche in einem riesigen Einkaufszentrum befanden. Was mich bei all der Freude aber gleichzeitig schmerzte, war die Erkenntnis, dass es für so viele dieser wundervollen Menschen schwer war, sich so zu zeigen, sich so anzunehmen und so zu sein, wie sie waren. Überall selbstvernichtende Glaubenssätze, die ihnen das Leben schwer machten und die ihnen irgendwann mal irgendwer gesagt hatte. Ich bemerkte während unserer Gespräche einige Aha- und Klick-Momente. Am Ende des Events gab es zum Finale Konfetti und gute Musik.

Schöner hätte dieser Tag für mich nicht zu Ende gehen können. Auch weil ich wusste, dass dies eben kein Ende, sondern ein Anfang war. An diesem Tag wurde mir bewusst, wie viel größer dieses Thema wirklich ist. Viel größer, als wir alle denken. Und ich wusste plötzlich, dass dies nicht der letzte Workshop dieser Art gewesen sein durfte.

Während ich diese Zeilen schreibe, erwacht in mir die Lust, meine Workshops regelmäßig anzubieten. Vielleicht auch auf digitalem Wege? Auf der anderen Seite weiß ich aber, dass ein solches Erlebnis gerade vom persönlichen Austausch, der Berührung, dem Eins-zu-eins-Erlebnis zu etwas ganz Besonderem wird.

Vor allem das Zusammenspiel von Selbstbewusstsein und Fotografie fand ich besonders schön, weil die Frauen bei unserem Fotoshooting aus ihrer Komfortzone kamen und sich selbst in einem neuen Licht sahen. Genau das macht Selbstbewusstsein in meinen Augen aus: dass man es schafft, sich aus möglichst vielen Blickwinkeln neutral oder sogar positiv zu sehen. Mir ist es zu Beginn superschwer gefallen, Fotos von mir okay zu finden. Mit der Zeit habe ich gelernt, meinen Körper so zu akzeptieren, wie er ist.

Ein ganz schöner Neustart in Richtung Körperakzeptanz. An jenem Tag im Einkaufszentrum schloss sich ein Kreis. Als wäre hier gerade stillschweigend ein Bündnis entstanden: *Wir sind viele, und zusammen können wir etwas verändern.*

Ich möchte jeder Person, die an sich zweifelt, mitgeben, dass man sein Selbstbewusstsein wie einen Muskel trainieren kann. Immer und immer wieder. Besonders wenn man das Ziel vor Augen hat, sich gut mit sich selbst zu fühlen. Bedingungslos.

Und noch etwas: Die junge Frau mit dem Jeansrock ist mittlerweile eine liebe Freundin von mir. Über meinen Instagram-Kanal hat sie sogar einen Partner kennengelernt. Ich liebe es einfach, wenn sich Social Media von dieser Seite zeigt und sich so positiv auf unser Leben auswirkt.

#JulesBreaksRules

»Kurvige Frauen sollen bitte keine Querstreifen tragen, keine Leggings, nichts, was die Silhouette betont, vor allem die Problemzonen kaschieren. Keine Haut zeigen und auf keinen Fall auffällige Farben ...« Dick_fette Menschen bekommen ständig ungefragt Ratschläge, an die sie sich gefälligst halten sollen. Ob von Mode-Expert*innen im TV oder selbst ernannten Fashion-Expert*innen auf der Straße oder in der Nachbarschaft. Fragt doch mal eure mehrgewichtigen Freund*innen, wie ihre Erfahrungen bei diesem Thema sind.

Im Juni 2020 hatte ich ein für alle Mal keine Lust mehr auf diese Regeln und postete auf meinem Instagram-Account @schoenwild ein Video mit dem Hashtag #JulesBreaks-Rules – Jules bricht (Fashion-)Regeln. Im Video zeigte ich auf, was man von der selbst ernannten Fashion-Polizei alles zu hören bekommt. Diesen Katalog an Regeln widerlegte ich dann humorvoll Stück für Stück. Und wisst ihr, was? Das Video wurde im Minutentakt geteilt. Ich hatte einen Nerv getroffen!

Wenn man als kurvige Frau Sichtbarkeit haben möchte, so meine Erfahrung, dann muss man genau das tun: Regeln brechen. Regeln, von denen keiner so genau weiß, wer sie überhaupt aufgestellt hat, und die trotzdem so fest in uns allen verankert sind.

Auch hier zeigte sich wieder die gute Energie, die man über soziale Medien verbreiten kann. Jules breaks rules – ich realisierte, dass das eigentlich längst zu einer Art Lebensmotto geworden war. Mit dem Video hatte mein Lebensgefühl endlich einen Namen. Immer wieder musste ich mich irgendwie beweisen oder irgendwo als Erste einen großen Schritt machen, um einen Platz zu haben. Was ich euch an dieser Stelle mitgeben möchte:

Bitte glaubt an euch. Bitte findet immer wieder aufs Neue den Mut, eure Komfortzone zu verlassen. Bitte werdet laut, steht für euch auf und ein, genauso wie für andere Menschen, die Support gebrauchen könnten.

Sich als kurvige Frau modisch selbst zu finden und aus-zuleben enthält neben einem gesunden Selbstbewusst-sein aber noch eine weitere Komponente. Diese wurde mir durch meine Arbeit in der Fashion-Branche bewusst:

der Zugang zu Kleidung in allen Größen, der leider noch immer alles andere als selbstverständlich ist.

Während der Arbeit an diesem Buch erlebe ich es immer wieder: Menschen außerhalb meiner Bubble, denen ich davon erzähle, fragen mich, ob das denn wirklich noch ein Problem sei. Kleidung gäbe es doch heutzutage in allen Größen. Secondhand fände man doch auch überall etwas.

Nein, leider nicht. Da habe ich tatsächlich einen Reality-Check gemacht. Nicht ein Outfit habe ich secondhand in meiner Größe gefunden.

Wenn man Mid-Size trägt, also Kleidergröße 42 bis 46, kann man heutzutage glücklicherweise einiges mehr im stationären Handel bekommen als früher, aber auch längst nicht überall. Für Frauen ab Größe 46/48 ist das so gut wie unmöglich. Bei Tausenden Shops für schlanke Personen fallen mir weniger als zehn Geschäfte im stationären Handel ein, die Kleidung für Frauen mit 46/48+ regelmäßig oder teilweise anbieten. Da ist dann aber auch noch nicht gesagt, dass die Kleidung, die dort angeboten wird, modern ist, dass die Schnitte passen, dass man sich in ihr gut fühlt oder dass man sie sich leisten kann.

Deswegen greifen viele Frauen mit großen Kleidergrößen auf das Onlineshopping zurück, was mit deutlich mehr Aufwand, Zeit und Kosten verbunden sein kann. Angenommen, ich würde morgen zu einem wichtigen beruflichen Event mit einem speziellen Motto eingeladen, gäbe es für mich keine Möglichkeit, offline in der Stadt etwas zu finden, und bei einer Onlinebestellung würde das Paket nicht rechtzeitig ankommen. Offline schließen immer mehr Läden, obwohl immer mehr Unternehmen an großen Größen arbeiten, aber tendenziell nur online anbieten.

Überspitzt dargestellt: Langfristig bedeutet das, dass man als Mensch mit Mehrgewicht im öffentlichen Raum dann eher nicht mehr teilnimmt, weil man weiß, dass man dort nichts findet und die Marken diese Menschen nicht mitdenken. Ich gehe deutlich seltener durch die Innenstadt, weil ich genau weiß, dass ich mit großer Wahrscheinlichkeit nichts finden werde.

Mehrgewichtige Menschen wurden und werden an so vielen Stellen und eben auch in der Modeindustrie einfach nicht mitgedacht. Dies zeigt sich auch in meiner Arbeit als Fashion-Bloggerin, dort erlebe ich immer wieder, wie man für Mode ab Größe 42+ Models bucht, die eine deutlich kleinere Kleidergröße tragen. Die Kleidungsstücke werden dann am Rücken mit Klammern zusammengehalten. Ich habe auch mitbekommen, wie die Stylist*innen schlanken Models eine Art Fatsuit-Pads in die Hosen steckten, damit sie wie mehrgewichtige Frauen aussahen, aber immer noch ihr schlankes Gesicht hatten. Was macht das mit unseren Sehgewohnheiten, wenn wir denken, dass dicke Frauen so aussehen und es in Wirklichkeit gar nicht tun?

Ein andermal erzählte mir eine Marketing-Abteilungsleiterin ganz stolz, dass sie ihre Models am Computer »dicker gemacht« hätten. Hauptsache, man muss kein Plus-Size-Model buchen, oder wie soll man so was verstehen?

Ich wünsche mir, dass sich der Markt an die Konsument*innen anpasst und Plus-Size-Expert*innen auch mal an einen Tisch eingeladen werden, wenn es zum Beispiel um die Konzeption neuer Designs und Schnitte geht. Ich bekomme immer wieder mit, dass nicht diverse Teams ohne die Expertise von entsprechenden Menschen Ideen und Designs entwickeln. Das kann gut gehen, aber ich bin mir sicher, dass man die Bedürfnisse der Zielgruppe noch besser umsetzen kann, wenn man sie dazuholt und einbezieht.

Und ich wünsche mir, dass Plus-Size-Mode dringend

ausschließlich von Plus-Size-Models repräsentiert wird, ohne Bildverzerrung, ohne Fatsuit-Pads und in diversen Größen mit unterschiedlichen Figurtypen. Es wäre in meinen Augen so wichtig, dass Marken Kleidung in großen Größen produzieren, die auf unsere Bedürfnisse angepasst sind. Nachhaltige Plus-Size-Mode, die für alle zugänglich ist, ist auch ein riesiges Thema und besonders wichtig. Ich bin froh, dass sich dafür immer mehr eingesetzt wird.

An dieser Stelle möchte ich die Brands hervorheben, die schon seit vielen Jahren mit uns Plus-Size-Blogger*innen zusammenarbeiten, uns gesehen haben, zuhören und sich für Sichtbarkeit einsetzen. Ich habe das nie als selbstverständlich betrachtet und bin nach wie vor allen Menschen, die sich mit uns für das Thema starkmachen, sehr verbunden und dankbar!

Oft habe ich mich gefragt: Wer steckt wohl hinter den Firmen, die große Größen auf den Markt bringen, und vor allem hinter denen, die es nicht tun? Darauf habe ich noch keine spezifische Antwort gefunden – aber eine Zahl, die ich sehr spannend finde. In den USA wurde erhoben, wie viele »Major Brands«, große Modemarken also, von einer Frau geführt werden. Die *New York Times* berichtete, dass es gerade einmal 14 Prozent sind. Ob sie es sind, die sich dafür einsetzen, dass Kleidung für größere Körper mitgedacht wird?

Mein Aufruf geht aber noch weiter als bis zu der Forderung nach passender, modischer und auch nachhaltigerer Mode für Plus-Size-Frauen. Ich möchte, dass große Größen Standard werden und keinen Sonderstatus mehr haben.

Ist es nicht paradox, dass man auf Webseiten in FRAUEN –

MÄNNER – KINDER – GROSSE GRÖSSEN unterteilt? Sind Frauen mit einer großen Kleidergröße keine Frauen? Ich wünsche mir, dass ein Kleidungsstück in der Größe 32 genauso in Größe 56+ verfügbar ist. Dafür könnte es für meinen Geschmack dann gerne wieder weniger Kollektionen geben.

Und für alle, die jetzt sagen: »Wir haben das ausprobiert, aber das kauft niemand« – das höre ich auch gerne immer mal wieder, und dann frage ich direkt nach, ob sie die Menschen mit großen Größen auch gezielt angesprochen haben. Wenn man mit dem Wissen aufgewachsen ist, dass Marke XY einen sowieso nicht mitdenkt, dann braucht es ein wenig Zeit, gute Werbung und entsprechende Repräsentation, damit die neue Zielgruppe auch darauf aufmerksam wird. Das ist meine Erfahrung nach zehn Jahren aktiver Arbeit in der Plus-Size-Modebranche.

Wie oft war ich mit meinen wundervollen, schlanken Freundinnen shoppen und durfte beratend zur Seite stehen. Wenn sie mich dann beraten wollten, klappte ihnen immer wieder die Kinnlade hinunter, als sie mit eigenen Augen sahen, dass es für mich nur Accessoires wie Taschen und Schuhe zu kaufen gab und dass Kleidung shoppen für mich längst nicht so erfüllend ist wie für sie.

Heute weiß ich zum Glück genau, wo ich Kleidung bekomme, die sich gut anfühlt und perfekt sitzt.

Safe Space: Mein Curvy-Fitnesskurs

Kommen wir zu einem meiner prägendsten Erlebnisse der letzten Jahre: meinem Curvy-Fitness-Kurs in einem Hamburger Fitnessclub. Hätte mir als Jugendliche jemand gesagt, dass ich eines Tages einen eigenen Kurs in einem der schönsten Fitnessclubs ins Leben rufen würde, ich hätte es sicher kaum geglaubt. Aber der besondere Effekt, den Persönlichkeitsentwicklung mit sich bringen kann, ist eben, dass man über sich hinauswächst, sich Dinge fügen und unerreichbar erscheinende Ziele auf einmal erreichbar werden, obwohl man vorher keinen Weg gesehen hat. Alles fing damit an, dass die Mitarbeiterin eines Fitnessstudios auf der Suche nach Content Creator*innen war. Glücklicherweise stieß sie dabei auf meinen Account. Ihr waren Sehgewohnheiten und Diversität im Unternehmen besonders wichtig. Sie schlug vor, dass ich das Gesicht für die Neujahrskampagne 2019 des Fitnessstudios werden sollte. Ich konnte mein Glück kaum fassen und sagte selbstverständlich direkt zu. Ich als Aushängeschild eines Fitnessclubs – für mich persönlich spektakulär, für die Repräsentation von mehrgewichtigen Menschen revolutionär! Und so hingen ab dem 1. Januar 2019 Plakate von mir in vielen deutschen Städten, ich war ab sofort das Gesicht eines Fitnessclubs. »Frohes neues Ja« lautete das Motto der Kampagne, die für mich viel mehr war als nur ein Modeljob. Damit zeigte das Unternehmen ganz selbstverständlich, dass alle Menschen dort willkommen sind, egal welche Statur sie haben.

Nach der Kampagne passierten auf ganz vielen Ebenen die tollsten Dinge: Freund*innen und Menschen aus meiner Community sendeten mir Bilder von sich mit dem Plakat, was mich jedes Mal aufs Neue berührte.

Zum ersten Mal in meinem Leben lernte ich, dass Sport viel mehr sein kann als Folter und Selbstbestrafung. Zum ersten Mal fühlte ich mich beim Sport empowert, nach meinen Kindheitserfahrungen und den falschen Überzeugungen von früher war dies Balsam für meine Seele und mein

Selbstbewusstsein. Ich traute mich auf einmal, neue Sportarten auszuprobieren, und sammelte eine positive Erfahrung nach der anderen, wenn ich zum Sport ging.

Früher war Sport Teil meiner Essstörung und diente entweder als Bestrafung oder dazu, mir Kalorien »zu verdienen«. Damals kämpfte ich mich auf ungesunde Weise und getrieben von Selbsthass ab, um möglichst schmal zu werden, damit ich endlich in das Bild passen würde, das man sich von mir wünschte. Dabei ging ich immer wieder über meine Grenzen hinaus, so lange, bis mein Körper streikte. Dieses Gefühl hat er sich bis heute gemerkt, abgespeichert in meinem Schmerzgedächtnis. Und genau an diesem Punkt holte mich meine Vergangenheit mit einem Mal ein.

Als ich an einem Yogakurs teilnahm, wurde ich wieder in dieses alte Gefühl hineingeworfen: Ich folgte einer Übung der Trainerin, als mir völlig unvermittelt Tränen in die Augen schossen. In Büchern zum Thema Traumabehandlung wird erklärt, dass der Körper Traumata speichert – genau das spürte ich jetzt. »Das Körpergedächtnis ist die Gesamtheit aller körperlichen Erfahrungen, an die wir uns erinnern können und die für unser tägliches Leben relevant sind«, definiert dies die Neurobiologin Esther Kühn von der Medizinischen Fakultät Magdeburg in einem Beitrag zum Thema Körpergedächtnis bei Deutschlandfunk Nova. Ihr Beispiel verdeutlicht, was gemeint ist: »Menschen, die einen Herzinfarkt hatten, assoziieren einen schnellen Herzschlag automatisch mit Gefahr.« Sie beschreibt aber auch, dass man die Erinnerungen mit neuen positiven Assoziationen verknüpfen kann. Und das tat ich. Wie eng Psyche und Körper miteinander verbunden sind, wurde mir in diesem Moment immer bewusster, und später im eigenen Kurs machte es so richtig klick.

Warum ich so weit aushole, bevor ich zum Kern dieser Geschichte komme: Aus genau diesem Gefühl heraus erwachte schon bald nach der Neujahrskampagne in mir die Idee zu einem Curvy-Fitnesskurs. Als Testimonial des Fitnessstudios erkundete ich so gut wie jeden Bereich, probierte alle möglichen Kurse aus, unter anderem Ballett. Es war ein unschlagbar gutes Gefühl, endlich den Traumsport meiner Kindheit und Jugend zu machen. Die Trainerin lobte mich immer wieder für meine Fitness, was mich zusätzlich bestärkte. Parallel zu diesen neuen Erfahrungen wurde mir eines aber immer wieder bewusst: In diesem riesigen Kursangebot waren wenige Kurse, in denen Trainer*innen dicke Menschen mitdachten. Ich hatte immer den Eindruck, wie überall sonst auch, dass die Kurse ausschließlich für Menschen konzipiert waren, die sowieso schon ins Fitnessstudio gingen und Spaß dabei hatten. Einen Safe Space beim Sport, einen sicheren Ort, an dem man sich als Mensch wohlfühlt, der vielleicht eher negative Erfahrungen gemacht hat und neu startet, den gab es so noch nicht. Einen Ort, wo das Aussehen nicht kommentiert wird, wo man so sein darf, wie man ist, an dem man ankommen, sich selbst erkunden und auch mal durchatmen kann. Ich fand, dass sich das unbedingt ändern müsste. Mein Entschluss stand fest: In Zusammenarbeit mit einer Trainerin wollte ich einen solchen Fitnesskurs auf die Beine stellen, abgestimmt auf die Bedürfnisse von vor allem kurvigen Frauen bzw. Personen, die sich beim Thema Bewegung sicher fühlen möchten. Das Ergebnis: ein Konzept für ein Kurs-Special, das wir zum Jubiläum des Fitnessclubs anbieten durften. Der Curvy-Fitnesskurs war geboren!

Vor dem ersten Kurssonntag war ich unglaublich aufgeregt. Ich war viel zu früh vor Ort, auch aus dem Grund, weil ich Zeit benötigte, um goldene Luftballons an den Spiegel anzubringen, drapiert zu dem Wort CURVY. Ich legte Kissen den Kreis entlang aus, denn bevor wir mit dem Sportprogramm loslegten, starteten wir mit einer Kennenlernrunde. Wir begrüßten uns, stellten uns vor, lernten uns kennen, das war mir wichtig. An jedem Kurstag gab es ein Thema, wie zum Beispiel Selbstbewusstsein, über das wir gemeinsam sprachen. Was brauchst du, um selbstbewusster zu werden? Welche Ziele hast du? Woran arbeitest du aktuell? Jede Person durfte sich so einbringen, wie sie wollte und wonach sie sich fühlte. Anschließend gingen wir zum sportlichen Part über. Mal machten wir Kardioübungen für die Ausdauer, mal tänzerische Einheiten. Alles immer kombiniert mit Empowerment-Übungen, bei denen wir auf den Spiegel zugingen, uns selbst ansahen und positive Dinge sagten.

Wenn dann auch noch der passende emotionale Song kam, liefen die Tränen. Auch bei mir. Obwohl ich nicht traurig war. Ich wusste sofort, dass das etwas mit meinem Trauma zu tun haben könnte. Diesmal aber im Positiven: Nach der Stunde spürte ich, wie mein Kopf und mein Körper zu einer Einheit zusammenwuchsen, was für ein heilsames Gefühl. Am Ende einer jeden Stunde reflektierten wir gemeinsam das Erlebte. Wie fühlt sich mein Körper jetzt an? Was nehme ich aus dieser Stunde mit? Wie geht es mir?

Die Teilnehmerinnen des Curvy-Fitnesskurses empfand ich als ganz wundervolle Personen – unterschiedlichen Alters, mit unterschiedlichen Körpertypen und Geschichten. Und trotzdem konnten wir immer mitfühlen, wenn eine von sich erzählte.

Eine junge Frau ist mir besonders im Gedächtnis geblieben. Als ich sie in der ersten Stunde kennenlernte, steckte sie mitten in einer schwierigen Beziehung, sie erzählte viel davon, und es tat richtig weh zuzuhören. Ich war wahnsinnig stolz, dass sie all das mit uns teilte. Sie wirkte eher schüchtern, sprach ganz, ganz leise. Und mir fiel auf, dass sie sich selbst nicht so sah, wie wir anderen sie sahen – als wirklich wundervolle und liebenswerte Frau. Während der Zeit, in der wir uns immer wieder beim Kurs sahen, durchlief sie eine Wandlung. Es schien, als würde sie ihr Lächeln wieder entdecken, von Kurs zu Kurs immer etwas mehr. Eines Tages erzählte sie schließlich, dass sie sich von ihrem Freund getrennt und zu sich gefunden habe. Ihre Stimme wurde immer kraftvoller und sie selbst immer lauter und strahlender, ihre Haltung immer aufrechter. Wenn ich heute an sie denke, bin ich immer noch aus tiefstem Herzen berührt. Und es macht mich so glücklich zu wissen, wie gut es ihr mittlerweile geht. In diesen wenigen Stunden unseres Curvy-Fitnesskurses haben wir alle zusammen so viel geschafft. In Sachen Persönlichkeitsentwicklung, Selbstwert, Selbstakzeptanz und vielleicht sogar Selbstliebe.

Durch die Pandemie endete der Curvy-Fitnesskurs leider, aber ich weiß: Der Bedarf ist riesengroß. Das Besondere, so wurde es mir von den Teilnehmerinnen zurückgemeldet, ist die Tatsache, dass vorne eine Frau steht, mit der sie sich identifizieren können. Eine Frau, die weiß, wie sie sich fühlen, und die ihnen neue Perspektiven aufzeigt. Vielen von uns mehrgewichtigen Menschen wird ein Leben lang gesagt:»Geh zum Sport und sei nicht so faul!«Ist man dann aber vor Ort in einem Studio oder auf dem Sportplatz, wird man teilweise gemustert, es wird getuschelt, gelacht, beleidigt, oder man wird bejubelt, als wäre man ein Wunder, dabei möchte man vielleicht auch nur trainieren, so wie alle anderen auch.»Unfassbar, dass die dicke Frau da drüben Leggings trägt!«Was sollen wir denn beim Sport tragen?, frage ich mich, wenn ich solche Aussagen höre oder lese. Selbst »Comedians« nehmen so etwas Verachtendes in ihr Programm auf und denken, es sei lustig. Wie man es macht, scheint es nie richtig zu sein. Nach Jahren endlich zu erkennen, dass ich es niemandem außer mir selbst recht machen muss, hat mir geholfen, mich von solchen Reaktionen nicht mehr einschränken zu lassen.

Wo wir gerade beim Thema Fitnessclub sind. Ich habe mal etwas erlebt, das ich ganz bezeichnend fand, und ich hoffe sehr, so etwas nicht wieder zu erleben. Ein Trainer stellte sich freundlich bei mir vor und fragte mich, welche Ziele ich hätte. Ich antwortete: »Ich würde mich sehr freuen, wenn wir gemeinsam an meiner Fitness, Stabilität und an meinen Bewegungsmustern arbeiten.« Der Trainer blickte mich von oben bis unten an, zückte seinen Zettel und wiederholte: »Schön, dass Sie hier sind. Sie kommen also zur Gewichtsabnahme. Dann suche ich Ihnen mal ein paar schöne Übungen raus.«
Trainer*innen gehen leider viel zu oft davon aus, dass man als dicke Person unbedingt Gewicht verlieren möchte, wenn man zum Training kommt. Lasst euch gesagt sein, dass es auch andere Gründe geben kann, wie zum Beispiel eine gute körperliche Fitness. Wenn das Nebenprodukt ist, dass sich mein Körper verändert und ich Gewicht verliere, in Ordnung. Aber ich selbst möchte das aktuell in meiner Recovery-Phase und vielleicht auch später nicht mehr forcieren, um nicht in alte Muster abzurutschen. Das war und ist zum Beispiel eines meiner Ziele. Ich möchte, dass mein Körper stark, beweglich und fit ist. Nicht alle sportbegeisterten kurvigen Menschen wollen unbedingt um jeden Preis (!) normschlank werden. Mein Preis dafür war meine mentale Gesundheit und dementsprechend

auch meine körperliche, wie ihr in den vorangegangenen Kapiteln erfahren habt. Fitness kann ganz unterschiedlich aussehen. Sucht online mal nach »Body Diversity Olympics«, da seht ihr, wie verschieden Körperformen von Menschen sind, die auf jeden Fall fit sind. Ich hoffe sehr, dass das immer mehr Menschen verstehen. Und genau deswegen sind solche Safe Spaces wie der Curvy-Fitnesskurs für Menschen, die ihn brauchen, so wichtig.

Wenn immer wieder davon gesprochen wird, dass Plus-Size-Influencerinnen Mehrgewicht promoten würden – merkwürdigerweise wird so etwas, soweit ich weiß, immer nur über weibliche Content Creator gesagt –, dann hoffe ich, dass diese ersten Kapitel einen Einblick geben, dass unsere Arbeit anderen Menschen hilft, mit sich selbst gut umzugehen, und gesundheitsförderlicher wirkt, als sich selbst zu hassen, sich zu verstecken und gegen sich zu arbeiten. Vielleicht verstehen einige Menschen jetzt mehr, wie weit so ein Weg ist und dass niemand von außen einfach darüber urteilen sollte.

Zwischen meinem Leben vor den Therapien und meiner persönlichen Weiterentwicklung liegen Welten. Eine liebe Bekannte sagte neulich zu mir: »Julia, du bist so reflektiert geworden! Ich unterhalte mich richtig gerne mit dir, du gibst mir immer neue Blickwinkel auf ein Thema.« Während ich früher alles dafür gegeben hätte, etwas Positives über mein Aussehen gesagt zu bekommen, ist dieses Kompliment für mich heute das schönste, das man mir machen kann.

Und apropos Entwicklung: Während der Fertigstellung dieses Kapitels habe ich mich für eine Trainerlizenz angemeldet. Der nächste Fitnesskurs mit mir als Trainerin ist also nur noch eine Frage der Zeit. Vermutlich würde ich ihn aber auch nicht mehr Curvy-Fitnesskurs nennen, weil ich gemerkt habe, dass sehr viel mehr Menschen sich einen Safe Space beim Sport wünschen und ich einen Begriff finden möchte, der alle einschließt, die sich angesprochen fühlen. Lassen wir uns überraschen, wie es sich entwickelt.

Kapitel 8

» Ich darf statt ich muss « – Die Macht der Sprache

Worte sind nicht einfach nur Worte. Worte können wehtun, diskriminieren, verletzen. Aber sie können auch heilen und vereinen. Und obwohl ich durch Sprache viel Schmerz erfahren habe, habe ich mit ihrer Hilfe gelernt, mich selbst zu akzeptieren.

In diesem Kapitel verrate ich euch, wie mich Sprache ein Stück näher zur Selbstliebe gebracht hat. Außerdem entlarve ich Alltagsfloskeln, die nett gemeint, aber in Wirklichkeit leider oft diskriminierend sind. Es ist mir ein Anliegen, über diskriminierende Sprache gegen mehrgewichtige Menschen, insbesondere mehrgewichtige Frauen, aufzuklären. Dabei ist mir bewusst, dass Sprache auch etwas Individuelles ist: Der Wortgebrauch ist immer persönlich gefärbt, und wie ein Wort, eine Floskel gehört wird, hat ebenfalls mit den eigenen Erfahrungen zu tun. Hinzu kommen all die Dinge, die wir zu uns selbst sagen, weil sie tief in uns einprogrammiert sind. Oft sind sie uns gar nicht mal bewusst. Doch wenn wir uns sensibilisieren, wenn wir hinhören, wie wir mit uns und anderen sprechen – und auch mit uns sprechen lassen oder eben nicht –, kann viel Positives geschehen.

Eines darf klar sein: Wir helfen uns alle gegenseitig,

wenn wir den Mut haben, den eigenen Wortschatz zu prüfen und gegebenenfalls zu ändern.

»Diese Promis (fr-)essen für zwei«, »Cellulite-Drama am Strand!«, »Das Geheimnis um ihren Bauch: Food-Baby oder schwanger?« – so oder so ähnlich klingen die Headlines vieler Promi-Zeitschriften. Ich verrate euch kein Geheimnis, wenn ich festhalte, dass die Wortwahl nicht sachlich ist, sondern provokant und leider oft auch zerstörerisch. Diese Worte machen etwas mit denen, die diese Zeilen lesen. Die Headlines stacheln auf, sie suggerieren, dass unebene Haut eine Katastrophe und Bodyshaming dafür angebracht ist. Dabei ist Cellulite etwas völlig Natürliches. Und ob jemand schwanger ist oder nicht, geht niemanden etwas an, außer die Person selbst. Das zugrunde liegende Thema ist außerdem ein ganz anderes: Negative News werden häufiger von Rezipient*innen gelesen als positive, zeigen Studien von Kommunikationswissenschaftler*innen. Genau damit arbeiten Print- und Onlinemedien – weil ihre Leserschaft bei solchen Headlines eben klickt oder zugreift. Die Gleichung ist einfach: Neugierde schafft Umsatz.

Anhand dieser Beispiel-Headlines möchte ich an dieser Stelle aber keine Medienkritik verfassen. Vielmehr soll dieses Kapitel der Sensibilisierung dienen. Um zu zeigen, wie mächtig Sprache ist, möchte ich mich diesem Thema erst einmal im Kleinen nähern – nämlich anhand von Beispielen, die mir in meinem Leben passiert sind. Und ich möchte aufzeigen, dass es einen gewaltigen Unterschied macht, welche Worte wir verwenden.

Wie Menschen über mich sprachen und sprechen, mit welchem Wortschatz sie mich beschreiben, hat etwas mit mir gemacht. Es hat mich geprägt und damit auch die Art, wie ich über mich selbst gesprochen habe. Bis ich anfing, die Worte, die ich selbst für mich fand, zu überdenken und schließlich zu ändern.

Meine Sprache, meine Identität

Wenn ich über Sprache nachdenke, kommt mir mein geliebtes Heimatdorf in Neuss am Rhein in den Sinn, in dem »Neusser Plattdeutsch« gesprochen wird. Sprache kann Zugehörigkeit signalisieren. Wie wir sprechen, kann zeigen, woher wir kommen und wer wir sind.

In meiner Jugend vermied ich Platt, weil ich mich mit dieser Art zu sprechen nicht identifizieren wollte.

»Julia, dat lange Kleid süht viel schöner aus als wie dat kurze«, auf Hochdeutsch: »Julia, das lange Kleid sieht viel schöner aus als das kurze.« Sätze, die mein Aussehen beschreiben, fielen in meinem Umfeld von Verwandten und Bekannten regelmäßig. Vielleicht ein Grund, warum ich möglichst Hochdeutsch sprach und zum Leidwesen vieler Menschen in meinem Umfeld immer wieder korrigierte, wenn ich »als wie« statt »wie« hörte.

Nach vielen Jahren Distanz liebe ich den Neusser Dialekt mittlerweile sehr. Wenn ich mich im Kreis meiner Freund*innen richtig wohl und geborgen fühle, falle ich irgendwann automatisch ins Plattdeutsche und freue mich darüber.

Apropos Zugehörigkeit: Kennt ihr das, wenn man mit seinen liebsten Menschen eigene Wortschöpfungen schafft oder selbst erfundene Wörter verwendet, die nur Eingeweihte verstehen? So ist es auch bei meinen Freund*innen und mir, das sind Momente, in denen wir uns miteinander verbunden fühlen und sehr viel lachen. Momente, die ich total liebe.

Sprache als Gamechanger

Worte können Waffen sein, die man gegen sich selbst einsetzt. Dass ich mich jahrzehntelang mit Worten selbst bekämpft und fertiggemacht habe, realisierte ich zum ersten Mal während meines Aufenthalts in der Tagesklinik. Wie selbstverständlich hatte ich die harten Worte, die mein Umfeld, aber auch Medien für mich als Kind und Jugendliche gefunden hatten, übernommen. Schaut euch einmal Filme aus den Neunzigern an, und ihr versteht sicher, was ich meine.

»Ja, hör halt mal auf, so viel zu fr*ssen, Julia«, oder »Warum schaffst du es nicht, einfach abzunehmen, du ...? Sei nicht so undiszipliniert und faul!« So klang meine innere Stimme, bis ich in der Therapie lernte, dass es auch anders geht, sogar gehen muss, wenn ich zufriedener sein und meine mentale Gesundheit verbessern wollte.

Ihr erinnert euch vielleicht noch an meine Fahrt auf der Autobahn in Kapitel 6, als mich meine Therapeutin mit meinen Panikattacken konfrontierte. Einer der Faktoren, die mich dazu befähigten, die Fahrt durchzustehen, war die Wortwahl, die meine Therapeutin verwendete. Damals spürte ich nur die positive Wirkung, die alles, was sie während der Fahrt zu mir sagte, auf mich hatte. Am Ende meiner Therapie sagte sie mir, dass dies kein Zufall war. Sie erklärte mir, dass unser Gehirn wie ein Computer funktioniert. Auf der Festplatte befinden sich Worte, und diese Worte sind mit Bildern verknüpft, die wiederum bestimmen, wie wir die Welt und uns selbst wahrnehmen.

Als ich mit der Therapie begann, war meine Sprache oft von Worten bestimmt, die negativ geprägt waren. Ich lernte während der Therapie, dass ich die Wahl habe, welches Wort ich sage oder denke und womit ich es verknüpfe.

Langsam, aber sicher veränderte sich so mein Blick auf die Welt. Es macht nämlich einen großen Unterschied, ob ich sage: »Die Stimmung ist heute richtig gut« oder »Die Stimmung ist heute gar nicht mal so schlecht.«

Statt »ich muss« gab ich mir Mühe, fortan »ich kann«, »darf« oder »möchte« zu sagen, und spürte schnell, dass mir diese Worte eine ganze Menge Druck nahmen. Wenn ich etwas »muss«, sträubt sich sofort etwas in mir, aber wenn ich etwas »darf« oder »kann«, dann sehe ich es vielmehr als wertvolle Option, die mir offensteht. Geht es euch da ähnlich?

Statt »Ich bin dick« lernte ich schließlich, »Ich habe eine dicke Statur« zu sagen – ein feiner Unterschied, der mir zu mehr Selbstakzeptanz verhalf.

Dahinter steckt eine ganze Wissenschaft. Neurolinguistisches Programmieren (NLP) nennt man das: Mithilfe von Sprache werden Gedankenmuster im Gehirn erkannt und geändert, falls sie einer Person nicht guttun. Für mich waren die positivere Wortwahl und der damit verbundene positivere Blickwinkel ein Gamechanger auf meinem Weg. Nach der kurzen Einführung meiner Therapeutin in die Prinzipien von NLP recherchierte ich weiter und kaufte mir Bücher zu dem Thema. Auf einmal erkannte ich die Bandbreite, in der Sprache Einfluss auf alle Lebensbereiche nimmt. Ich erfuhr außerdem, dass das Wort »aber« wohl dazu führt, dass der erste Teil des Satzes gelöscht bzw. stark abgeschwächt wird. Ein Beispiel? »Ich finde, du hast echt ein schönes Gesicht, aber deine Figur geht ja gar nicht.« Abgesehen davon, dass niemandem eine Bewertung des Äußeren zusteht, reagieren wir auf das Wort »aber«, das einer positiven Aussage nachgeschoben wird, regelrecht alarmiert. Auch in Beziehungen und in beruflichen Situationen ist das so. »Es war schön mit dir heute

Abend, aber ...« – »Das war wirklich gute Arbeit, aber ...«
Gefühle der Ablehnung steigen in uns auf, und wir konzentrieren uns ganz auf die negative Botschaft.

Ich lernte auch, meinen inneren Kritiker*innen auf die Spur zu kommen und sie langsam zur Ruhe zu bringen. »Wann nimmst du endlich ab, Julia?«, »Wieso schaffst du es nicht, schlank zu werden?«, »Willst du das jetzt wirklich noch essen?« – die Fragen, die man mir von klein auf einprogrammiert hatte und die in meinem Kopf so unglaublich laut waren, konnte ich dank NLP und »Inneres Kind/Anteilsarbeit« immer leiser drehen. Wie mir das gelang?

Zum Beispiel glaubte ich über Jahre, dass ich aufgrund meiner Statur unsportlich sei, weil man mir das immer wieder gesagt hatte, und das oft auf herabsetzende Weise. Vielleicht bin ich nicht die schnellste Schwimmerin und kann keinen Spagat, aber das muss noch lange nicht bedeuten, dass es für mich keine einzige Sportart gibt, die mir Spaß macht und meinem Körper guttut. Allerdings führte die vermeintliche Wahrheit, die ich vor allem durch das jahrelange Mobbing mit mir herumtrug, dazu, dass mir jeglicher Spaß an Sport genommen wurde. Schon der Gedanke daran löste Panikattacken bei mir aus, weil so viele verletzende Erfahrungen damit verknüpft waren und ich meinen Körper und meine Seele vor alledem schützen wollte. Bis ich mithilfe meines Therapeuten diese Verknüpfungen und Glaubenssätze aufarbeitete und Sportarten austestete, die mir früher einmal Spaß bereitet hatten. Parallel dazu sagte ich zu mir selbst »Stopp«, wenn negative Glaubenssätze mal wieder in meinem Kopf auftauchten und behaupteten: »Du gehörst nicht in diesen Kurs. Alle beobachten dich. Du wirst eh niemals gut darin sein.« In solchen Situationen beobachtete ich innerlich, woher diese Gedanken kommen könnten, bedankte mich bei ihnen dafür, dass sie mich vor etwas bewahren wollten, und ersetzte sie nach und nach mit Glaubenssätzen wie:»Du darfst hier sein und Spaß an Sport haben. Du machst das super, und vor allem machst du das für dich und für deinen Körper.«

Heute weiß ich, dass es auch Sportarten gibt, die mir Spaß machen, und dass ich darin richtig gut sein kann. Früher war ich meine größte Feindin, heute bin ich meine engste Freundin. Dieser Erfolg beruht zu großen Teilen auf den Worten, die ich für mich selbst verwende. Wie sprecht ihr mit euch?

Diskriminierende Sprache

Mein mühevoller Weg hin zu einer positiveren Wortwahl, positiveren Glaubenssätzen und einem positiveren Leben, in dem alle Gefühle erlaubt sind und in dem ich wirklich zu mir fand, funktionierte über Sprache. Ebenso wie Sprache für viele meiner Probleme eine Lösung wurde, war sie doch auch Ursprung von viel Leid: nämlich dann, wenn ich Diskriminierung erfuhr.

»Du bist dick/fett« – ich habe schon mehrfach beschrieben, dass ich diesen Satz bis in mein Erwachsenenleben hinein als eine der schlimmsten Beleidigungen empfand. Die Auswirkungen, wenn mir jemand diesen Satz entgegengeschleudert hatte, waren verheerend. Ich hörte erst mal auf zu essen und war unendlich traurig. Vor allem in den vergangenen Pandemiemonaten, in denen ich wie viele andere Menschen stark auf mich selbst zurückgeworfen wurde, begriff ich eines: Wir sollten uns die Macht dieser Worte zurückholen.»Dick« und »fett« sehe ich mittlerweile als beschreibende Worte, nicht mehr als Beleidigung.

»Dick« ist für mich in seiner Wortkategorie heute nichts anderes als »dünn«, »klein« oder »groß«.

Probiert es gerne mal aus. Spürt hin, wenn ein Wort wie »dick« euch verletzt. Ziemlich sicher hat jemand eine solche Beschreibung auf euch angewendet, um euch herabzusetzen. Was in der Vergangenheit geschehen ist, können wir nicht rückgängig machen. Aber wir können uns dazu entscheiden, dass wir in Zukunft nicht länger davon beeinträchtigt werden. Wir können die Verletzung von dem Wort trennen, indem wir uns bewusst machen, dass es lediglich einen gegenwärtigen Zustand beschreibt und in sich wertfrei ist. Macht euch bewusst, wie viel weniger Macht andere Menschen über euch und eure Gefühle haben, wenn ihr euch Ausdrücke wie »dick« oder »fett« zurückholt und sie als beschreibende Wörter verwendet.

Natürlich dauerte dieser Prozess ein wenig, bis es sich für mich okay angefühlt hat, es auszusprechen, aber heute gehört »dick« als beschreibendes Wort zu meinem natürlichen Sprachgebrauch. Das sorgt bei einigen Menschen natürlich für Irritation. Vielleicht kommen wir ja irgendwann dahin, dass das für alle verständlich ist.

Gerade an Wörtern wie »dick« und »fett« erkennen wir aber auch, wie tief Fettfeindlichkeit in unserer Sprache verankert ist. Dass sie nicht von vornherein als beschreibende Wörter wahrgenommen werden, so wie dünn, groß oder klein, sondern als zutiefst beleidigend, zeigt das deutlich.

Übrigens: mollig, korpulent, dick, fett, etwas mehr, kurvig, Plus-Size, Over-Size, speckig – es gibt zahlreiche Wörter, um Menschen mit Mehrgewicht zu beschreiben. Am Ende bleibt es jeder Person selbst überlassen, mit welcher Bezeichnung sie sich wohlfühlt. Fragt im Umgang mit anderen am besten immer persönlich nach. Nur weil es für mich okay ist, wenn man meine Statur als dick beschreibt, ist das für alle anderen nicht auch so. Jede Person hat da ganz andere Verknüpfungen und Wünsche. Und im besten Fall sprecht ihr die Menschen einfach mit ihrem Vornamen an. Ich bin Julia.

Das Wichtigste ist nämlich, dass wir anfangen, den Menschen zu sehen, und die Person nicht nur auf den Körper reduzieren. Für mich persönlich sind aktuell dick, mehrgewichtig, Plus-Size, kurvig und curvy die Worte, die ich am ehesten präferiere. Bei Worten wie mollig, korpulent, kräftig, etwas mehr, beleibter, fleischig u. v. m. läuft es mir kalt den Rücken hinunter. Aber das ist auch nur mein Gefühl.

Sprüche, mit denen 2022 bitte Schluss sein sollte

Ich möchte in diesem Zusammenhang einen Anstoß dazu geben, die eigene Sprache zu reflektieren und eventuell etwas zu verändern, falls sich darin diskriminierende Äußerungen wiederfinden. Wir können nichts dafür, mit welcher Sprache wir sozialisiert wurden und aufgewachsen sind. Aber wenn man in seiner Sprache regelmäßig unbewusst Dinge sagt, die andere Menschen abwerten oder verletzen, wäre es doch schön, wenn man künftig darauf verzichten würde. Natürlich kostet es ein wenig Energie, sich damit zu beschäftigen, woher Redewendungen kommen und warum sie andere Menschen vielleicht verletzen können, aber es ist doch nur respektvoll, sich damit auseinanderzusetzen und möglichst darauf zu verzichten. Und natürlich darf man heute noch alles sagen. Man durfte vermutlich noch nie so viel sagen wie heutzutage, weil jede Person zum Beispiel dank ihres Smartphones ein Sprachrohr zu einem großen Publikum bekommen hat. Allerdings haben mittlerweile auch die Menschen, die vorher vielleicht keine laute Stimme in der Gesellschaft hatten, eine bekommen, was zu unterschiedlichen Sichtweisen führt, wie etwa derjenigen über die Nutzung von Sprache. Man kann alles sagen, nur darf man damit rechnen, Verantwortung für seine Aussagen zu tragen.

Während der Arbeit an diesem Buch habe ich eine Instagram-Umfrage innerhalb meiner Community gemacht. Die folgenden Sätze möchten viele Menschen aus meiner Leserschaft **nicht** mehr hören:

- »Sag mal, bist du schwanger oder hast du zugenommen?«
- »Wow, hast du abgenommen? Du siehst super aus!«
- »Es geht mich ja nichts an, aber du solltest abnehmen!«
- »Hammer, dass du dich traust, das zu tragen!«
- »Nimm ein bisschen ab. Ich mache mir Sorgen.«
- »Das Kleidungsstück haben wir nicht in Ihrer Größe, probieren Sie bitte nichts an.«
- »Ich hätte gerne eine Beziehung mit dir, wenn du schlank bist.«
- »Melde dich, wenn du fünfzehn Kilo abgenommen hast.«
- »Das Essen hast du dir heute verdient.« Zur Erklärung: Essen muss man sich nicht verdienen, der Körper braucht es, um zu leben.
- »Hast du schon mal die Diät XY ausprobiert?«
- »Ich verstehe gar nicht, wieso du Ü*ergewicht hast, du bist doch nicht undiszipliniert?!«
- »Hast du zugenommen?«
- »Du hast so ein hübsches Gesicht. Mit ein paar Kilo weniger würdest du großartig aussehen!« Zur Erklärung: Alles, was die andere Person nicht innerhalb von

wenigen Minuten verändern kann – wie den Krümel im Gesicht oder den verschmierten Lippenstift –, lieber nicht kommentieren!

- »Typisch Dicke, die schaufeln ohne Ende Essen in sich rein.«
- »Hockt den ganzen Tag vor der Glotze und isst!«
- »Dass die sich nicht schämt!«
- »Dicke tun immer so, als würde es ihnen nichts ausmachen, dass sie dick sind, das kann nicht stimmen.«
- »Typisch – nimmt sich mal wieder das größte Stück Torte!«
- »Wie viel Kilo wiegst du denn?«
- »Endlich mal was zum Anfassen! Gefällt mir viel besser als diese Knochen.« Zur Erklärung: Man macht niemals ein Kompliment, indem man andere Personen abwertet, auch nicht, wenn es »nett« gemeint ist.
- »Du musst in Shape kommen.«
- »Na ja, Hauptsache, du bist gesund/fühlst dich wohl. Ich könnte das ja nicht.«
- Vorher-nachher-Vergleiche. Die sollte man unbedingt unterlassen. Man weiß nie, was dahintersteckt bzw. was der Grund für eine Gewichtszunahme oder -abnahme ist. Und es gibt immer eine Person, die aussieht wie das Vorher-Foto von jemand anderem. Daher sollte man immer respektvoll über seine vorherige Version sprechen.

Die folgenden diskriminierenden Sätze kannst du getrost aus deinem Repertoire streichen, wenn du in Zukunft in Gedanken zu dir selbst sprichst bzw. über dich selbst und deinen Körper nachdenkst:

- ~~Diet Talk führen, à la: »Ich muss drei Kilo abnehmen.«~~

- ~~»Das esse ich lieber nicht, sonst werde ich noch fett.«~~
- ~~»Die Waage zeigt XY Kilo an, ich muss dringend zwei Kilo abnehmen.«~~
- ~~»Der Sommer kommt, ich muss noch etwas für meine Bikinifigur tun.«~~
- ~~»Ich muss unbedingt wieder in Shape kommen.«~~
- ~~»Ich muss auf meine Linie achten.«~~
- ~~»Ich finde mich trotz meines Gewichts schön.«~~ Zur Erklärung: Viele Menschen denken immer noch, das sei ein Kompliment. Ist es nicht! Vielmehr ist es eine Abwertung des Körpers.

Zu guter Letzt noch eines meiner Lieblingsbeispiele:
- ~~»Wow, du siehst ja aus wie Adele!«~~ Zur Erklärung: Nicht nur ich, sondern auch viele meiner dicken Freundinnen haben diesen Satz, der als Kompliment gemeint sein soll, schon oft zu hören gekriegt. Weshalb dieses »Kompliment« keines ist, sondern lediglich verletzend? Weil wir alle völlig unterschiedlich aussehen, wir haben sehr unterschiedliche Körperformen, Haarfarben, Haarschnitte, Gesichtsformen. Und weil dieser Satz nur zeigt, dass unsere Sehgewohnheiten zu einseitig sind und deshalb dicke Menschen nicht als Menschen mit unterschiedlichen Features wahrgenommen werden, sondern nur anhand ihres dicken Körpers. Es gibt in den Medien wenige Frauen mit Mehrgewicht, und deswegen wird man mit Adele verglichen, egal ob man sich überhaupt ähnelt oder nicht.

Wenn wir endlich anfangen, den einzelnen Menschen zu sehen, statt in Stereotypen zu labeln, zu vergleichen, zu urteilen, kann sich in unserer Gesellschaft einiges bewegen. Das erfordert Offenheit, den Willen, genau hinzusehen, hinzuspüren. Empathie. Reflexion. Alles Dinge, die auch in uns angelegt sind – und die in unserer Sprache, unserer Kommunikation zum Tragen kommen sollten, um jedem Menschen den Respekt zu erweisen, den er verdient hat.

Kapitel 9

Humor gegen Hate

Ob soziale Medien, der öffentliche Raum oder das private Umfeld: Immer wieder gibt es Menschen, die andere herabsetzen und Hass verbreiten. Die Gründe dahinter sind vielfältig. Sie selbst sehen das Ganze meist als »gut gemeinte Ratschläge« oder »berechtigte Kritik«. Das geschieht teils ganz offen, teils im Schutz einer Gruppe oder aber in der Anonymität des Netzes. Ich schätze sachliche Kritik auf Augenhöhe und konstruktives Feedback sehr, denn nur so kann man wachsen und sich weiterentwickeln. Ich gebe euch jetzt mal einen Eindruck, was sich dick_fette Menschen immer wieder anhören müssen.

Dieses Kapitel muss daher leider mit einer Triggerwarnung zu Hassrede beginnen. Falls ihr nicht weiterlesen wollt, weil euch das zu viel ist, blättert bitte direkt zum nächsten Absatz.

Stirb doch. Du bist so hässlich. Du bist ekelhaft. Du bist faul. Du bist unintelligent. Fette Sau. Du promotest einen ungesunden Lebensstil. Du wirst eh nicht alt. Du stirbst an Diabetes. Dich will eh keiner ficken, so hässlich, wie du bist. So jemand wie du gehört verboten, deine Arbeit ist gefährlich! Du laberst nur Bullshit. Für deine Figur ist für dein Gesicht schon okay. Friss, bis du platzt. Hör auf, Scheiße zu fressen, und mach Sport, dann wird das schon. Willst du das wirklich essen? Willst du das wirklich anziehen? Rest in Peace, Waage. Sie kann so selbstbewusst sein, wie sie will, gesund ist das trotzdem nicht. Bis das Herz nicht mehr kann. Jeder kann sich ja kleiden, wie er will, aber du siehst unmöglich aus. Tipp von mir: Nach dem fünften Big Mac mit Cola light nachspülen zwecks Kalorien. Lederleggings: Elegant oder Elefant? Lieber widerlich statt wieder nicht. Lebenserwartung absolut reduziert. Ich bin ja nur ehrlich, du siehst echt scheiße aus. Ich wollte einfach mal wissen, wie es ist, mit einer dicken Frau zu schlafen – hat mir nicht so gefallen. McFit und nicht McDonald's! Ich liebe deinen Mut, ich könnte das ja nicht. Wie schön du wärst, wenn du schlank wärst! Die eingesparten Kalorien direkt wieder auffüllen. Mit der Figur findest du sicher keinen Mann. Du bist der Grund für die Klimakrise. Willst du nicht mal abnehmen? Man muss nur willensstark sein. Du suchst doch bloß eine Ausrede – eine Essstörung/Krankheit darf keine Ausrede sein. Trink doch mal Wasser! Iss doch mal Salat! Lass beim Salat einfach mal das Dressing weg. Verzichte doch auf süße Getränke! Hör einfach auf zu essen. Ich möchte eigentlich nicht die Person sein, die es dir sagt, aber du solltest dringend abnehmen. Dir fehlt doch einfach die Selbstkontrolle. Sie sollten wirklich eine Magenoperation machen, sobald Sie schlank sind, verschwinden auch alle anderen Symptome. Was für eine fette Schlampe. Mir wird schlecht, wenn ich dich ansehe, da vergeht mir der Appetit. Hast du zugenommen? Wenn ich so aussehen würde wie Sie, würde ich mir das Leben nehmen. Du bist ein schlechtes Vorbild. Fat Shaming ist okay, irgendwer muss ja was sagen. Kann gar nicht sein, dass sie so einen Typen datet, der sieht viel zu gut für sie aus. Du solltest lieber Männer in deiner Liga suchen. Hast du abgenommen – steht dir. Fette Kuh. Fettfeindlichkeit ist erfunden, das gibt es nicht. Panzer rollen wieder. Da kann man mal drüberrutschen, wenn man keine Lust hat, sich selbst zu befriedigen. Ich rieche Speck. Du solltest wirklich nicht bauchfrei tragen, das möchte niemand sehen. Fetti. Schwein. Wenigstens bin ich nicht so fett und hässlich wie du. Kreatur. Also attraktiv finde ich sie nicht, deswegen kann ich sie nicht ernst nehmen oder ihr zuhören. Am Büfett frisst sie doch sicher alles weg. Nee, in unserem Team kann sie nicht mitspielen, sonst verlieren wir. Ich persönlich finde es diskriminierend, dass ich diesen Anblick ertragen muss. Du Opfer! Du platzt doch eh bald, haha.

Hassattacken und wie man damit umgeht

Was ihr soeben gelesen habt, sind Nachrichten und Kommentare, die mir Menschen auf sozialen Netzwerken geschrieben haben. Harte Kost, oder? Solche (Mikro-) Aggressionen gehören für mich als dicke Frau leider zum Alltag, nicht nur online, auch offline. Als dicke Frau muss man sich in Acht nehmen, denn die nächste Attacke kommt bestimmt. Das kann ganz schön wehtun und die mentale Gesundheit gefährden, und die wiederum hat Auswirkungen auf die körperliche Gesundheit. Die möglichen Folgen habe ich bereits beschrieben – man verkriecht sich, wird unsichtbar. Hinzu kommt, dass Stresshormone ausgeschüttet werden. Erhöhte Adrenalinwerte wirken sich negativ auf das Herz und den Blutzuckerspiegel aus; ein erhöhter Cortisolspiegel kann Nervenzellen schädigen. Deswegen sollten die Personen, die sich wirklich um die Gesundheit mehrgewichtiger Menschen sorgen, besser dreimal überlegen, ob ein Spruch wirklich so förderlich ist oder vielleicht genau das Gegenteil bewirkt.

Ich werde immer wieder gefragt, wie ich es schaffe, diesen Hass auszuhalten. Meine Antwort: Manchmal gar nicht. Manchmal sitze ich in Schockstarre zu Hause. Auf rationaler Ebene weiß ich, dass das Problem bei den anderen liegt und nicht bei mir. Und ich beziehe mich hier auf Hass, nicht auf wichtige und wertvolle Kritik.

Ich existiere einfach nur und versuche mir und anderen Menschen zu helfen, in den Strukturen, in denen wir leben, klarzukommen. Trotzdem befindet sich mein Körper in solchen Momenten immer wieder im Überlebensmodus – Fight, Flight oder Freeze. Der Ausdruck Fight, Flight oder Freeze stammt übrigens aus der Psychologie und beschreibt eine automatische Stressreaktion, genauer gesagt die unmittelbare körperliche und seelische Anpassung eines Lebewesens an eine Gefahrensituation. Entweder reagiert ein Mensch mit »Fight« (Kampf), »Flight« (Flucht) oder »Freeze«, was Erstarren in Form von Vermeidung gleichkommt.

Zeitweise verzichte ich dann darauf, bestimmte Themen auf Social Media zu teilen, weil ich weiß, dass sie diese Reaktionen bei mir auslösen können. Manchmal will ich mich ganz rausnehmen, weil mir angesichts solcher Hassnachrichten die Leichtigkeit im Netz und im echten Leben abhandenkommt.

Irgendwann aber öffne ich doch wieder meinen Account oder führe privat ein Gespräch, und dann sieht die Welt oft schon wieder ganz anders aus: »Jules, danke für deine Aufklärungsarbeit. Dank dir habe ich endlich mit einer Therapie begonnen und verstanden, dass ich schon jahrelang unter einer Essstörung leide.« – »Jules, wir haben die Inhalte auf deinem Social-Media-Account heute bei uns in der Uni im Seminar besprochen. Du machst so wertvolle Arbeit.« – »Dank dir, liebe Jules, habe ich endlich zu mir gefunden und traue mich seit zwanzig Jahren das erste Mal wieder, ein Kleid zu tragen, sogar mit Streifen. Du bist das Vorbild, das ich in meiner Jugend gebraucht hätte.« – »Jules, ich fühle mich so viel besser, seitdem ich dir folge. Du bist meine Therapie.«

Solche Nachrichten geben mir Hoffnung, weil sie mich daran erinnern, warum ich die Kehrseite von Social Media immer wieder in Kauf nehme und mich gegen Diskriminierung starkmache. Und dann mache ich weiter. Die Frage nach dem Umgang mit Hate aber bleibt: Was tun bei Hass im Netz – ignorieren, aufklären, moderieren oder rechtliche Schritte einleiten?

Mein eigener Weg zu Humor & Schlagfertigkeit

Ich liebe es, wenn Kolleg*innen mit witzigen Sprüchen auf fiese Kommentare reagieren, die sie bekommen haben. Zum Beispiel wurde eine die Unternehmerin Tijen Onaran, die ich sehr schätze, für ihren roten Lippenstift kritisiert. Ihr wurde gesagt, dass eine seriöse Geschäftsfrau sich nicht so auffällig schminken dürfe. Ihre Reaktion war Gold wert. Sie nahm dieses Zitat und zeigte sich mit rotem Lippenstift und einem sehr souveränen und vor allem humorvollen Spruch. Ich musste laut lachen, als ich ihn las. Anstatt sich zurückzuziehen, demonstrierte sie uns allen auf eine sehr coole Art, dass Make-up absolut nichts mit unserer Kompetenz zu tun hat und Menschen, die auf so etwas eingehen, nur vom Wesentlichen ablenken wollen. Und darauf lassen wir uns 2022 nicht mehr ein.

Mein Traum war es immer, auch mal so souverän mit derartigen Situationen umgehen zu können. Aber es fiel mir nicht so leicht. Der Grund war einer meiner Glaubenssätze, der sich bis ins Erwachsenenalter hielt.

»Julia, du bist so unlustig«, hatte mir eine Person, die ich lange Zeit für eine Freundin hielt, früher immer und immer wieder gesagt. Genau wie das Bodyshaming, das mir widerfahren ist und noch immer widerfährt, hatte sich auch diese Überzeugung in mein Hirn eingebrannt, dass lockere Sprüche, Wortwitz und Schlagfertigkeit eben nicht mein Ding seien.

Bis 2019 mein persönlicher Wendepunkt kam: Für ein Event in einem großen Verlagshaus war ich als Speakerin gebucht. Bevor ich auf die Bühne treten sollte, war eine Kollegin an der Reihe. Ich bewunderte sie für ihre schlagfertigen Antworten und ihre lockere Ausstrahlung. Ich war gespannt, wie ich die Situation meistern würde, immerhin war es mein erster Auftritt als Speakerin in dieser Größenordnung.

Als mich die Moderatorin ansagte, spürte ich, wie meine Knie ein bisschen weich wurden. Und dann, auf der Speaker-Bühne angekommen, hatte ich auf einmal den Spaß meines Lebens! Die Fragen aus dem Publikum konnte ich easy beantworten. Nach und nach versuchte ich, mich selbst herauszufordern, indem ich hier und da ironische Antworten einbaute. Als mich eine Frau aus dem Publikum fragte, was ich von dem Vorurteil hielt, Plus-Size-Bloggerinnen würden Mehrgewicht promoten, sagte ich:»Ja, nee, klar, wir alle wissen ja, wie unglaublich viel Spaß es macht, als dicke Frau in dieser Gesellschaft zu leben! Ich ziehe auch immer gerne mit Schildern los und rufe den Leuten zu: WERDET ALLE DICK. Wie sieht's aus, Reihe 1 und 2, seid ihr nächstes Mal dabei?« Die Message kam an. Hier wurde nichts promotet außer Respekt! Lachen. Nicken. Applaus. Moment mal, dachte ich bei mir: Unterhalte ich hier gerade ein Publikum? Menschen, die mich nicht kennen, lachen wirklich über meine Witze? Was für ein krasses Gefühl! Beflügelt vom Applaus, fuhr ich fort. Und als wäre diese neue Erfahrung, die mich so glücklich machte, nicht genug, bildete sich anschließend auch noch eine Menschentraube um mich:»Glückwunsch zu diesem tollen Auftritt!« –»Wie cool und lustig bist du denn?!« –»Jules, können wir bitte Freundinnen sein?!« An den Tagen danach erreichten mich noch mehr liebe Nachrichten.

Der Glaubenssatz, ich könne nicht witzig sein, war wie weggeblasen. Mein Erlebnis teilte ich später mit meiner Community – inklusive Freudentränen. Warum ich es euch so ausführlich geschildert habe? Diese positive Erinnerung ist mein Energiebooster, wenn meinen Account mal wieder die eine oder andere Hassnachricht erreicht und ich keine Lust mehr habe, das Postfach zu öffnen.

Ein Erlebnis auf Social Media, das mir unglaublich viel Spaß gemacht hat, ist »die Lokomotivführerin«. Meine treuen Follower*innen ahnen jetzt vielleicht schon, worauf ich hinauswill. Aber eins nach dem anderen: Ich habe eine Mütze, die ich gerne auf Fashion-Fotos trage. Das Modell habe ich in allen möglichen Farben. Es handelt sich dabei um sogenannte Baker-Boy-Kappen – Schirmmützen. Nachdem ich also mal wieder ein Foto von mir mit der Mütze in meinem Instagram-Feed gepostet hatte, trudelten die ersten Gehässigkeiten über mein Aussehen in mein Postfach. Eine davon lautete: »Mädel, was denkst du, wer du bist? Die Mützen sehen einfach nur lächerlich aus. Als wärst du Lokführer!« Ich kann nicht nachvollziehen, warum Menschen solche Nachrichten schreiben. Wenn man nichts Nettes zu sagen hat, sagt man am besten gar nichts, das ist zumindest meine Devise.

Die der Absenderin anscheinend nicht. Was mache ich nun also damit?, fragte ich mich. Die Nachricht löschen? Die Person blockieren? Besser: die Humor-Muskeln trainieren. Mein Kanal, meine Regeln! Manche Menschen argumentieren mit Meinungsfreiheit, wenn sie ungefragt negative Nachrichten schicken. Ich halte es in diesem Fall mit der beliebten Wohnzimmer-Metapher: Mein Kanal ist mein Wohnzimmer, und wenn sich fremde Personen dazu entscheiden, eine Vase umzuschmeißen und zu randalieren, dann geleite ich sie gerne zur Tür.

In diesem Fall erledigte ich das auf eine humoristische Art und Weise. Früher wäre ich vermutlich im Freeze-Modus verharrt und hätte eine Reaktion gescheut. Doch nach dem Erlebnis auf der Bühne nutzte ich den Anlass dafür, einfach mal anders zu reagieren, als ich es vielleicht sonst getan hätte. Jetzt suchte ich alle Fotos mit Mütze aus meinem Feed heraus, postete sie einzeln in der Story und unterlegte sie mit dem »Lokomotivführer-Lied« der Augsburger Puppenkiste. Ich schrieb dazu, dass das hier der »Wayne Train« (Keinen-interessiert›s-Zug) sei. Die Message kam an.

Meine Community feierte die Story, was mich natürlich bestärkte, künftig humorvoll mit solchen Situationen umzugehen, wenn mir danach ist. Ein weiterer positiver Aspekt: Ich hatte das Gefühl, dass viele Menschen durch meine Aktion vor Augen geführt bekamen, wie wichtig es ist, fiese Kommentare nicht zu ernst zu nehmen. Humor hat mir selbst sehr dabei geholfen, solche Situationen besser verarbeiten zu können.

Schlagfertige Antworten auf gängige Vorurteile

Mittlerweile habe ich ein paar Tricks in petto, die mir helfen, wenn Beleidigungen auf mich einprasseln. Ich möchte sie mit euch teilen, vielleicht bringen sie euch ja auch etwas:

- Handy weglegen
- Situation verlassen
- Innerlich Stopp sagen
- Aus dem Gedanken- oder Teufelskreis aussteigen: Wenn möglich
- Sich selbst fragen: Was brauche ich jetzt, damit es mir besser geht?
- Entgegengesetzt handeln, anstatt sich ins Bett zu legen und nichts zu fühlen. Lieber bewegen, Musik hören, malen, meditieren oder mit Freund*innen telefonieren. Auf jeden Fall etwas machen, das einem guttut, selbst wenn man sich im ersten Moment gar nicht danach fühlt.

- Tagebuch schreiben, um Erlebtes besser zu verarbeiten
- Mitgefühl mit sich haben und gut mit sich umgehen

Auch im Umgang mit Mikroagressionen gibt es Hilfsstrategien: Anstatt sie persönlich zu nehmen, sollten wir uns bewusst machen, dass diese Aussagen sehr viel über die Person preisgeben, die sie tätigt, und nicht etwa über uns. Das Gegenüber kennt unsere Geschichte nicht oder hat wenig Empathie, ist vielleicht frustriert und geht davon aus, dass dicke Menschen auf jeden Fall unsicher mit sich selbst sind. Wir müssen uns aber nicht für unseren Körper rechtfertigen. Wir müssen auch nicht »The Good Fatty« spielen, indem wir beteuern, wie sehr wir an unserem Körper arbeiten und dass wir gerade ganz brav auf Diät sind, wie es viele Menschen fordern. Wir dürfen einfach nur existieren. Dicke Menschen erfahren täglich verbale Gewalt. Und wenn nicht aktiv von Personen, dann spätestens in Filmen, Serien und sonstigen Medien als Punchline sämtlicher Jokes.

Ich selbst habe das viele Jahre verdrängt und mich nicht angesprochen gefühlt. Fakt ist aber, dass diese verbale Gewalt jahrelanger Treiber meiner internalisierten Fettfeindlichkeit und somit Antreiber meiner Essstörung war. Irgendwann ist mir die Lust vergangen, zum tausendsten Mal zu erklären, wieso Kompliment X nicht nett und Kommentar Y übergriffig und verletzend ist. Meine Kompensationsstrategie war es viele Jahre lang, extrem freundlich zu sein. Ich bin auch heute noch freundlich – nur eben nicht bei Diskriminierung. Heute spreche ich es an, wenn mir danach ist. Falls auch ihr Mikroaggressionen im Alltag kennt, aber vielleicht manchmal nicht wisst, was ihr erwidern sollt, schaut doch mal in meine Liste mit Beispielsituationen.

Im Idealfall versucht ihr, solche Unterhaltungen immer mit einem Augenzwinkern zu sehen, weil ihr genau wisst, was gleich geschehen wird. Zum Beispiel sagt eine Person: »Oh, du bist so mutig. Mit deiner Figur würde ich mich nicht trauen, das zu tragen.« Anstatt der Person zu erklären, warum das wirklich kein Kompliment ist, könntet ihr einfach mal fragen: »Wie meinst du das genau?«, und schauen, was passiert.

Das fühlt sich am Anfang vielleicht ungewohnt an. Auf diese Weise können aber auch spannende Gespräche entstehen, die die Gegenseite sogar zur Reflexion bringen und ihr dabei helfen, eine neue Perspektive einzunehmen.

Hier sind ein paar Beispiele und wie ihr mit ihnen schlagfertig umgehen lernen könnt. Und solltet ihr Absender solcher Fragen sein, dann bin ich mir sicher, dass ihr so etwas zu großer Wahrscheinlichkeit aus Schutz oder Wohlwollen sagt. Durch viele sehr direkte und sehr offene Gespräche weiß ich, dass Personen es eigentlich nur gut meinen. Nur: Gut gemeint ist nicht gut gemacht.

Deswegen empfehle ich: Hört zu, seid empfänglich und reflektiert gerne euer Verhalten. Beobachtet oder besprecht auch gerne, wie sich euer Gegenüber damit fühlt. Und schließt bitte nicht darauf, wie ihr euch wohl fühlen würdet, wenn ihr in einem größeren Körper stecken würdet, und versucht zu verstehen, wie man den jeweiligen Spruch auffassen könnte. Hört Betroffenen zu und glaubt ihnen.

1. Der Klassiker. Man steht in einer Gruppe zusammen, und dann fällt der Spruch: »Ich fühle mich heute wieder so fett.« Dieser Satz verletzt besonders, wenn er von einer (geliebten) Person kommt, die deutlich schlanker als man selbst ist. Wenn man sich daraufhin beschwert, was man jetzt denken soll, beteuert die Person vielleicht, dass man

doch viel schlanker und hübscher und damit ja gar nicht gemeint sei.

Eine mögliche Reaktion könnte sein: »Dann lass uns einfach mal Kleidung tauschen. Das dürfte ja kein Problem sein. Dein rosa Top sieht supersüß aus, das nehme ich gerne.« Damit einher geht immer eine Abwertung des eigenen Körpers, aber auch eine Abwertung von Personen, die Mehrgewich thaben und Teil dieser Gruppe sind. Jede Person darf ihre Unsicherheiten haben und sie auch äußern, nur sollte man sich immer bewusst machen, ob das gerade angebracht ist oder ob man Menschen vielleicht verletzen könnte.

Wenn man noch nicht so weit ist, das Ganze humorvoll anzugehen, dann kann ich nur empfehlen, den Personen die echten Gefühle zu schildern. »Mich verletzt diese Aussage, weil …«

Mein Tipp: Lasst euch in diesem Zusammenhang noch mal gesagt sein: Fett ist kein Gefühl! Fragt euch viel eher mal, was genau hinter dem Begriff »fett« für euch steckt. Vielmehr ist es ein Unwohlsein – und woran liegt das?

2. Jemand sagt: »Ich kann das erst tragen/machen, wenn ich X Kilo abgenommen habe.«

Eine mögliche Antwort könnte lauten: »Kannst du machen, aber glücklicher wirst du dadurch vermutlich auch nicht automatisch. Was steckt hinter deinem eigentlichen Wunsch, schlanker zu sein, und wieso knüpfst du eine Zahl auf der Waage an Dinge, die du erleben oder tragen kannst?«

Viele verbinden mit Schlanksein bestimmte Gefühle, Möglichkeiten und Werte. Über Jahrzehnte gab es für mehrgewichtige Personen nicht die passende Kleidung und so gut wie keine Vorbilder. Das hat sich zum Glück geändert, auf

Social Media etwa findet man ganz viel Inspiration. Das hilft dabei zu erkennen, dass das Leben jetzt, in diesem Moment, losgehen kann, egal welche Kleidergröße man trägt.

3. »Du bist echt mutig, ich würde mich mit DEINER Figur ja nicht trauen, das zu tragen.«

Eine mögliche Antwort könnte lauten: »Wenn man sein Selbstbewusstsein nur darauf aufbaut, schlank zu sein, dann hätte ich damit auch Schwierigkeiten. Ich gebe dir gerne Tipps, wie man auch unabhängig von seiner Statur selbstbewusst wird.« Alternativ: »Wie meinst du das genau? Erklär mir das bitte mal. Ich verstehe das nicht. Ich existiere einfach nur genauso wie du auch. Was ist daran mutig?«

4. »Dieses Outfit/Kleidungsstück macht dich so schön schlank.«

Eine mögliche Antwort könnte lauten: »Oh schade, ich wollte eigentlich richtig fett aussehen.« In anderen Kontexten, zum Beispiel bei Musik, wird »richtig fett« als Kompliment gesehen.

Alternative Gegenfragen: »Warum setzt du einen schlanken Körper mit Schönheit gleich und einen dicken Körper anscheinend eher nicht? Was möchtest du mir genau sagen? Frag mich doch lieber mal, ob ich überhaupt einen Kommentar zu meinem Körper hören möchte. Vielleicht habe ich eine Essstörung, die mit genau solchen Kommentaren getriggert wird.«

5. »Willst du das jetzt wirklich noch essen?«

Eine mögliche Antwort könnte lauten: »Auf jeden Fall, warum? Hast du Sorge, selbst nicht genug zu bekommen? Ich würde an deiner Stelle schnell zugreifen, bevor ich alles aufgegessen habe.«

Alternative Gegenfrage: »Warum fragst du mich das? Es wäre lieb, wenn du bei dir bleibst und nicht mein Essverhalten hinterfragst. Frage dich lieber, was dich an dieser Situation gerade triggert.«

6. »ABER dick sein ist ungesund.«
Eine mögliche Antwort könnte lauten: »Ja, das kann gut sein. Genauso gibt es auch schlanke ungesunde Menschen. Und dicke gesunde und schlanke gesunde Menschen. Was möchtest du eigentlich sagen? Und hast du dich mal gefragt, woher dein Denken kommt?« Und ich hoffe wir sind uns einig, dass trotz gesundem oder ungesundem Zustand JEDER Mensch Respekt verdient hat und ein Leben ohne Diskriminierung, oder?

Alternativen: »Würdest du das Äußere eines schlanken Menschen kommentieren, der keinen Sport macht, Alkohol trinkt und nicht auf seine Ernährung achtet? Nein? Wieso hast du dann so große Vorurteile gegen dicke Menschen? Außerdem ist das Argument der Gesundheit ableistisch, soll heißen: feindlich gegenüber Menschen, die nicht gesund sind oder eine Krankheit haben. Du kannst es den Menschen niemals ansehen. Also spar dir das bitte. Alle Menschen verdienen Respekt.«

7. »Beweg dich mehr und iss weniger, dann klappt's auch mit dem Abnehmen.«
Eine mögliche Antwort könnte lauten: »Oh, wow, danke! Endlich verrät mir jemand das Geheimnis!«

Und jetzt mal im Ernst: Selbst wenn wir alle das Gleiche essen und den gleichen Sport machen, haben wir trotzdem noch immer komplett unterschiedliche Körper. Das nennt sich Körperdiversität. Es spielen auch Faktoren wie Psyche, sozialer Status, Einkommen, Stress, Hormone und vieles mehr eine Rolle. Informiere dich über diese Bereiche bitte auch einmal.

8. »Du findest erst eine Partnerin/einen Partner, wenn du schlank bist.«

Eine mögliche Antwort könnte lauten: »Ach, das wusste ich noch gar nicht. Ab wie viel Kilo bin ich denn dann liebenswert?«

Alternativen: »Eine Partnerin/ein Partner, die/der mich nur schlank mag, möchte ich nicht. Wäre es nicht traurig zu wissen, dass man verlassen werden würde, wenn man sich optisch verändert, zum Beispiel nach einer Krankheit oder einer Schwangerschaft?«

9. »Dicke Menschen sterben früher.«

Eine mögliche Antwort könnte lauten: »Aber nur wegen so unnötiger und verletzender Kommentare wie diesem.« Oder: »Seit wann bist du Expert*in auf diesem Gebiet? Ich finde es ja total schmeichelhaft, dass du dich um meine Lebenszeit sorgst. Und selbst wenn es so wäre, wieso hättest du damit ein Problem?«

10. »Dicke Menschen belasten das Gesundheitssystem.«

Eine mögliche Antwort könnte lauten: »Wenn du so weitermachst, sendet dir meine Krankenkasse die nächste Rechnung für meine Therapiesitzungen. Du gefährdest mit solchen Äußerungen nämlich meine mentale Gesundheit.«

Vielleicht sollten wir dann etwas an unserem System verändern? Ich persönlich kenne keinen einzigen Menschen mit Mehrgewicht, dessen Gewicht nicht Symptom einer tiefer liegenden Ursache ist.

11. »Kennst du schon Diät XY?«

Eine mögliche Antwort könnte lauten: »Nee, ich habe ehrlich gesagt wichtigere Themen im Kopf. Müll rausbringen, Kaffee trinken oder Nägel lackieren.«

Mich hat Diet Talk tatsächlich krank gemacht, deswegen habe ich wirklich kein Interesse mehr daran und entziehe mich ganz schnell aus solchen Gesprächssituationen. Wenn jemand darüber sprechen mag, kann die Person das natürlich gerne machen, aber bitte in meiner Abwesenheit.

12. »Für deine Figur hast du aber ein hübsches Gesicht!«

Eine mögliche Antwort könnte lauten: »Möchtest du mir damit sagen, dass mein Körper nicht okay ist? Das ist kein Kompliment, sondern eine Beleidigung.«

Alternative Fragen: »Was meinst du damit genau? Erklär mir das bitte mal, ich verstehe das nicht.« Aus solchen Gegenfragen entsteht oft eine Gaslighting-Spirale, dann heißt es schnell: »Darf man denn heute nicht mal mehr ein Kompliment machen?«

Ganz wichtig: Die Aufwertung des Gesichts in Kombination mit der Abwertung des Körpers ist alles andere als ein Kompliment!

13. Wenn man selbst die Figur anspricht und (wertfrei) sagt, dass man dick ist, und die andere Person sagt: »Sag doch so was nicht. Du bist doch nicht hässlich.«

Viele Menschen haben die Wörter dick und hässlich ganz eng miteinander verknüpft.

Darauf könnte man humorvoll sagen: »Ich habe nur gesagt, dass ich dick bin, und nicht, dass ich hässlich bin. Schau mich doch mal an.«

Kapitel 10

» Jeder Mensch verdient Respekt « —
Body Positivity, Body Acceptance und Thin Privilege

»Body Positivity: Jeder Körper ist schön ... Dick, dünn, groß, klein: jeder Mensch sieht anders aus. Und das ist gut so!«, titelt das ZDF. Und die Onlineenzyklopädie Wikipedia erklärt:»Die Bewegung Body Positivity (...) setzt sich für die Abschaffung unrealistischer und diskriminierender Schönheitsideale ein.«

Body Positivity ist gerade voll im Trend. Klingt ja auch erst mal gut, oder? Was genau hinter diesem Begriff steckt, erfahrt ihr in diesem Kapitel. Und ihr erfahrt auch, was Thin Privilege genau bedeutet.

Das Herzstück dieses Kapitels bilden Mary und Carina, von denen ich in der Vergangenheit sehr viel über diese Themen lernen durfte.

Doch bevor es losgeht, möchte ich euch erzählen, wie sich mein Umgang mit dem Begriff #BodyPositivity in den letzten Jahren gewandelt hat. Vorweg verrate ich schon mal: Ich nutze heute übrigens statt #Bodypositivity eher die Hashtags #Bodyneutrality und #Bodyacceptance, die für Körperakzeptanz stehen. Beide Ausdrücke transportieren für mich eine wichtige Message: den eigenen Körper nicht abzuwerten, sondern ihn neutral und wenn möglich wertschätzend zu behandeln.

»Wir suchen eine Body-Positivity-Expertin« – ich lese den Betreff der Mail in meinem Posteingang und habe sofort im Kopf, was sie eigentlich damit sagen wollen: Sie suchen eine dicke Person, die Selbstbewusstsein ausstrahlt und Diversität in die Werbekampagne oder die Talkshowrunde bringt. Als um das Jahr 2018 die ersten Nachrichten dieser Art bei mir eintrudelten, sagte ich im Normalfall, ohne mit der Wimper zu zucken, zu.

Warum auch nicht?, denkt ihr jetzt vielleicht. Heute sehe ich das anders. Inzwischen kenne ich nämlich die tief gehende Bedeutung von Body Positivity.

Daher entscheide ich je nach Kapazität, ob ich der anfragenden Person eine Aufklärung über die Body-Positivity-Bewegung gebe, mit ihr ein passenderes Konzept erarbeite und Schwarze, mehrgewichtige Kolleginnen vorschlage. Oder ob ich das Projekt einfach direkt an Kolleg*innen weiterleite, die viel eher zu dem Thema sprechen sollten.

Eine Person, die an dieser Stelle unbedingt zu Wort kommen sollte, ist Fett-Aktivist*in Maria González Leal vom Kanal @body_mary. Ich freue mich sehr, dass ich sie für ein Interview gewinnen konnte, weil ich durch sie in den letzten Jahren sehr viel mehr verstanden habe und die guten Gespräche mit ihr sehr schätze.

»Um Diskriminierungsstrukturen abzubauen, braucht es Freiwilligkeit«
Warum die Forderung nach Körper-Liebe gewalttätig sein kann und was es braucht, um Allyship empathisch zu praktizieren.

Maria González Leal, auf Instagram bekannt als @body_mary, ist intersektionale Antidiskriminierungsberaterin. Mary positioniert sich als »Afro-cubanische Schwarze fette Femme, Ostdeutsch sozialisiert« und ist außerdem Speakerin, Coachin, Workshopleiterin, Content-Macherin zu gesellschaftskritischen Themen über Intersektionalität, Gewichtsdiskriminierung, Rassismus, Feminismus, Sexismus, Queerness, unsichtbare Ge_Behinderung, chronische Erkrankungen, Ostsozialisierung und vererbte Armut. Im Gespräch gewährt uns Mary einen Einblick in den Alltag als Antidiskriminierungsberater*in und ordnet ein, woher die Body-Positivity-Bewegung kommt und warum sie uns alle etwas angeht.

Liebe Mary, wie sieht ein Tag im Leben einer Antidiskriminierungsberater*in aus?

Mary: E-Mails checken, Beratungen geben, Netzwerktreffen organisieren, das Allgemeine Gleichbehandlungsgesetz hoch und runter kennen, das Landesantidiskriminierungsgesetz für Berlin natürlich auch, das Grundgesetz – juristisches Wissen macht einen Großteil meiner Arbeit aus. Der zweite große Punkt ist das Netzwerken. Wenn Ratsuchende zu mir kommen, versuche ich herauszufinden, was die Person braucht – ein Empowerment-Angebot? Eine Rechtsberatung? Einen Kontakt zu Mediziner*innen, die nicht fettfeindlich sind? Das kann Schwerstarbeit sein.

Inwiefern Schwerstarbeit? Erklär uns das bitte mal genauer.

Mary: Ich frage den Menschen erst einmal, was er möchte: einfach nur Raum, um seine Geschichte, seine Erfahrung zu erzählen? Möchte der Mensch konkrete Hilfe? Oder meine fachliche Einschätzung? Damit geht es los. Menschen erzählen mir, was ihnen widerfahren ist, und möchten von mir wissen, ob es sich um Rassismus, Gewichtsdiskriminierung oder Mehrfachdiskriminierungen handelt. An dieser Stelle kommt die Schwerstarbeit, und das meine ich im empathischen Sinne: Für den Fall, dass ich die Diskriminierung bejahe, versuche ich herauszufinden und zu entscheiden, ob die Person überhaupt schon an dem Punkt ist, dass sie diese Erkenntnis tragen kann. Wenn man von einer bestimmten Diskriminierung betroffen ist und mit dieser Ahnung ganz am Anfang steht, stellt man das Erlebte unter Umständen grundsätzlich infrage. Das ist ein Merkmal von Gewalt, die einem widerfährt: Mensch denkt erst mal, dass es vielleicht ein Versehen von dem anderen Menschen oder ein Missverständnis war. Aber auf gar keinen Fall Absicht. Beim Kontakt zu Expert*innen wie mir wird das Kind erstmals beim Namen genannt. Betroffene brauchen zunächst Unterstützungsangebote, um selbst irgendwann diese Perspektive einnehmen zu können. Mit der Einsicht, dass Mensch in einem bestimmten Bereich strukturelle Gewalt erfährt, kann sich nämlich der Blick auf dein ganzes Leben ändern.

Du klärst auch im digitalen Raum über Diskriminierung und Strategien zur Antidiskriminierung auf, dazu gehört selbstverständlich auch die Gewichtsdiskriminierung.

Mary: Gewichtsdiskriminierung ist nicht von der Gesetzgebung berücksichtigt, es gibt für die Politik also keine Notwendigkeit, diese Aufklärungs- und Antidiskriminierungsarbeit zu bezahlen. Das heißt, dass ich als Antidiskriminierungsberater*in und Fett-Aktivist*in eine Möglichkeit finden muss, um über Gewichtsdiskriminierung auf struktureller Ebene aufzuklären. Ich bin selbstständig und betreibe diese Aufklärungsarbeit in den sozialen Netzwerken, ich gebe außerdem Interviews für Magazine und bin bei YouTube zu sehen. Aufklärung, Öffentlichkeitsarbeit, Netzwerkarbeit – ich bin mein eigener kleiner Verein.

Wie arbeitest du gegen Gewichtsdiskriminierung?

Mary: Gerechtigkeit ist in puncto Fettfeindlichkeit noch lange nicht in Sicht, das muss ich zuallererst mal sagen. Was ich mache: Ich gebe Empowerment-Workshops, sensibilisiere, kläre auf. Diese Workshops mache ich für Betroffene, aber auch für Pädagog*innen, die mit Kindern und Jugendlichen arbeiten. Hier habe ich immer wieder Gruppen vor mir, die bislang überhaupt keine Berührungspunkte mit dem Thema hatten, sich aber aufklären möchten. Wichtig ist mir: Sie kommen auf mich zu, nicht ich auf sie. Ich merke also, dass sich da etwas bewegt. Um Diskriminierungsstrukturen abzubauen, braucht es die Freiwilligkeit von Menschen, gesellschaftliche Veränderungen zu wollen und mitzutragen.

Erkläre uns bitte einmal, weshalb gerade junge Menschen eine so wichtige Zielgruppe sind, wenn es um Aufklärung über Fettfeindlichkeit geht.

Mary: Meine Zielgruppe sind alle Menschen, aber gerade der Einfluss bei jungen Menschen ist wichtig. Denn wenn frühzeitig gehandelt wird, können wir so vieles vermeiden: ein gestörtes Verhältnis zum Essen etwa und zum eigenen Körper oder zur Bewegung. Die Diet Industry ist real, sag ich da nur. Wir sind noch lange nicht an dem Punkt, wo Kinder frei von Fettfeindlichkeit erzogen werden. Die jüngste Person, die mich um Rat fragte, um Gewicht zu reduzieren, war ein fünfjähriges Mädchen. Eltern greifen ganz früh in die Autonomie ihrer Kinder ein, indem sie mit Diäten, bestimmten Ernährungsweisen oder der Einteilung in gute und böse Lebensmittel an sie herantreten. Bis zum 21. Lebensjahr sind Menschen im Wachstum, der Körper und das Gehirn brauchen Energie – viel Energie, keine Diäten! Sie brauchen Achtsamkeit, und viele Eltern machen das aus Unwissenheit, Verzweiflung oder weil sie sich Sorgen um ihre Kinder machen. Eltern und Kinder brauchen daher gute Unterstützungsangebote: Wie rede ich mit meinem Kind über Essen und den Körper? Ziel ist es, Kinder und Eltern aus einer möglichen Gewaltspirale zu holen und die Autonomie über den eigenen Körper zu stärken.

Wie kann ein erwachsener Mensch, der von Diätmentalität geprägt ist, dies beim eigenen Kind besser machen?

Mary: Online gibt es ganz tolle Hilfsangebote, aber auch analog: das Zentrum für Essstörungen in Frankfurt am Main zum Beispiel oder Dick und Dünn e.V. in Berlin. Mensch muss keine Essstörung haben, um dort Beratung zu bekommen, und das Kind ebenfalls nicht. Der erste Schritt zu einer Verbesserung fürs Kind ist die Auseinandersetzung mit sich selbst. Als Erwachsener muss ich mich fragen: Wie ist mein Verhältnis zu meinem eigenen Körper, zu Essen, zu Sport? Denn das gebe ich an mein Kind weiter. Ich bin mir ziemlich sicher, dass viele Mütter da hellhörig werden.

Da du explizit Mütter ansprichst: Wie erklärst du dir, dass der Diskurs um Diät, Fettfeindlichkeit, aber auch Body Positivity meistens von Frauen geführt wird?

Mary: Weil der Druck, normierte Körper zu haben, für weiblich gelesene Personen viel größer ist. Das hat mit der sexistischen Welt, in der wir leben, zu tun. Und damit, dass gewisse Diskriminierungsformen mit Rassismus, mit Feindlichkeit gegenüber Ge_Behinderten, mit Sexismus, aber auch mit Klassismus zu tun haben. Bei allen Formen sind Frauen mehrheitlich betroffen. Und dann können wir uns fragen, wer in der Erziehungsarbeit zu Hause, der Care-Arbeit/Fürsorgearbeit, welche Aufgaben übernimmt. Spricht der Vater mit seiner Tochter darüber, wenn sie nichts mehr isst, oder macht das die Mutter? Höchstwahrscheinlich wird es die Mutter machen, und das liegt halt auch wieder an einer sexistischen Rollenverteilung. Warum schauen und fragen nicht mehr Väter nach? Leider fehlt einigen Vätern die Erfahrung bzw. die Sensibilisierung, was Essstörungen angeht.

Woher stammt der Begriff Body Positivity?

Mary: Ich verzichte hier mal auf Anglizismen, damit das Thema für Menschen zugänglicher wird. Körper-Positivität bedeutet an sich, dass ich meinen Körper als positiv besetzt wahrnehme. Das Body-Positivity-Projekt stammt von der Psychologin Connie Sobczak und der Ernährungsberaterin Elizabeth Scott. Es dient dazu, Frauen sichtbar zu machen, die an Essstörungen erkranken und daran auch sterben. Der Mangel an mehrfach positionierten Stimmen führte dann zur Kritik von BIPoC (Schwarze, Indigene und People of Color) weiblich gelesenen Menschen: Na ja, das ist ja jetzt alles ein bisschen *weiß*. Die Formen von Gewalt, die wir erleben, sind daran gekoppelt, wie wir positioniert sind. Wir beide machen bestimmte Erfahrungen, weil wir weiblich gelesene Personen sind, aber ich mache dazu noch andere Erfahrungen, weil ich rassifiziert werde, und so weiter. Und da kamen dann Schwarze Aktivist*innen ins Spiel, die sich und auch ge_behinderte Menschen vertreten wissen wollten. Wir sehen, hier ging es um Körperautonomie und zum Beispiel auch darum, dass weiblich gelesene Schwarze Menschen mit großen Körpern kaum eine Krankenversicherung in den USA bekamen. Diese Bewegung war der Beginn von Körper-Positivität. Fat Activism, der seinen Ursprung im New York der 1968er-Jahre hat, ist die Grundlage für die Body-Positivity-Bewegung. Dass es sie gibt, ist BIPoC weiblich gelesenen Menschen mit großen Körpern zu verdanken. Und weil wir in einer Welt der sozialen Netzwerke leben, verbreitete sich der Hashtag #bodypositivity.

Mit dem Ergebnis, dass wir unter diesem Hashtag auf Social Media heute lauter weiße, normschlanke Frauen finden. Wie gehen wir damit nun um?

Mary: Es ist wie mit allen politischen Bewegungen, die sich gut für den Kommerz eignen, und damit werden sie entpolitisiert. Ich will nicht sagen, dass *weiße*, schlanke, weibliche Körper kein Teil der Body-Positivity-Bewegung sind, denn alle Menschen sind von Bodyshaming betroffen. Die Frage ist: Wie viel Raum wird von wem eingenommen, und wer hat welche Privilegien? Kern ist, dass es sich hier um eine antikapitalistische Bewegung handelt, die eben darauf aufmerksam macht, dass wir über Strukturen von Gewalt reden: sexualisierte Gewalt, Rassismus, Ableismus, Queerfeindlichkeit usw. Ziel ist es, eine diskriminierungssensiblere Gesellschaft zu haben.

*Für die große Aufmerksamkeit ist die Verwässerung des Hashtags
also deiner Meinung nach gar nicht schlecht gewesen?*

Mary: Klar, je öfter etwas wiederholt wird, desto mehr
Klicks und Aufmerksamkeit bekommt es. Gefährlich bzw.
kontraproduktiv wird es erst, wenn eine Fehldeutung passiert. Da hieß es dann oft unter Postings:»Hey, mein Körper
ist Peace und Love, solange ich gesund bin.« Hinter dem
Wörtchen »solange« und dieser Aussage stecken Rassismus und Sexismus, es darf bei Körper-Positivität aber keine
Limitation geben. Sobald ich mir meinen Wert erarbeiten
muss, reden wir nicht mehr über Körper-Positivität.

Wie gehen wir verantwortungsbewusst mit diesem Hashtag um?

Mary: Ich würde mir wünschen, dass sich alle Interessier-
ten informieren. Jede Gruppe hat eine andere Lebensrealität, ich brauche einem sechzigjährigen Heinz-Gerhard
nicht mit Fat Shaming von Frauen kommen, seine Lebensrealität ist woanders, und genau dort muss Heinz-Gerhard
abgeholt werden. Heinz-Gerhard wird vielleicht geshamed,
weil er keine Haare mehr hat, und von da aus kann Heinz-
Gerhard losgehen. Wir haben alle unterschiedliche Wis-
sensstände und unterschiedliche Leerstellen. Wir alle bewerten und ent-werten Menschen – das zu verstehen wäre
ein großartiger Anfang.

*Wie verwendest du die Begriffe Body Positivity, Body Neutrality
und Body Acceptance?*

Mary: Mir ist eins wichtig: Du entscheidest selbst, was
sich für dich richtig anfühlt. Akzeptanz heißt für mich: Ich
akzeptiere, dass ich einen Körper habe. Neutralität heißt

für mich: Ich höre auf, meinen Körper zu degradieren, nicht mehr und nicht weniger. Manche Menschen sind so traumatisiert, dass es gewaltvoll sein kann, ihnen zu sagen: Sei doch mal körper-positiv! Liebe ist richtig harte Arbeit, die anfängt und dich bis ans Lebensende begleitet. Weil Körper sich verändern. Weil wir älter werden, und das ist wundervoll.

Wie können Menschen Ally, ein/e Verbündete/r, sein, ohne sich in den Vordergrund zu drängen?

Mary: Allyship ist ein hartes Konzept. Mein Verständnis von Allyship ist, dass alle Menschen zwar betroffen sind, die Frage ist, auf welcher Seite du stehst. Auf der Seite, auf der du von einer Diskriminierungsform profitierst, oder stehst du auf der betroffenen Seite? Sprich nicht über Betroffene, lass sie sprechen und höre ihnen zu.

Und dann stellen sich dementsprechend schmerzhafte Fragen, oder?

Mary: Genau. Allyship bedeutet in der Realität oft, dass Menschen Privilegien ja nur deswegen haben, weil andere sie nicht haben. Das ist ein Euphemismus für Unterdrückung. Schlanke Frauen profitieren zum Beispiel in der Arbeitswelt: In Deutschland verdienen Frauen laut IZA im Durchschnitt zwölf Prozent weniger. Wenn du wirklich Ally sein willst, dann mach Bekanntschaft mit deinen Gefühlen, mit Scham, Trauer, Wut, Ohnmacht. Als normschlanke Person kannst du anfangen, dich für Ungleichbehandlung und -bezahlung deiner Kolleg*innen zu interessieren und zu überlegen: Was kann ich gegen diese Ungleichbehandlung unternehmen?

Welche praktischen Tipps für Allyship würdest du Menschen geben, die echtes Interesse haben?

Mary: Wenn meine schlanke Freundin zum Beispiel mit mir zu Ärzt*innen kommen würde, würde mir das helfen, weil es für mich die Wahrscheinlichkeit erhöht, dass ich im Untersuchungsraum ernst genommen und tatsächlich untersucht werde. Es würde mir auch helfen, wenn meine normschlanke Freundin ein ass-friendly Café aussucht, wenn wir beide Kuchen essen gehen. Also ein Café, in dem der Stuhl nicht zu klein für mich ist. Ich möchte, dass das mitgedacht wird – das gelingt, indem Mensch das Leben einer bestimmten Gruppe kennenlernt. Guck dir an, wie die Lebensrealität einer bestimmten benachteiligten Gruppe aussieht. Das soll jetzt nicht heißen, dass du jeder Person mit einem dicken Körper ungefragt sagst, wo sie am besten Onlineshopping machen kann. Worauf ich hinauswill, ist: Komm ins Gespräch. Wie sieht deine Lebensrealität aus? Höre zu, versuche, Empathie aufzubringen und dann zu fragen: Wie kann ich dir helfen? Und: Willst du überhaupt Hilfe von mir? Eine gute Ally zu sein kann bedeuten, in der Büroküche oder der Kantine nicht zu sagen: »Oh Gott, ich muss unbedingt fünf Kilo abnehmen, damit ich diesen Bikini anziehen kann.« Das ist nicht nur eine gewaltvolle Aussage dir gegenüber, sondern auch anderen Menschen, die nicht deinen Körper haben. Übernimm Verantwortung für deine Sprache und dein Handeln. Als Ally geht es nicht um deine Gefühle, sondern um die der betroffenen Person.

Was entgegnest du Menschen, die jetzt sagen: »Aber darf ich denn nicht auch über meine Probleme reden?«

Mary: Klar darfst du das. Die Frage ist aber: Mit wem sprichst du und in welchem Rahmen? Um das zu verdeutlichen, mache ich jetzt mal einen harten Cut: Ich weiß, dass *weiße* Menschen Probleme haben, aber wenn ich über Anti-Schwarzen Rassismus rede, den ich erlebt habe, dann möchte ich von einer *weißen* Person in diesem Moment nicht hören, welche Schwierigkeiten sie mit dem Thema hat. Schön wäre es, wenn Mensch sensibel genug ist, um für sich ein paar Dinge vorab zu klären: In welchem Raum bin ich gerade und mit wem? Und vielleicht auch zu überlegen: Bin ich hier privilegiert? Wie viel Gesprächsraum nehme ich ein bzw. sollte ich einnehmen? Das sind Fragen, die nicht einfach zu beantworten sind. Achtsamkeit kann uns dabei helfen, die Grenzen anderer wahrzunehmen und einzuhalten, um einen besseren Umgang miteinander herzustellen. Sei zart zu dir, denn die Welt und vor allem du selbst sind schon hart genug zu dir.

* * *

Was mir durch die Arbeit von Mary immer deutlicher bewusst wurde, ist, dass einfach ALLES miteinander verknüpft ist und man Themen nur sehr schwer alleinstehend betrachten kann. Ich habe gelernt, den Hashtag BodyPositivity nicht mehr für meine Arbeit zu nutzen, sondern viel eher #Körperakzeptanz #Bodyacceptance oder #Bodyneutrality, damit die Menschen, von denen diese Bewegung einst stammte, die Sichtbarkeit bekommen. Und ich versuche, so gut ich es kann, eine Verbündete zu sein und mich auch dafür starkzumachen, wenn keine betroffenen Menschen anwesend sind.

Seitdem habe ich meine Privilegien reflektiert und lerne

jeden Tag mehr über antirassistische Aufklärung. Privileg übersetze ich für mich mit: Verantwortung.

Ich erwarte nicht mehr von Betroffenen, dass sie mich aufklären und mich darauf hinweisen, wenn ich etwas Grenzüberschreitendes gesagt habe, sondern ich informiere mich selbst.

Wie wir Menschen dazu bringen, uns zuzuhören

Die zweite Person, die in diesem Kapitel zu Wort kommt, ist Carina vom Instagram-Kanal @radicalsoftness_. Auf sie wurde ich durch ihren Post zum Thema Thin Privilege im September 2020 aufmerksam. Ihr Beitrag hat mich wachgerüttelt und tief bewegt. Zuvor wusste ich gar nicht so richtig, was Thin Privilege wirklich bedeutet. Die Art und Weise, wie Carina das Privileg, dem schlanken Schönheitsideal zu entsprechen, thematisierte, löste in mir sofort Dankbarkeit aus, weil ich mich verstanden fühlte.

Carina ist eine Ally, eine echte Verbündete. Sie ist Pädagogin und Onlineaktivistin für die Themen Körper, Mental Health und ADHS, und sie hat mit ihrem Beitrag, der viral ging, ein Miteinander geschaffen. Ich freue mich riesig, dass ich Carina dafür gewinnen konnte, mit mir über das Thema zu sprechen. Ich war in meinem Leben zwar schon einmal an dem Punkt, dass ich als schlank und normschön galt, aktuell bin ich dies aber nicht. Daher finde ich es wichtig, eine schlanke Person über das Thema Thin Privilege und auch die Verbindung Fettfeindlichkeit zu Wort kommen zu lassen.

»Je mehr Raum eine Person mit ihrem Körper einnimmt, desto weniger Raum wird ihr von der Gesellschaft gewährt«

Ein Gespräch über Thin Privilege und die Kunst, sich selbst zurückzunehmen

Liebe Carina, wie bist du als schlanke Person auf die Idee gekommen, einen Beitrag zum Thema Thin Privilege zu veröffentlichen?

Carina: Als auf Social Media Beiträge zu »Same Body – Different Pose« immer mehr trendeten, fiel mir etwas auf. Bei diesen Fotos sieht man eine Person in zwei Posen, einmal mit eingezogenem Bauch, viel Körperspannung, eben so vorteilhaft wie möglich. Und auf dem zweiten Foto mit zum Beispiel entspanntem Bauch, der über den Hosenbund guckt, eine vermeintlich unvorteilhafte Pose. Ich stellte fest, dass vor allem schlanke weiße Personen auf den Fotos zu sehen waren. Das wunderte mich: Sollten bei solchen Postings nicht eher die Personen sichtbar werden, deren Körper nicht als normschön gelten? Auf einmal fanden sich unter den Hashtags #Samebodydifferentpose und #Bodypositivity vorwiegend Frauen, die schlank sind. Wenn eine solche Bewegung von bestimmten Menschen im Netz geflutet wird, ist sie ja nicht inklusiv und ihr Zweck somit verfehlt.

Für alle, die dein Posting nicht kennen: Bitte beschreibe es uns einmal.

Carina: Ich ahmte den »Same Body – Different Pose«-Trend nach, aber mit einem Twist: Auf einem Foto zog ich meinen Bauch ein, auf dem anderen streckte ich ihn raus. Statt

»Instagram vs. Reality« schrieb ich auf beide Bilder Thin Privilege. Der Post ging dann ziemlich schnell viral. Aktivismus möchte ja immer etwas sichtbar machen, mich stört es, dass viele Aktivist*innen andere Menschen mit ihren Aktionen noch unsichtbarer machen. Und das hat mich an diesem Trend so sehr gestört. Ich hatte irgendwie das Gefühl, dass das noch niemand so wirklich hinterfragt hat. Ich habe es dann einfach gemacht.

Gab es ein bestimmtes Erlebnis, das dazu führte, dass du dich als schlanke Person für Menschen starkgemacht hast, die nicht als normschön gelten?

Carina: Alles fing damit an, dass ich an der Uni sehr viele Seminare zu intersektionalem Feminismus hatte. Dazu kam, dass ich 2017 einen Brandunfall hatte, ich habe sehr großflächige Narben davongetragen. Meinen veränderten Körper zu akzeptieren war für mich anfangs sehr schwierig, weil ich auf einmal weiter weg von der Normschönheit war. In diesem Zusammenhang stieß ich schon bald auf das Thema Fettfeindlichkeit. Zwar bin ich selbst keine Betroffene, aber die extreme Diskriminierung durch die Gesellschaft erschütterte mich.

Du bist seitdem eine Ally, eine Verbündete, für mehrgewichtige Menschen. Warum geht das Thema deiner Meinung nach eben nicht nur diejenigen an, die es unmittelbar betrifft?

Carina: Ich glaube, dass Fettfeindlichkeit eigentlich für die meisten Menschen Thema ist. Würden sie sich reflektieren, würden sie es merken. Denn selbst wenn es sie persönlich nicht betrifft, dann existiert doch in den meisten von uns eine internalisierte Feindlichkeit. Die habe ich mir gegenüber auch. Meine ganze Jugend versuchte ich, irgendwelche Diäten zu machen und abzunehmen, fühlte mich immer dick. Heute weiß ich: Dicksein ist kein Gefühl. Ich war nie dick, ich hatte immer dieses Privileg, als schlank wahrgenommen zu werden. Aber ich hatte eine riesige Angst davor, als dick gesehen zu werden, weil für mich einfach dick sein verknüpft war mit unattraktiv sein, so wie es eben gesellschaftlich transportiert wird. Das, glaube ich, betrifft sehr viele Menschen.

Wie reagierst du, wenn Kritiker*innen nun sagen: »Darf man sich denn jetzt gar nicht mehr zeigen und über seine eigenen Probleme sprechen?«

Carina: Ich würde antworten, dass das nicht stimmt. Ganz einfach. Es ist total valide, dass wir alle einem Druck ausgesetzt sind. Was dabei aber oft vergessen wird: Fettfeindlichkeit ist ein ganz eigenes Thema mit einer ganz eigenen Dimension. Wie ich finde, mit die extremste Diskriminierungsform, wenn es ums Thema Bodyshaming geht. Es stört mich gar nicht, wenn schlanke Personen über ihre Wunschvorstellungen sprechen, sondern wenn sie das nicht in Relation setzen.

Wenn sich schlanke Frauen in der Öffentlichkeit dazu äußern, dann ist es wichtig, dass sie ihr Privileg, das Thin Privilege, eben auch benennen.

Carina: Genau, und dass sie zum Beispiel sagen: »Ich weiß, dass es da draußen Frauen gibt, die größere Körper haben und deren Erfahrung auch sichtbar gemacht werden muss.« Mir geht es bei meiner Arbeit als Aktivistin auch um Achtsamkeit in der Wortwahl. Wenn sich eine schlanke Person hinstellt und sagt:»Oh, ich habe solche Probleme, ich fühle mich so dick«, soll sie doch bitte mal reflektieren, was das mit mehrgewichtigen Menschen macht. Ich finde einfach, dass es unsere Verantwortung als Menschen ist, Rücksicht aufeinander zu nehmen.

Was könnte ein erster Schritt in diese Richtung sein?

Carina: Ich erwarte nicht, dass sich jede*r perfekt ausdrückt, aber ich glaube, jeder Mensch hat die Kapazitäten zu sagen:»Okay, ich bin offen gegenüber Kritik, und ich höre anderen Menschen zu.«

*Vielleicht gibt es Leser*innen, die selbst auch schlank sind und sich jetzt fragen, wie sie ein guter Ally, eine gute Verbündete für dicke Menschen sein könnten – was würdest du raten?*

Carina: Biete den Betroffenen Raum an, von ihren eigenen Erfahrungen zu erzählen. Und fang dann nicht an, dich selbst zu zentrieren, wenn du antwortest. Das ist ein Punkt, den ich auch selbst schwierig finde, weil ich glaube schon, dass mein Post auch deswegen so viral ging, weil ich eben eine schlanke Person bin und weil ich auf sehr vielen Ebenen in ein normschönes Bild passe. Es geht darum, eine Balance zu finden und zu merken: Hey, es geht hier nicht um mich, sondern um mein Gegenüber.

Dünne Menschen berichten ebenfalls davon, dass sie diskriminiert werden. Was sagst du dazu?

Carina: Bodyshaming kann jede Person treffen, klar, das ist ein großes Problem. Aber ich glaube wirklich, dass Fettfeindlichkeit noch mal eine andere Dimension hat.

Fett wird immer mit etwas Schlechtem in Verbindung gebracht. Ob es der zu enge Sitz im Flieger ist, im Bus, die Blicke der anderen beim Sport. Du kriegst zu spüren, dass du nicht gern gesehen bist. Ein zutiefst menschenfeindliches Verhalten ist das. Da müssen wir uns fragen: In was für einem System leben wir eigentlich?!

Carina: Absolut. Ich habe das Gefühl, je mehr Raum eine Person mit ihrem Körper einnimmt, desto weniger Raum wird ihr von der Gesellschaft gewährt.

Wenn Männer ihr Ideal von einer Frau beschreiben, klingt das manchmal so: klein, zierlich, kleine Füße, zurückhaltend, rasiert ... Da denke ich: Entschuldigung, aber du beschreibst hier gerade ein Kind! Wenn eine Frau wie ich Raum einnimmt, dann kriegt man immer gleich Angst. Im sexuellen Kontext wird mir dann schnell eine dominante Rolle zugeschrieben. Ich möchte aber nicht direkt in so eine sexuelle Ecke gedrängt werden.

Carina: Ja, das ist diese Wechselwirkung von Sexismus und Fettfeindlichkeit, die weiblich gelesene Personen öfter trifft als männliche. So will es das patriarchale System, weiblich gelesene Personen sollen möglichst wenig Raum einnehmen. Und wenn, dann unter der Kontrolle des Patriarchats.

Das Patriarchat begünstigt und belohnt Fettfeindlichkeit. Ich glaube, wenn mehr Menschen Feindlichkeit reflektieren würden, gäbe es weniger Druck, weniger Essstörungen und viel eher die Chance, dass Menschen in Einklang mit ihrem Körper leben.

Carina: Ich fürchte, es hakt an dem Faktor, dass wir schlank mit gesund gleichsetzen. Deswegen gibt es diese ganzen Diäten, aber so langsam müssten wir alle mal wissen, dass Diäten krank machen.

Wie nutzt du deine Stimme, um über Thin Privilege und Fettfeind-
lichkeit aufzuklären?

Carina: Mein Weg ist der, dass ich nicht auf einzelne Per-
sonen im Netz reagiere, das habe ich früher so gemacht.
Heute gehe ich nicht mehr eins zu eins mit einer Person ins
Gespräch, die ich nur aus dem Internet kenne. Aber wenn
es eine gute Freundin von mir ist, versuche ich, über das
Thema aufzuklären.

Wie erklärst du dir, dass dieser Diskurs vor allem von Frauen
geführt wird?

Carina: Der Diskurs würde allen Geschlechtern guttun.
Ich glaube aber schon auch, dass weiblich gelesene Perso-
nen aufgrund der patriarchalen Strukturen einen größeren
Druck haben, was Aussehen und Körper angeht.

Die eigenen Gefühle zu reflektieren und über sie zu sprechen
scheint ja heutzutage leider auch oft noch immer den weiblich
gelesenen Personen leichterzufallen als den männlich gelesenen.
Wobei wir beim Begriff toxische Männlichkeit wären.
Wo siehst du da die Rolle von Männern?
Stichwort Small Dick Energy: Auch unter Männern findet
Bodyshaming statt, zum Beispiel wenn sie auf die Penisgröße
reduziert werden. Auch hier sind die Wurzeln der Diskrimi nie-
rung patriarchale Strukturen. Ich finde auch, dass man gemein-
same Gesprächsräume öffnen sollte. Denken wir an Männer, die
ins Fitnessstudio gehen und ihren Körper übertrainieren. Sie wer-
den despektierlicherweise als Gym-Bros bezeichnet. Der Witz
ist ja, dass viele dieser Männer laut BMI als a*ipös gehandelt
werden. Das heißt: Wir sitzen im selben Boot, ohne es zu wis-
sen. Sie trinken rohe Eier, was auch wenig mit Genuss zu tun hat,

rumgehackt wird aber nur auf den dicken Menschen mit hohem BMI.

Carina: Gut, dass du diesen Punkt ins Spiel bringst, das müssen die Menschen nämlich erst mal sehen und verstehen.

Was wünschst du dir in Zukunft für diesen Diskurs?

Carina: Ich habe einen Wunsch, der so wahrscheinlich nie in Erfüllung gehen kann. Aber meine Traumvorstellung ist, dass alle Menschen in die Selbstreflexion gehen.

Check your (Thin) Privilege!

Diskriminierung aufgrund der Körperstatur ist in unserer Gesellschaft weit verbreitet – und häufig leider auch akzeptiert. Dank Mary und Carina haben wir einen tieferen Einblick bekommen, was Privilegien genau bedeuten und wie sie im Alltag aussehen können. Noch deutlicher hat es die Journalistin Shannon Ridgway für mich gemacht. Sie stellte unter dem Titel »22 Examples of Thin Privilege« im November 2012 eine Checkliste zusammen. In der Einleitung schrieb sie: »Wenn du dein Leben lang eine ›normale‹ Statur hattest, hast du vermutlich bislang nicht darüber nachgedacht, dass es Vorteile birgt, wenn man schlank ist.« Sie ruft dazu auf, die Welt zu einem Ort zu machen, an dem Menschen aller Körperformen und Kleidergrößen diskriminierungsfrei leben können. Ridgways bislang unerfüllte Forderung feiert zum Entstehungszeitpunkt meines Buches ihr zehnjähriges Jubiläum – denn leider sind wir von einer solchen Welt noch weit entfernt. Im Folgenden findest du

einige Fragen, die an Shannon Ridgways Checkliste ange-
lehnt sind. Gehe sie gerne mal durch und frage dich ganz
ehrlich, wie oft du schon bewusst oder unbewusst vom
Thin Privilege profitiert hast und ob du jetzt vielleicht noch
ein Stück mehr verstehen kannst, dass Bodyshaming gegen
schlanke Menschen auf struktureller Ebene etwas anderes ist als die tief verankerte strukturelle Diskriminierung
mehrgewichtiger Menschen. Auch wenn es sich auf persönlicher, individueller Ebene sicherlich gleich schmerzvoll anfühlt und in einer Traumwelt nicht mehr stattfinden
sollte. Vielleicht schaffen wir es ja gemeinsam, diesen Kreis
zu durchbrechen, und leben irgendwann in einer Welt, in
der wir es nicht mehr tolerieren, andere Körper ungefragt
zu kommentieren und herabzuwerten, als andersherum, so
wie es jetzt ist. Wir wissen wie gesagt nicht, was eine Person und deren Körper in diesem Leben schon alles durch-
machen mussten, und wir sollten uns aus Respekt nicht
anmaßen, alleine durch den Anblick solche Urteile treffen
zu können. Und wir wissen nicht, was das bei anderen Personen auslöst.

- Gehen die Menschen in deinem Umfeld automatisch
  davon aus, dass du aufgrund deiner Statur nicht gesund,
  unsportlich und undiszipliniert bist?
- Kommentieren die Menschen beim Einkauf im Super-
  markt ungefragt deine Lebensmittelauswahl? Wenn du
  sie daraufhin zur Rede stellst: Behaupten sie dann, dass
  sie »einfach nur helfen« wollen?
- Bekommst du in Bekleidungsgeschäften Kleidung in deiner Größe, in den neuesten Styles und Farben anstelle
  von farb- und formlosen Outfits, die deinen Körper verbergen sollen? Oder vielleicht sogar gar nichts – in keinem Geschäft in der Stadt?

- Schlagen Freund*innen und Familie dir ständig Diätprogramme vor?
- Machen deine Ärztinnen und Ärzte automatisch eine Blickdiagnose und gehen davon aus, dass du Diabetes hast, wenn du zum Praxistermin kommst? Sparen sie sich den Blutzuckertest aufgrund deiner Statur? Raten sie dir, mehr Sport zu machen und weniger zu essen, ohne auch nur einen Wert von dir oder deine Ernährungsgewohnheiten zu kennen und ohne das Anliegen zu prüfen, weswegen du zum Termin gekommen bist?
- Hörst du immer wieder den Satz: »Du hast so ein hübsches Gesicht, für deine Figur«?
- Halten andere dich automatisch für faul und undiszipliniert? Und beklatschen dich, wenn sie dich im Fitnessstudio sehen, als wärst du etwas ganz Besonderes? Und heben sie immer wieder hervor, dass sie nicht gedacht hätten, wie sportlich du bist?
- Ist deine Statur immer wieder das Hauptthema von Witzen in Comedy-Programmen, Shows und Serien?
- Fragen Menschen hinter vorgehaltener Hand, ob man mit einer Person mit deiner Statur Sex haben könnte? Oder haben Menschen je Wetten abgeschlossen, um mit Personen wie mit deiner Figur Sex zu haben?
- Findest du nicht genug Platz im Flugzeug, ohne verlegen nach einer Gurtverlängerung fragen zu müssen oder mehr Geld für deinen Sitzplatz in einer anderen Kategorie ausgeben zu müssen?
- Kannst du in der Öffentlichkeit nicht essen, was und wann du willst, weil andere dich beim Essen imitieren, dir ungefragt einen Salat hinstellen oder dich verbal attackieren, dass du aufhören solltest zu essen?
- Kannst auch du nicht mit einer Packung Donuts in der

Hand aus einem Laden treten, ohne dass jemand dir zuruft: »Iss die lieber nicht, Fet**«?
– Wirst du immer wieder ungefragt zu einer Schwangerschaft beglückwünscht, und wird ungefragt über deinen Bauch gestreichelt, obwohl du nicht schwanger bist?
– Wirst du beim Dating auf deinen Körper reduziert und als Fetisch behandelt oder eher nur heimlich gedatet?

Anhand dieser Fragen hast du vielleicht einen Eindruck davon bekommen, was Thin Privilege im Alltag bedeuten kann: Du musst dich nicht ständig durch äußere Umstände mit deiner Statur auseinandersetzen, weil dein Körper immer wieder ungefragt kommentiert und herabgesetzt wird.

Zeitgleich sollte uns allen immer bewusster werden, dass wir in einer Welt leben, in der ein weiblich gelesener Körper immer wieder kommentiert wird und man es anderen nie recht machen kann.

Wenn du magst, lies die Fragen jetzt noch einmal durch, und mach dir bewusst, was mehrgewichtige Menschen jeden Tag zu hören bekommen. Einige öfter und andere seltener, je nachdem, in welchem Umfeld man sich bewegt, wie groß der Körper ist und ob noch andere Faktoren eine Rolle spielen, wie Pretty Privilege, Hautfarbe, Behinderung, Status und vieles mehr. An dieser Stelle kann ich jeder Person nur empfehlen, diese Privilegien-Tests für weitere Themen zu machen. Mir persönlich hat es sehr geholfen zu verstehen, wie gesellschaftliche und vor allem diskriminierende Strukturen ineinandergreifen, wie ich sie erkenne und wie ich mit ihnen umgehen kann. Ich gebe mir große Mühe, andere Menschen mitzudenken und mich einzusetzen, dass diese Stimmen mehr gehört werden. Über so etwas würde ich mich auch sehr freuen.

Mir geht das Herz auf, wenn ich mitbekomme, dass schlanke Personen sich dafür einsetzen, dass auch dick_ fette Personen Einladungen zu Events bekommen, mitgedacht und fair bezahlt werden. Ich liebe es zu sehen, wenn eine Person ihre Stimme gegen Bodyshaming einsetzt, auch wenn eine mehrgewichtige Person vielleicht gerade nicht im Raum ist. Wenn man nicht über den respektlosen Witz über dicke Menschen mitlacht, der von einer nicht betroffenen Person gemacht wird. Und genauso setze ich mich dafür ein und kläre auf, wenn zum Beispiel schlanke Menschen Bodyshaming erfahren. Egal ob sie im Raum sind oder nicht.

Wir alle tragen unsere ganz eigenen Geschichten mit uns herum. Und ich hoffe, ihr stimmt mir zu, wenn ich sage: Jeder Körper hat Respekt verdient!

Kapitel 11

»Erstes Plus-Size-Model bei der Wahl zur Miss Germany« — Für Diversität und neue Sehgewohnheiten

Online sah ich die Ausschreibung für Miss Germany 2021 mit dem Motto #EmoweringAuthenticWomen.

»Wie schön wäre es, wenn ENDLICH mal eine Plus-Size-Kandidatin gewinnt – zum ersten Mal!«, dachte ich und sah mir neugierig die Teilnahmebedingungen an. Lese ich da richtig? Keine Regeln mehr zur Statur? Ich bewarb mich und kam weiter und weiter.

Top 160 – Top 80 – Top 32 – Top 16 Miss Hamburg – Finale – Top 3!

Was für eine emotionale Reise, bei der ich sehr viel lernen durfte und von so vielen wundervollen Menschen unterstützt wurde. Dafür danke ich jedem einzelnen.

Als ich anfing, mein Buch zu planen, entwarf ich für jedes Kapitel ein Konzept. Dieses hier sah vor, von meiner Teilnahme an der Wahl zur Miss Germany zu erzählen, als erste kurvige Frau seit Beginn dieses Schönheitswettbewerbs im Jahr 1960.

Davon, wie ich den dritten Platz belegte und Miss Hamburg wurde. Wie revolutionär das für viele und auch für mich schien. Wie glücklich ich mich schätzte, für Diversität und neue Sehgewohnheiten einstehen, anderen Menschen damit den Weg ebnen und vielleicht ein Vorbild sein zu dürfen. Ich konnte die Themen, die mir am Herzen liegen wie Diversität, Sichtbarkeit und Respekt medial platzieren und Menschen zum nachdenken anregen. Ich durfte auf der Reise wundervolle Menschen kennenlernen. Das war alles, was ich wollte, das habe ich erreicht und das hat mich sehr glücklich gemacht. Zusammengefasst: die gute Seite meiner Geschichte zu zeigen.

Und dann gibt es noch eine andere Seite, die, die sich erst einige Zeit nach dem Finale zeigte. Die für mich persönlich leider vieles in ein anderes Licht rückte und die empowernden und einmaligen Momente überschattete und mir bewusst machte, dass man tief verankerte Strukturen nicht in kurzer Zeit ändern kann. Es braucht Geduld, viel Arbeit und Kraft. Das wünsche ich jeder Person, die sich für ein Thema stark macht, für das sie brennt.

Kapitel 12

#RespectMySize

#RespectMySize – so lautet der Claim unserer Antidiskriminierungskampagne gegen dicke Menschen und der Name unseres Podcasts, in dem wir wöchentlich aufklären dürfen. Ich danke der wundervollen Verena Prechtl @ms_wunderbar, dass ich das Buch unter diesem Titel veröffentlichen und unsere Message noch weiter hinaus in die Welt tragen darf.

FETT – FAUL – HÄSSLICH – EKELHAFT – UNDISZIPLINIERT – UNSPORTLICH – UNGEPFLEGT – UNGESUND – ABSTOSSEND – WEHRLOS – MASSLOS – VERFRESSEN – UNATTRAKTIV – UNGLÜCKLICH – UNZUMUTBAR – FETISCH – EKELERREGEND – GESCHMACKLOS – UNANSEHNLICH

Ein dicker Mensch kämpft Tag für Tag gegen diese Bewertungen an, bewusst oder unbewusst. Sie stehen auf Werbebannern, auf Plakaten an Hauswänden, in Anzeigen in Zeitschriften. Mal ganz direkt, mal unterschwellig. Und wir sehen sie nicht nur, wir bekommen sie auch zu spüren: durch zu schmale Stühle in Konferenzräumen oder zu kleine Sitze im Bus oder im Flugzeug. Oder durch schlechtere Löhne. Oder fehlende Kleidung. Oder oder oder Ich kenne all das schon mein Leben lang. Als junges Mädchen nahm ich es hin. Mal schluckte ich das Schamgefühl einfach runter, mal spürte ich Wut in mir aufsteigen, konnte sie jedoch nicht zuordnen oder überhaupt rauslassen. Wäre irgendwann eine Grenze des Ertragbaren überschritten? Wäre ich irgendwann einmal genug? Diese Frage stellte ich mir sicherlich nicht bewusst, aber sie schwang doch immer mit. Und eines Tages war dieses Irgendwann da. Davon erzähle ich euch jetzt.

»Skandal in Cuxhaven: Hotel-Besitzerin will keine dicken Gäste beherbergen« – »Designerstühle instabil – Nordsee-Hotel vermietet nicht an Dicke«. Verschiedene deutsche Tageszeitungen berichteten um den 5. Juni 2020 herum über die diskriminierenden Aussagen einer Hotelbesitzerin. Sie hatte auf ihrer Website verkündet, »dass das Interieur unseres Hauses für Menschen mit einem Körpergewicht von mehr als 130 kg nicht geeignet« sei, wie das Nachrichtenportal *buten un binnen* berichtete. Angesprochen auf die Diskriminierung von dicken Menschen, entgegnete sie im Interview mit *buten un binnen:* »Also, ich finde es persönlich diskriminierend, dass ich so einen Anblick ertragen muss – ehrlich gesagt. Und ich weiß, wenn ich dick bin, dass da was nicht stimmt. Und es hat ja auch nicht jeder was mit der Schilddrüse.« Wie ein Lauffeuer verbreiteten sich die Beiträge innerhalb weniger Minuten in meinem Netzwerk. Empörung. Entsetzen. Hat sie das wirklich so gesagt? Kaum zu glauben, aber: hat sie.

Die Empörung der Medien veranlasste einige Journalist*innen zu einer Folgefrage: Darf man dicken Menschen wirklich den Zugang zu einem Hotel verwehren? Der nächste Skandal nach der Diskriminierung ist: Man darf. Denn Diskriminierung von dicken Menschen ist leider noch immer nicht Teil des Antidiskriminierungsgesetzes, wie ihr in Kapitel 10 mit Mary erfahren konntet. Das wusste ich bedrückenderweise leider schon vorher, trotzdem: Das kann so nicht stehen bleiben.

Als Erstes schrieb ich meiner Blogger-Kollegin Tanja Marfo von Kurvenrausch. Mit ihr hatte ich schon einige Aktionen umgesetzt, zum Beispiel »#WhatAboutUs – Was ist mit uns?« Anlass war ein Influencer*innen-Event einer Fashion-Firma, zu dem so gut wie alle Creator*innen eingeladen wurden, außer Menschen aus der Plus-Size-Branche. Dabei waren es doch genau die Plus-Size-Creator*innen, die die Lücke zwischen fehlenden Vorbildern, einseitigen Sehgewohnheiten und dem neuen wachsenden Fashion-Plus-Size-Angebot schlossen und wirklich viel bewegten. Damals taten wir beide uns zusammen, doch eine Antwort von der Marke auf unsere Mails bekamen wir nie. Also starteten wir die Aktion #WhatAboutUs, die superschnell viral ging und mit der sich Menschen aus unseren Communitys endlich gesehen und verstanden fühlten.

Tanja war von den Aussagen der Hotelbesitzerin genauso erschüttert wie ich. Ich wollte unbedingt laut werden, mehr tun, ich wusste nur noch nicht genau, was. Doch Tanja war zu diesem Zeitpunkt zu sehr in andere Projekte eingebunden, also suchte ich weiter nach einer Verbündeten – und stieß auf meine langjährige Blogger-Kollegin Verena Prechtl von @ms_wunderbar. Wir waren uns sofort einig: Dass dicke Menschen öffentlich immer wieder wie das Letzte behandelt werden, ohne dass jemand einschreitet – das ist zu viel! Ab diesem Tag hatten Verena, die in München lebt, und ich quasi eine Standleitung via WhatsApp. Wir brainstormten, recherchierten, informierten uns, schmiedeten Pläne, verwarfen sie und schmiedeten neue. Wir schrieben Listen, sendeten Nachrichten, Mails, Voicemessages, hatten Videocalls. Unsere erste Idee, um gegen die Diskriminierung

Flagge zu zeigen: Wir bilden eine digitale Menschenkette, bei der wir uns im übertragenen Sinne an die Hand nehmen. Die visuelle Umsetzung war zu kompliziert, deshalb verwarfen wir den Gedanken wieder. Wie könnten wir für besonders viel Aufmerksamkeit sorgen? Solange uns die zündende Idee noch fehlte, sammelten wir Namen für unsere bevorstehende Aktion. #Wirsindauchwertvoll, #dickeFreunde, #Größezeigen, #MehrAlsDeinFettesVoruteil ... Durch meine Arbeit in der Werbeagentur war ich es gewohnt, immer wieder umzudenken und neue »Runden zu drehen«.

Eine ehemalige Agenturkollegin und unfassbar talentierte Freundin Ann-Kathrin, die ich zum Brainstorming mit ins Boot holte, schickte uns sehr smarte Wortspiele zu »Size« und »Opinion« in den Ring. Mit ihren Vorschlägen drehten wir noch ein paar Ideenrunden, dann hatten wir unseren Kampagnennamen: #RespectMySize – gegen Diskriminierung und für mehr Vielfalt.

Mit der Entscheidung für den Namen sprudelten auch die Ideen zur Umsetzung. Gemeinsam mit den aktivsten Mitgliedern unserer Community gründeten wir eine Facebook-Gruppe, in der wir ankündigten, dass hier bald etwas Großes passieren würde. Was wir noch nicht verrieten: Wir planten ein ganz besonderes Shooting, Verena in München, ich in Hamburg. Die Models sollten wir beide sein, und auf unseren Körpern sollten all die hässlichen Vorurteile gegen dicke Menschen geschrieben stehen, mit denen wir uns tagtäglich rumschlagen müssen. Unser Kampagnenname durfte natürlich auch nicht fehlen. In wunderschönem Handlettering standen die Worte RESPECT MY SIZE – unsere Message, die alle erreichen sollte – auf weißem Papier geschrieben. Wir überzeugten unser Team aus kreativen Menschen von unseren Plänen, und nur wenige Tage später ging es los.

Fotograf*innen, Handletterer, Presse-Expertin: Ein Zahnrad griff ins andere. Zu meinem Shooting-Tag in Hamburg kamen auch einige Personen aus meiner Community, die uns unterstützten und die Message sichtbar machten. Ein großer Fernsehsender fand unsere Aktion so spannend, dass er unser Shooting begleitete und von der Aktion berichtete, ebenso wie ein befreundeter Reporter, der ebenfalls für ein großes Onlineformat arbeitete. Alle Beteiligten wollten mit uns ein Zeichen setzen, weil sie unsere Message verstanden: gegen Diskriminierung von dicken Menschen und für mehr Respekt. Auch der Austausch mit den Journalist*innen verlief an diesem Tag sehr angenehm und auf Augenhöhe, die Stimmung war ausgelassen. Zwischen der Entscheidung für die Kampagne bis zum Tag, an dem wir live gehen wollten, lagen nur wenige Wochen. Ich war so voller Euphorie, dass ich in dieser Zeit kaum schlief. So störte es mich auch nicht, dass mein Geburtstag in diesen Zeitraum fiel. Währenddessen hatte ich Besuch von einer lieben Freundin – ich bin ihr noch heute für ihr Verständnis und ihre Unterstützung dankbar, denn ich ließ meinen Laptop kaum aus den Augen.

Parallel zu den Vorbereitungen informierten wir unsere Community in der Facebook-Gruppe darüber, dass wir zum Live-Tag unserer Kampagne ihre Unterstützung brauchen würden. Wir besprachen, dass alle Mitglieder zum Aktionstag ein Foto mit den Vorurteilen, die sie schon mal gehört hatten, von sich auf ihren eigenen Kanälen veröffentlichen würden. Gleichzeitig sollten sie sich davon distanzieren und zeigen, dass sie so viel mehr sind, und ihre eigene Geschichte erzählen.

Unsere Idee sollte hohe Wellen schlagen, schließlich ging es um so viel! Auf unserem Weg zum Launch-Day begleiteten uns natürlich auch Zweifel und Misserfolge.

Da waren Kolleg*innen, die Sorge hatten, dass die Kampagne nicht positiv genug sei. Entmutigen ließen wir uns dennoch nicht. Mittlerweile stand auch der Tag fest, an dem wir alle unsere #RespectMySize-Fotos veröffentlichen würden: Sonntag, der 19. Juni 2020 um Punkt 12 Uhr. Verena, ich und auch Marie, unsere Verbindung zur Presse, hatten uns die Finger wund getippt, um alle möglichen Redaktionen über das Datum zu informieren – natürlich ohne zu viel zu verraten.

Mithilfe von Marie, die als Expertin genau weiß, wie PR-News auszusehen haben, waren wir perfekt vorbereitet. Wir bogen langsam, aber sicher auf die Zielgerade.

Als ich meine fertigen Fotos das erste Mal sah, bekam ich Gänsehaut vor Aufregung und Vorfreude: Mein Posting bestand aus mehreren Bildern. Auf Foto Nummer eins stand das Wort »hässlich« auf meinem Dekolleté. Auf Foto Nummer zwei hielt ich ein Schild in der Hand, auf dem »NICHT« stand.

Auf den weiteren Bildern stellte ich Verena und mich vor, erzählte, warum wir die Aktion machten, zeigte auf, wo Menschen mit Mehrgewicht Diskriminierung im Alltag erfahren, welche Beleidigungen wir uns als dicke Frauen regelmäßig online anhören dürfen, und richtete einen Appell an Menschen, die sich durch die Messages angesprochen fühlten, wie sie damit umgehen könnten. Im Text zu meinem Posting schilderte ich mein Unverständnis über die Aussagen der Hotelbesitzerin und ihre offensichtliche Ignoranz, sich in dieser Weise öffentlich zu äußern. Ich rief alle dazu auf mitzumachen, denn das war die große Stärke unserer Kampagne, die wir während der gesamten Vorbereitungszeit spürten. Gemeinsam würden wir etwas Großes schaffen. Hier ein Auszug aus meinem Posting:

Zusammen mit Blogger-Kolleg*innen und EUCH möchten wir ein Zeichen für mehr Vielfalt setzen und die Vorurteile gegenüber Menschen mit einer Statur außerhalb der Norm sichtbar machen. Wir wünschen uns, dass jeder Mensch so sein darf, wie er ist, ohne diskriminiert zu werden. Deswegen macht unbedingt mit und postet einen Beitrag zum Thema #RespectMySize.

So weit, so gut, mein Posting war perfekt vorbereitet. Am Sonntag, den 19. Juni 2020, saß ich ab morgens vor meinem Laptop und wartete darauf, dass es endlich 12 Uhr werden würde. Als es so weit war, drückte ich mit wild pochendem Herzen und einem breiten Lächeln im Gesicht auf »Veröffentlichen«.

Wir würden die Diskriminierung von dicken Menschen auf ein neues Sichtbarkeitslevel heben, so viel stand fest. Bisher wurde sich dafür selten so lautstark eingesetzt. Warum nur? Vermutlich weil das Thema mit viel Unsicherheit und Schamgefühl behaftet ist. Die Minuten und Stunden nach der Veröffentlichung fühlten sich magisch an, weil so viele von unseren Blogger-Kolleg*innen, Zuschauer*innen und auch Menschen, die wir noch gar nicht kannten, mitmachten. Unsere Newsfeeds waren voll von #RespectMySize und Personen, die ihre Diskriminierungserfahrungen sichtbar machten. Verena und ich telefonierten uns sofort zusammen und fingen beide an zu weinen, als wir realisierten, wie viele Menschen das Thema wirklich bewegt. Fast zeitgleich erschienen die ersten Artikel zu unserer Kampagne im Netz. Montags erreichten uns dann die ersten Anfragen von Fernsehsendern für Interviews. Hier ein Live-Auftritt, dort ein Zoom-Call – alle möglichen großen Medien wollten wissen, was es mit unserer Kampagne genau auf sich hatte. Ein überwältigendes Gefühl, so viel Interesse und Solidarität hatten wir noch nie erlebt –

waren wir es doch gewohnt, jeden Platz der Mehrheitsgesellschaft mühsam erkämpfen zu müssen. Einige Interviews wurden zu kostenlosen Antidiskriminierungs-Crashkursen, in denen wir den Reporter*innen die Dynamik von Bodyshaming und Diskriminierung erklärten. Unsere Presse-Expertin errechnete, dass die Kampagne innerhalb weniger Wochen Millionen Media-Impressions erzielte.

Wie wichtig der Aufklärungsaspekt bei #RespectMySize ist, wurde mir noch einmal bewusst, als ich einige Zeit später zu einem Auftritt im TV eingeladen war. Im Vorgespräch sagte man mir, ich solle bitte kein Ü*ergewicht promoten. Ich fragte mich, an welcher Stelle ich das jemals getan hatte. An welcher Stelle hatte ich je gesagt, dass dick sein cool ist, Spaß macht und andere Menschen nachziehen sollen?

Das Einzige, was ich und mit mir so viele andere Menschen erreichen wollen, ist ein Zustand der Gleichstellung. Wir wollen Respekt. Wir wollen existieren dürfen, ohne ständig kommentiert und attackiert zu werden. Die Person, die mir diese Nachricht überbracht hatte, räumte ein, dass einer der Verantwortlichen der Show wohl süchtig nach Sport sei und wenig Verständnis für mehrgewichtige Körper habe.

Ich gab mir größte Mühe, ihr zu erklären, dass mir nichts fernerlag, als Menschen zu Mehrgewicht zu animieren. In einer Welt, in der sie fast ausschließlich Hass erfahren? Wer würde da gerne mehrgewichtig sein?!

Eine weitere Sache, die ich während der Kampagne spannend zu beobachten fand, war der Algorithmus auf Social Media. Während eine Bekannte mit einer ähnlichen Anzahl an Follower*innen ihren Beitrag, der meinem glich, zur selben Zeit schaltete, erreichte sie damit fast eine Million Menschen. Bei mir waren es nur knapp 17.000, obwohl alle Medien auf meinen Kanal hingewiesen und mein Profil verlinkt hatten. Wo also lag der Unterschied? Sie hatte einen anderen Themenschwerpunkt auf ihrem Kanal als ich, ansonsten war sehr viel sehr ähnlich. Bis heute frage ich mich, ob die geringere Reichweite vielleicht wirklich an diskriminierenden Algorithmen lag?

Unsere Mission: Empathie

Wir alle haben unser Denken und unsere Wortwahl selbst in der Hand. Kein Mensch darf aufgrund seiner Statur oder anderer Merkmale diskriminiert werden. Wir wünschen uns bis heute, dass #RespectMySize zum Nachdenken anregt und nachhaltig sichtbar macht, wie etabliert Vorurteile gegen Menschen mit einer anderen Körperform sind. Wir sollten Abstand von den gegenseitigen Schuldzuweisungen nehmen und Empathie zeigen. Hinterfragen, differenzieren und respektieren statt beleidigen und verurteilen.

Das wichtigste Merkmal unserer Kampagne ist Teamwork. Klar, dass an dieser Stelle ein ganz bestimmter Mensch also unbedingt zu Wort kommen sollte: die wunderbare Verena Prechtl. Verena ist Plus-Size-Content-Creatorin, Model und Kunsthändlerin aus München. Gemeinsam haben wir im Juni 2020 die Aktion #RespectMySize gestartet.

Ich schätze Verena für ihre Stärke, ihre sanftmütige Art, ihre Gabe zur Reflexion, ihren starken Willen, ihre Kreativität, ihren Blick für Schönes und ihren Humor, mit dem sie mich immer zum Lachen bringt. In unserem gleichnamigen Podcast #RespectMySize, produziert von den OMR Podstars, durften wir schon so viele wichtige Themen besprechen, uns reflektieren, lachen und vieles aufarbeiten.

Im folgenden Interview gibt Verena nicht nur ihre Insights und Emotionen zu unserer Kampagne preis, sie findet auch deutliche Worte dafür, warum mit sogenannten Blickdiagnosen endlich Schluss sein muss.

Liebe Verena, wenn du an den Tag im Juni 2020 denkst, an dem du zum ersten Mal den Artikel über die Hotelbesitzerin last – was lösten ihre Aussagen in dir aus?

Verena: Ich war gerade auf dem Weg zu meinem Personal Trainer, als mir eine liebe Followerin den Artikel weiterleitete. Ich las ihn im Auto und dachte nur: »WHAT THE F*CK!« Ich ging dann zum Training und erzählte direkt meinem Trainer davon. Nach der Stunde ging ich spazieren und las das Ganze noch mal. Ich war einfach nur richtig wütend und natürlich auch traurig, weil es etwas mit einem Menschen macht, wenn man so etwas liest. Das Schlimmste ist dann noch, dass niemand etwas sagt. Da ist die Message klar: Menschen dürfen einfach so öffentlich diskriminiert werden. Zurück zu Hause, machte ich eine Story dazu auf meinem Instagram-Kanal @ms_wunderbar und sah, dass du auch bereits eine Story veröffentlicht hattest – und dann haben wir beide beschlossen: Wir müssen irgendwas machen!

Wie erklärst du es dir, dass unsere Kampagne viral ging?

Verena: Ich glaube, wir beide haben uns komplett verstanden gefühlt, wenn wir miteinander sprachen und Pläne schmiedeten. Das hat Energien freigesetzt. Allein hätten wir das niemals gemacht.

Ja, das glaube ich auch. Und woran wir auch denken sollten: Corona war in vollem Gange, Jobs sind weggebrochen, plötzlich war Raum. Die Menschen schienen mit einem Mal sensibler, offener.

Verena: Absolut. Für mich war es einfach nicht auszuhalten, dass es so komplett normal zu sein schien, dass ein dicker Mensch in der Öffentlichkeit so behandelt wurde. Auch ich war durch #blacklivesmatter sensibilisiert, da war man schon so ein bisschen hellhöriger diesbezüglich.

Julia: Wie hast du die Wochen unserer #RespectMySize-Reise erlebt?

Verena: Aufregend! Und immer mit dem Gedanken im Kopf, in unserer Gesellschaft einen Fußabdruck zu hinterlassen. Dieser Fußabdruck hat die Mühe, die Anstrengung, die wirklich erschöpfenden Tage komplett wettgemacht. Wir haben sehr viele Leute zum Umdenken angeregt. Das empfinde ich als eines der größten Geschenke, die ich in meiner bisherigen Karriere erlebt habe.

Julia: Was hat die Kampagne mit dir persönlich gemacht?

Verena: Früher trug ich Scheuklappen. Ich habe zwar wahrgenommen, dass es diese Diskriminierung gibt, mich aber nicht näher damit auseinandergesetzt. Auch weil ich wusste, dass es mich verletzen würde. Je tiefer man in die Thematik eintaucht, desto schmerzhafter wird es ja. Ich hielt das jahrelang von mir fern, bin dabei immer so hypothetisch geblieben. Bis dann dieser Moment kam. Seitdem wir #RespectMySize gemacht haben, bin ich viel empfänglicher für so etwas.

Julia: Was hat sich seitdem in deinem Leben noch verändert?

Verena: Ich nehme Ungerechtigkeiten eher wahr und erhebe im Gegensatz zu früher meine Stimme. Klar, im Freundeskreis, in der Schule habe ich das damals auch schon gemacht, aber jetzt mache ich mich in der Öffentlichkeit für meinen Standpunkt stark. Vielleicht liegt das auch am Älterwerden, an der Reife, aber auch an der Gruppendynamik. Der Support bei #RespectMySize war und ist wirklich unvergleichlich. Dank dieser Zeit weiß ich, wie sehr es sich lohnt, sich für marginalisierte Gruppen starkzumachen.

Julia: Wenn ich auf unsere Kampagne zurückblicke, würde ich heute viel mehr auf Diversität setzen. Was würdest du anders machen?

Verena: Ja, wir hatten damals auch schon Schwarze Freundinnen für die Kampagne angefragt, aber aufgrund von Black Lives Matter hatten sie verständlicherweise keine Kapazitäten. Natürlich würden wir heute auch Menschen mit Behinderungen, mit verschiedenen Hintergründen und unterschiedlichem Alter einbeziehen, auch was LGBTIQAI+ angeht.

Julia: Heute sind wir da auch ganz anders vernetzt und auf einem anderen Wissensstand.

Verena: Unser Shooting haben wir innerhalb von nicht mal zwei Wochen auf die Beine gestellt. Es musste alles so schnell gehen. Zudem müssen wir uns auch wirklich noch mal vor Augen halten, dass wir kein Budget hatten.

Julia: Was wünschst du dir für die Zukunft: Wie soll es mit der Antidiskriminierung von Menschen mit Mehrgewicht weitergehen?

Verena: In erster Linie würde ich mir wünschen, dass sich die Sehgewohnheiten der Menschen verändern und dass die Menschheit offener wird. Tolerant, sachlich, respektvoll.

Julia: Inwiefern spürst du im Alltag Diskriminierung?

Verena: Menschen sagen mir ständig, ich sei nicht gesund, mein Gewicht sei ein Todesurteil. Ich glaube, das ist das, was mich persönlich am meisten nervt: diese blöden Blickdiagnosen. Ich weiß ja, dass Menschen eben auf den ersten Blick ein Urteil fällen. Aber jede*r kann und sollte versuchen, das zu ändern. Wenn ich beispielsweise an der Kasse stehe und ein Glas Schokocreme für meinen Ehemann kaufe, denken so einige Leute wahrscheinlich:»Oh, die Dicke frisst das heute Abend alles in sich rein.« Auch ich habe Menschen schon vorverurteilt, aber wir müssen endlich umlernen und der nächsten Generation beibringen, wie es wirklich laufen soll.

Julia: Was tust du selbst für diesen Umlernprozess?

Verena: Beim Thema Sehgewohnheiten denke ich mir ganz oft: Not my business! Und abgesehen davon: Warum soll ich jemand anderen beurteilen? Das bereichert mich doch nicht! Nimm dir lieber eine Zeitung und lies was über das aktuelle Weltgeschehen, anstatt dich mit Gossip abzugeben.

Julia: Gibt es noch etwas, das du unbedingt loswerden möchtest?

Verena: Ich finde es wichtig, dass wir uns von dem lösen, was andere Menschen über uns denken. Das macht uns nur kaputt. Du kannst nur dann eine gesunde Beziehung zu dir und deinem Körper aufbauen, wenn du dich nicht auch noch damit beschäftigen musst. Wir haben ja schon genug mit uns selbst zu tun. Wir sollten lernen, uns selbst zu verzeihen. Mir helfen der Umgang mit Sprache und eine veränderte Sprache da ganz besonders – das habe ich von dir gelernt, liebe Jules. Du hast mir beigebracht, dass es ausschlaggebend ist, welche Worte man für sich selbst wählt. Du erinnerst mich immer wieder daran. Wenn ich zum Beispiel von mir selbst denke, dass ich etwas nicht kann, sagst du:»Doch, du kannst das. Ich weiß es, weil ich das schon bei dir gesehen habe. Unterschätze dich nicht.«

Julia: Liebe Verena, vielen Dank für das schöne Gespräch!

Hinter den Kulissen von #RespectMySize

»Stimmt etwas nicht?« Fatsuit-Magazin-Cover

Damals wusste ich noch nicht, was Diskriminierung wirklich bedeutet. Ich nahm es immer eher als ein bedrückendes Gefühl wahr. Wie zum Beispiel, als das Magazin *BARBARA* erschien. Auf dem Cover trug Barbara Schöneberger im Frühjahr 2019 einen Fatsuit, einen Anzug, der einen dick_fetten Körper simuliert. Es sah so aus, als säße sie dort nackt. Darunter stand die Frage: »Stimmt was nicht?« Auch in einer Instagram-Story zeigte sich die Moderatorin so. In dem Beitrag, der hinter den Kulissen gefilmt zu sein schien, sah man, wie sie sich eine Kelle nahm und damit Essen in sich hineinschaufelte. Die Botschaft dahinter? Vermutlich: »Nichts gegen Dicke, ich bin selber eine.«

In der Ausgabe des Magazins mit dem Fatsuit-Cover hätte ich mir sehr gewünscht, dass sie diese Provokation smart auflöst und vielleicht auf Diskriminierung von mehrgewichtigen Menschen aufmerksam macht. Eine Fotostrecke mit Frauen, die sonst nicht gesehen werden, ein Artikel, in dem Personen zu Wort kommen, die sonst nicht gehört werden. Aber Fehlanzeige. Es gab keinen Beitrag, der eine reflektierte Perspektive des Themas einnahm. Meine langjährige Blogger-Kollegin und Initiatorin der Diversity Fashion Days, Tanja Marfo, und ich beschlossen, nicht mehr leise zu sein, sondern einen Beitrag dazu zu verfassen. Wir ließen uns in nudefarbener Unterwäsche fotografieren und zeigten, dass es auch Menschen gibt, die ohne Fatsuit so aussehen wie Barbara auf dem Cover. Dazu stellten wir die Gegenfrage: »Stimmt was nicht?« Im Internet trendete zeitgleich #MeinKörperistkeinKostüm, den wir sehr passend fanden.

Wir veröffentlichten die Fotos gleichzeitig, und die Beiträge gingen viral. Wir bekamen von so vielen Menschen Support. Unsere Communitys waren dankbar, dass wir laut wurden. Am Tag danach rief das Fernsehen an. Ich war zu diesem Zeitpunkt in Frankfurt und auf dem Weg zu einem Event von Unternehmerin Judith Williams. Dort sprach sie aus dem Nichts dieses Thema an und sensibilisierte alle Anwesenden. Sie solidarisierte sich mit uns und unserer Botschaft, das rührte mich zutiefst.

In einem offenen Brief wollten Tanja und ich Barbara Schöneberger und ihr Magazinteam zu einem Austausch mit uns bewegen. Leider blieb eine Antwort aus. Einige Zeit später wurde mir zugesendet, dass sie sich in ihrem Podcast dazu geäußert habe.

Mittlerweile weiß ich, dass manche Personen in der Öffentlichkeit solche Strategien nutzen, um wieder ins Gespräch zu kommen oder zu bleiben.

Das wurde mir besonders bewusst, als sie einige Zeit später sagte, dass sich Männer nicht schminken sollten. Ich hätte mir wirklich gewünscht, dass sie betroffenen Menschen zuhört.

Warum Fatsuits alles andere als lustig sind

An dieser Stelle würde ich gerne noch ein paar Worte zum Thema Fatsuit sagen. Immer wieder sehen wir Menschen, die für Cover-Shootings, Filmrollen oder zum Spaß einen Fatsuit anziehen. Menschen, die tatsächlich einen dicken Körper haben, können ihn nicht einfach ausziehen und sind dann plötzlich schlank. Dadurch wird vielen die Chance genommen, selbst Rollen zu spielen und sichtbar zu werden. Solche Kostüme sind entmenschlichend und sehen oft nicht so aus wie Menschen, die wirklich Mehrgewicht haben. Das zeigt, dass es auch da wieder keine angemessene Repräsentation dick_fetter Körper gibt. In meinen Augen sollten Schauspielende gerne in unterschiedliche Rollen schlüpfen, aber nicht in andere Körper.

Ein Fatsuit erweckt den Eindruck, dass jede dicke Person nur darauf wartet, ihren dicken Körper abstreifen zu können, und es kreiert den Eindruck, als wäre es ein einfacher Schritt, den jede Person ganz einfach schaffen könnte. Zudem schürt es Vorurteile. Wenn Schauspieler*innen wie etwa Gwyneth Paltrow im Film *Schwer verliebt* aus dem Jahr 2001 in einen Fatsuit schlüpfen, wird damit einer Schauspieler*in mit dickem Körper die Möglichkeit auf diese Rolle genommen.

Und dann gibt es immer wieder diese Selbstexperimente, in denen andere Menschen mithilfe von Fatsuits herausfinden wollen, wie es ist, einen Tag lang dick zu sein. Auch hier gilt: Man wird niemals »nachfühlen« können, wie es wirklich ist, ein dicker Mensch zu sein, wenn man es nicht ist. Stattdessen werden sehr häufig einfach Stereotype und Vorurteile reproduziert. Es wäre so wertvoll, wenn man Menschen mit mehr Gewicht einfach viel öfter selbst zu Wort kommen lässt und die unterschiedlichen Erlebnisse teilen lässt.

2020 – ein Jahr, in dem sich vieles veränderte

Im Frühjahr 2020, kurz vor #RespectMySize, war vieles in mir und in meinem Leben anders als noch ein gutes Jahr zuvor. Wenn ich mich frage, warum #RespectMySize so laut werden konnte, dann muss ich nicht nur von den vielen wunderbaren Menschen erzählen, die Seite an Seite mit uns standen, sondern auch von meiner damaligen Lebenssituation. Ich kam gerade aus der Klinik für Essstörungen, in Kapitel 6 habe ich ausführlich von meinen Erfahrungen berichtet. Dort hatte ich auch gelernt, Gefühle wirklich zu fühlen, anstatt sie wegzudrücken. So auch die Wut.

Ich wollte in ein neues Leben starten – aber dann brach Corona aus, und ich befand mich mitten im ersten Hamburger Lockdown. Glücklicherweise hatte ich genug Geld gespart, trotzdem machte ich mir Sorgen, wie es beruflich für mich weitergehen würde. Durch die Therapie hatte ich wochenlang Pause gehabt, und mein bis dato größter Auftrag wurde, nur einen Tag nachdem der Vertrag abgeschlossen wurde, aufgrund von Corona sofort wieder gekündigt. Was für eine Achterbahnfahrt der Gefühle! Würden die Auftraggeber*innen noch an mich denken, wenn das alles überstanden wäre?, fragte ich mich. Wie würde es mit meinen Curvy-Fitnesskursen weitergehen? Diese unsichere Situation machte mir wirklich Sorgen.

Als George Floyd am 25. Mai 2020 ermordet und die Black-Lives-Matter-Bewegung auch in Deutschland groß wurde, war ich erschüttert. Ab diesem Moment wurde ich wachgerüttelt. Ich begann mich aktiv antirassistisch weiterzubilden. Schlagartig wurde mir bewusst, wie lange ich verletzende Aussagen getroffen hatte, ohne es besser zu wissen, weil wir alle so sozialisiert sind. Werke, die mir sehr halfen, waren unter anderem die Hörbuchversionen von Was weiße Menschen nicht über Rassismus hören wollen, aber wissen sollten von Alice Hasters und Exit Racism von Tupoka Ogette. Fortan folgte ich auf Social Media Schwarzen Creator*innen und hörte ihnen aufmerksam zu. »Ich halte meine Meinung zurück und lerne jeden Tag« wurde zu meinem Motto. Das galt auch für sämtliche andere Themen und Accounts im Bereich Inklusivität und Intersektionalität, von denen ich täglich nach wie vor viel lerne.

Diese Ereignisse und alles, was damit verbunden war, wirbelten viele Gefühle in mir auf. Vor allem Wut und die Erkenntnis, was Diskriminierung wirklich bedeutet. Wut war eigentlich eines der Gefühle, die ich jahrelang verdrängte, wegaß und nicht spüren wollte. Doch ich begriff, dass Wut auch ein Motor sein kann. Ein Motor, um für etwas zu kämpfen und für sich einzustehen.

Und dann fiel mir der Artikel über die Hotelbesitzerin quasi vor die Füße – der letzte Tropfen, der das Fass zum Überlaufen brachte. Nur so kann ich mir erklären, dass Verena und ich Tag und Nacht an #RespectMySize arbeiteten, ohne dass uns die Kraft ausging.

Diese Kampagne hat mich selbstbewusster gemacht, sie hat meinen Blick auf andere Menschen und mich verändert. Mir wurde deutlich bewusst: »Dicke Menschen auszuschließen und respektlos zu behandeln ist gesellschaftlich akzeptiert, und das darf so nicht weitergehen.«

Die Geschichten von Hunderten Menschen unter dem Hashtag #RespectMySize zu lesen und mitzubekommen, dass hier und in anderen Ländern etwas gewaltig schiefläuft, hat mich weiter bestärkt, diesen Weg zu gehen.

Kurz nach unserer Aktion kamen Verena und ich mit dem wundervollen Team von den Online Marketing Rockstars in Kontakt. Seitdem dürfen wir jede Woche unseren professionell produzierten Podcast #RespectMySize veröffentlichen, in dem wir über all die Themen sprechen, die sonst in den Mainstreammedien kaum Platz finden – wieso das Tragen von Fatsuits problematisch ist zum Beispiel. Wie wir es schaffen, selbstbewusst zu sein, obwohl wir nicht dem Schönheitsideal entsprechen. Wo wir am liebsten Plus-Size-Fashion einkaufen und vieles mehr.

Und dann war da noch die Anfrage des Fernsehsenders VOX Stimme. Ein Format, bei dem man zur Prime Time Sendeminuten bekommt und über sein eigenes Thema sprechen darf – ein weiterer positiver Outcome unserer Kampagne. Zur Prime Time um 20:15 Uhr durfte ich auf VOX über #RespectMySize sprechen. Ich durfte auf den Punkt bringen, was mir schon so lange auf der Seele lag. Den Abschluss dieses Kapitels soll ein Auszug aus meiner Rede bilden, die ich im TV hielt.

»Mach doch einfach mal mehr Sport. Iss weniger!« – »Für deine Figur hast du aber wenigstens ein hübsches Gesicht!« – »Sei nicht so faul und undiszipliniert!« Von klein auf begleiten mich diese Vorurteile. Sie haben mich in eine Essstörung getrieben. Die Folge: Als ich schlank war und von Außenstehenden als gesund wahrgenommen wurde, war ich so krank wie nie. Heute geht es mir deutlich besser, ich erfahre aber so viel Hass wie nie zuvor. Meine Statur würde ich als dick beschreiben. Jetzt erschrecken vielleicht einige. Das Wort gilt als Beleidigung. Dabei ist es ein beschreibendes Wort, so wie groß, klein, blond und brünett, dick und dünn. Zur Beleidigung wurde es erst, weil Hass gegen dicke Menschen tief in der Gesellschaft verankert ist. Ich möchte, dass das ein Ende hat! #RespectMySize. Mein Name ist Jules SchönWild. Mit der Kampagne #Respect-MySize setzen meine Blogger-Kollegin Verena Prechtl und ich uns gegen Diskriminierung ein. In der Werbung, im Film und in den Medien sind dicke Menschen so gut wie unsichtbar. Oder sie erscheinen als Stereotype, über die man sich lustig macht. Das ist entmenschlichend. Strukturelle Diskriminierung von Menschen mit Mehrgewicht geht uns alle etwas an. Wir finden sie überall, sogar in der Medizin. Dort, wo man eigentlich Hilfe bekommen sollte. Schon so oft wurde mir gesagt: »Kommen Sie wieder, wenn Sie abgenommen haben.« Andere Male erhielt ich eine Einladung zu einer Magen-OP, ohne dass vorher meine Werte gecheckt wurden. Ohne dass gefragt wurde, ob ich ein Lipödem habe, eine Hormonstörung oder eine Essstörung vorliegen. Auf Social Media bekomme ich mit, dass es sehr vielen Menschen so geht. Warum ist das so? Ich wünsche mir, dass wir von Anfang an einen guten Umgang mit Bewegung, Lebensmitteln, Gefühlen und Selbstregulationsstrategien lernen. Dann, da bin ich mir sicher, würden vielen Menschen eine Essstörung, Selbstwertprobleme und Körperwahrnehmungsstörungen oder ein Leben in Suchtstrukturen erspart bleiben. Ich wünsche mir, dass wir viel offener mit dem Thema Essstörungen und Therapie umgehen und vor allem dass Diskriminierung aufgrund der Statur in Deutschland endlich Teil des Antidiskriminierungsgesetzes wird.

Wir alle verdienen Respekt.

Ausblick

»Wann immer eine dicke Person eine Tür für uns aufgestemmt hat, fällt die nächste umso härter ins Schloss.« Der Weg zu Respekt, Chancengleichheit und Antidiskriminierung für mehrgewichtige und viele andere Menschen ist steinig. Diese Erkenntnis ist niederschmetternd, aber ich überlasse ihr nicht mein Schlusswort. Denn die Tatsache, dass es dieses Buch hier gibt, überhaupt geben kann, ist ein kleiner Meilenstein.

Wenn es nach der Lektüre meines Buches ein paar Menschen weniger gibt, die die Lebensmittelauswahl einer dicken Person an der Supermarktkasse kommentieren, und ein paar Menschen mehr, die die Empathie aufbringen, mehrgewichtigen Personen keine Diät vorzuschlagen, haben wir schon etwas geschafft. In meinem Traumszenario besprechen Lehrende dieses Buch und die Message von #RespectMySize in ihrem Unterricht, im besten Fall verstehen Ärztinnen und Ärzte dieses Buch als Einladung, nicht mehr ganz so leichtfertig und ohne Untersuchung die Blickdiagnose zu stellen, und behandeln mehrgewichtige Patient*innen genauso ernst wie schlanke Personen auch.

Oder ein Familienmitglied schenkt es seinem Kind, weil ihm auffällt, dass es auf einmal weniger isst, und sich Sorgen um sein Aussehen macht. Ich wünsche mir, dass jede kurvige Person, die jetzt meine Geschichte kennt, sich ein bisschen weniger allein fühlt. Dass sie Argumente und Antworten hat, wenn sie sich mal wieder durch den Alltag kämpft, und dass wir ihr ein bisschen Kraft mitgeben können. Und ich wünsche mir, dass wir miteinander sprechen und dabei empathisch, respektvoll und auf Augenhöhe miteinander umgehen.

Ich bin dem Blanvalet Verlag, meiner Community und allen Menschen, die meinen Weg begleitet haben und begleiten und die an mich glauben, unendlich dankbar, dass wir die Chance bekommen haben, unser Thema sichtbar zu machen. Ich schreibe ganz bewusst »unser Thema«. Zum einen, weil ich weiß, dass es so viele Menschen betrifft. Zum anderen, weil die Kraft der Gemeinschaft ausschlaggebend war und sein wird, dass wir auch in Zukunft erfolgreich gegen die Diskriminierung von Menschen mit Mehrgewicht und andere Diskriminierungen kämpfen können. Nur wenn wir intersektional denken, werden wir diese Hürden überwinden können.

Wir sind da, und wir sind laut. Respekt gegenüber dicken Menschen ist kein Trend. WIR sind kein Trend. Wir waren immer da, und wir sind gekommen, um sichtbar zu bleiben.

Egal welche Kleidergröße wir tragen, egal welche Hautfarbe und welche Herkunft wir haben, ob wir ein Mensch mit Behinderung sind oder ohne, egal wen wir lieben und mit welchem Geschlecht wir uns identifizieren, egal wie alt wir sind, welche Hautfarbe oder Religion wir haben. Egal ob wir Einkommen haben oder nicht.

Wir leben alle auf dieser einen Erde und wollen in Frieden leben.

Wir alle haben Respekt verdient.

#RespectMySize

Danksagung

An dieser Stelle möchte ich mich von Herzen bedanken. Danke, dass ihr das Thema seht, versteht, unterstützt, zuhört und euch für mehr Respekt einsetzt.

An dieser Stelle einen großen Applaus, eine feste Umarmung und einen Blumenstrauß an Verena Prechtl (@ms_wunderbar) <3 #RespectMySize.

Weiterhin Applaus, viele feste Umarmungen und Blumensträuße an:

Nicole – DANKE, dass du das Thema gesehen hast und sichtbar machst. An Berit, Wiebke, Astrid, Katharina, Friederike und das gesamte Blanvalet Team. An Christine, Nina, Angela, Elena, Daniel, Mary, Carina, Antonie, Isabel und Thilo. An Keno, Sascha und Chrischo.

Unserem #RespectMySize-Podcast-Team gebührt auch ein riesiges Danke, feste Umarmungen und Blumensträuße: Kia, Marius, Maxine, Jan, Lolita, Manon, Felix & dem gesamten Podstary by OMR Team. Genauso wie Angelina, Christelle, Anna, Carola, Tanja, Alina, Joy, Tijen, Sophia und Chanté und unserer unterstützenden Zuhörerschaft.

Weiterhin Applaus, viele feste Umarmungen und Blumensträuße an: Gerda, Ann-Kathrin, Basti, Verena, Aylin, Julia, Nadine, Ela, Mia, André, Cécile, Welf, Katja, Tini,

Christin, Thelma, Solveig, Lotta, Josy, Natalie, Robin, Andi, Lena, Marie, Laura, Daniela, Verena, Lisa, Ann-Marie, Sabrina, Sandra, Vivien, Anni, Debbie, Gloria, Leonie, Mareike, Cari, Rahaf, Silvi, Charleen, Laura, Caro, Carmen, Fionn, Melodie, Hannah, Jasmin und viele mehr!

Und noch mehr Applaus, viele feste Umarmungen und Blumensträuße an:

Alle lieben Menschen, die mich schon seit Jahren auf meinem Weg begleiten.

An meine Therapeut*innen und Coaches, mit denen ich zusammenarbeiten und mich entwickeln darf.

DANKE an EUCH, meine Community. Unser Austausch ist so wertvoll! Die Wertschätzung, die Inspiration und euer Feedback haben mich in den letzten Jahren immer wieder angetrieben.

DANKE an jede einzelne Person, mit der ich bereits zusammenarbeiten durfte.

An alle Journalist*innen, Film- und Medienschaffenden, Content Creator*innen, an Menschen, die sich im Kleinen und im Großen dafür einsetzen, dass sich Strukturen so verändern, dass alle Menschen mit Respekt behandelt werden.

Vielen Dank an alle Menschen, von denen ich lernen darf.

Quellen- und Literaturverzeichnis

Kapitel 1

Stacy Bias: »12 Good Fatty Archetypes« (4.6.2014), http://stacybias.net/2014/06/12-good-fatty-archetypes/, zuletzt aufgerufen am 1.7.2022.

Bundeszentrale für gesundheitliche Aufklärung (o. J.): »Suche nach Beratungsangeboten«, https://www.bzga-essstoerungen.de/, zuletzt aufgerufen am 30.4.2022.

Teresa Bücker: »Ist es radikal, nicht mehr nach Schönheit zu streben?«, Süddeutsche Zeitung Magazin (4.5.2021), https://sz-magazin.sueddeutsche.de/freie-radikale-die-ideenkolumne/teresa-buecker-schoenheit-ungerecht-90174, zuletzt aufgerufen am 1.7.2022.

Die Welt (8.4.2017): »Wie Magnetfelder die Pfunde purzeln lassen«, https://www.welt.de/gesundheit/article163530194/Wie-Magnetfelder-die-Pfunde-purzeln-lassen.html, zuletzt aufgerufen am 1.7.2022.

Deutsche Traumastiftung (2019): »Was ist ein Trauma?«, https://www.deutsche-traumastiftung.de/traumata/allgemein/, zuletzt aufgerufen am 22.3.2022.

Julia Dobmeier: »Dysmorphophobie«, NetDoktor (akt. 1.3.2022), https://www.netdoktor.de/krankheiten/dysmorphophobie/, zuletzt aufgerufen am 1.7.2022.

Duden: »Patriarchat« auf Duden online, https://www.duden.de/rechtschreibung/Patriarchat, zuletzt aufgerufen am 29.4.2022.

Girlguiding: »Girls' Attitudes Survey 2020« (2020), https://www.girlguiding.org.uk/globalassets/docs-and-resources/research-and-campaigns/girls-attitudes-survey-2020.pdf, zuletzt aufgerufen am 1.7.2022.

Patienteninformation – gut informiert entscheiden (Februar 2021): »Essstörungen – bin ich betroffen?«, https://www.patienten-information.de/kurzinformationen/essstoerungen, zuletzt aufgerufen am 22.3.2022.

Presseportal (2.1.2019): »Brigitte-Umfrage: Zwei von drei Frauen wollen abnehmen; 92 Prozent glauben, dass eine dauerhaft gesunde Lebensweise beim Abnehmen mehr hilft als kurzfristige Diäten«, bezieht sich auf Zeitschrift Brigitte, Ausgabe 2/2019, zuletzt aufgerufen am 22.3.2022.

Psychenet – Netz für psychische Gesundheit: https://www.psychenet.de/de/psychische-gesundheit/themen/trauma.html, zuletzt aufgerufen am 1.7.2022.

Melanie Scharf: »Fett vs. Dünn – Vorurteile und Stereotype der Adipositas (Fettsucht) bei drei- bis sechsjährigen Kindergarten- und Vorschulkindern in Kärnten (Österreich)«, Diplomarbeit an der Alpen-Adria Universität Klagenfurt, Netlibrary (November 2015), https://netlibrary.aau.at/obvuklhs/content/titleinfo/2411532/full.pdf, zuletzt aufgerufen am 1.7.2022.

Schön-Klinik (o. J.): »Binge-Eating-Störung«, https://www.schoen-klinik.de/binge-eating-stoerung, zuletzt aufgerufen am 30.4.2022.

Dr. Angelika Weigel: »Ja, ich kann Berge versetzen«. In: My Life, Ausgabe 21/2021, S. 70.

Kapitel 2

Beth T. Bell, Helga Dittmar: »Does Media Type Matter?«, Researchgate (Oktober 2011), https://www.researchgate.net/publication/226807571_Does_Media_Type_Matter_The_Role_of_Identification_in_Adolescent_Girls'_Media_Consumption_and_the_Impact_of_Different_Thin-Ideal_Media_on_Body_Image, zuletzt aufgerufen am 1.7.2022.

Jennifer L. Derenne, Eugene V. Beresin: »Body image, media, and eating disorders«, National Library of Medicine (Mai-Juni 2006), https://pubmed.ncbi.nlm.nih.gov/16728774/, zuletzt aufgerufen am 1.7.2022.

Maya Götz, Caroline Mendel, Sarah Malewski: »Dafür muss ich nur noch abnehmen – Die Rolle von Germany's Next Topmodel und anderen Fernsehsendungen bei psychosomatischen Essstörungen«, Televizion (2015), https://www.br-online.de/jugend/izi/deutsch/publikation/televizion/28_2015-1/Goetz_Mendel_Malewski-Dafuer_muss_ich_nur_noch_abnehmen.pdf, zuletzt aufgerufen am 20.7.2022.

Nicole Hawkins, P. Scott Richards, H. Mac Granley, David M. Stein: »The impact of exposure to the thin-ideal media image on women«, Researchgate (Februar 2004), https://www.researchgate.net/publication/6922426_The_Impact_of_Exposure_to_the_Thin-Ideal_Media_Image_on_Women, zuletzt aufgerufen am 1.7.2022.

McKnight Investigators: »Risk factors for the onset of eating disorders in adolescent girls: results of the McKnight longitudinal risk factor study«, National Library of Medicine (Februar 2003), https://pubmed.ncbi.nlm.nih.gov/12562570/, zuletzt aufgerufen am 1.7.2022.

Johanna Lutteroth: »Sechs Monate in der Hungerhölle«, in: Spiegel Geschichte vom 25.02.2014, https://www.spiegel.de/geschichte/minnesota-hungerexperiment-1944-nahrungsmangel-fuer-die-forschung-a-958232.html zuletzt aufgerufen am 20.7.2022.

Thomas Schlenz: »The Biggest Loser 2019: Scharfe Kritik an Sat.1-Show

im Interview (akt. 17.2.2019), https://www.hna.de/kultur/tv-kino/
the-biggest-loser-2019-harte-kritik-an-sat-1-show-11769425.html ,
zuletzt aufgerufen am 22.3.2022.

Jules Schönwild und Verena Prechtl: Diät im TV? – Das Problem mit
›The Biggest Loser‹«. In: #RespectMySize – Podcast. Folge vom
01.02.2022 (für das Buch leicht abgewandelt), https://respectmysize.
podigee.io/24-diat-im-tv-das-problem-mit-the-biggest-loser, zuletzt
aufgerufen am 20.7.2022.

Sabine Strings: Fearing The Black Body – The Racial Origins of Fat Phobia. New York 2019.

TV Spielfilm (o.J.):»Schwer verknallt«, https://www.tvspielfilm.de/
kino/filmarchiv/film/schwer-verknallt,1336909,ApplicationMovie.
html, zuletzt aufgerufen am 22.3.2022.

Wikipedia – die freie Enzyklopädie (16.5.2022):»Liebling, wir bringen
die Kinder um«, https://de.wikipedia.org/wiki/Liebling_wir_brin-
gen_die_Kinder_um, zuletzt aufgerufen am 20.7.2022.

Wikipedia – die freie Enzyklopädie (9.6.2021):»Mama ist unmöglich«,
https://de.wikipedia.org/wiki/Mama_ist_unmöglich, zuletzt aufgerufen am 22.3.2022.

Wikipedia – die freie Enzyklopädie (4.1.2022):»The Biggest Loser«;
https://de.wikipedia.org/wiki/The_Biggest_Loser#Ausstrahlung_
und_Einschaltquoten, zuletzt aufgerufen am 22.3.2022.

Kapitel 3

ADHS Infoportal (o.J.):»ADHS im Erwachsenenalter«, https://www.
adhs.info/fuer-erwachsene/adhs-im-erwachsenenalter/, zuletzt aufgerufen am 22.3.2022.

Nadia Ayoub:»Unsichtbare Frauen: Carolin Kebekus zeigt, was in unserer Welt schiefläuft«. In: utopia.de vom 19.06.2020, https://utopia.
de/carolin-kebekus-ard-comedy-show-unsichtbare-frauen-191071/,
zuletzt aufgerufen am 6.7.2022.

Joseph Biederman, Sarah W. Ball, Michael C. Monuteaux, Craig B. Sur-
man, Jessica L. Johnson, Sarah Zeitlin:»Are girls with ADHD at risk
for eating disorders? Results from a controlled, five-year prospective
study«. J Dev Behav Pediatr. 08/2007;28(4):302-7, https://pubmed.
ncbi.nlm.nih.gov/17700082/, zuletzt aufgerufen am 13.7.2022.

Katja Degenhart:»Studie: Kinder mit Übergewicht erhalten schlechtere Schulnoten«, in: web.de vom 7.4.2021, https://web.de/maga-
zine/ratgeber/kind-familie/studie-kinder-uebergewicht-schlech-
tere-schulnoten-35694090, zuletzt aufgerufen am 20.7.2022.

Alina Diefenbach:»Was ist eigentlich Misogynie?«, Frauenseiten Bremen (20.6.2019),
https://frauenseiten.bremen.de/blog/was-ist-eigentliche-misogynie/,
zuletzt aufgerufen am 1.7.2022.

Duden:»Misogynie« auf Duden online, https://www.duden.de/recht-
schreibung/Misogynie, zuletzt aufgerufen am 29.4.2022.

Enna Kelch:»Ich habe eine innere Frauenhasserin«. In: edit vom
10.5.2022, edit-magazin.de/ich-habe-eine-innere-frauenhasserin.
html-0, zuletzt aufgerufen am 13.7.2022.

Frauke Lüpke-Narberhaus: »Dicke Kinder, schlechte Noten«, in: Der Spiegel – Panorama vom 29.9.2013, https://www.spiegel.de/leben-undlernen/schule/dicke-kinder-bekommen-schlechtere-noten-in-der-schule-a-925100.html, zuletzt aufgerufen am 6.7.2022.

Redaktionsnetzwerk Deutschland (28.3.2019): »ADHS: Störung bei Mädchen oft nicht erkannt«, https://www.rnd.de/wissen/adhs-storung-bei-madchen-oft-nicht-erkannt-E5SZZX2TDLUGE-ETZS553WBACJE.html, zuletzt aufgerufen am 29.4.2022.

Wikipedia – die freie Enzyklopädie (3.6.2022): »Misogynie«; https://de.wikipedia.org/wiki/Misogynie#Definitionen, zuletzt aufgerufen am 29.4.2022

Kapitel 4

Antidiskriminierungsstelle Steiermark (2022): »Was ist Diskriminierung«, https://www.antidiskriminierungsstelle.steiermark.at/cms/ziel/72108500/DE/, zuletzt aufgerufen am 22.3.2022.

Leonie Barghorn: »Catcalling ist kein Kompliment! Wie du dich wehrst«, Utopia (14.5.2021), https://utopia.de/ratgeber/catcalling-ist-kein-kompliment-wie-du-dich-wehrst/, zuletzt aufgerufen am 29.4.2022.

Bayern gegen Gewalt (o. J.): Gewaltloswerden: »Gaslighting«, https://bayern-gegen-gewalt.de/gewalt-infos-und-einblicke/formen-von-gewalt/psychische-gewalt/gaslighting/, zuletzt aufgerufen am 29.4.2022.

Bundesministerium für Familie, Senioren, Frauen und Jugend (1.4.2022): Kinder- und Jugendschutz: »Hilfs- und Beratungsangebote für Betroffene, Angehörige und Fachkräfte, https://www.bmfsfj.de/bmfsfj/themen/kinder-und-jugend/kinder-und-jugendschutz/schutz-vor-sexualisierter-gewalt/hilfs-und-beratungsangebote/hilfs-und-beratungsangebote-fuer-betroffene-angehoerige-und-fachkraefte-127338, zuletzt aufgerufen am 29.4.2022.

Chatprotokoll einer Unterhaltung auf Tinder, im Sommer 2020.

Saskia Ebert: »Was bedeutet ›Pick Me‹ und was genau sind Pick-Me-Girls?«, Stuttgart Zeitung (1.4.2022), https://www.stuttgarter-zeitung.de/inhalt.was-bedeutet-pick-me-und-was-sind-pick-me-girls-mhsd.319c1e8a-c728-4cd0-82a6-3a59d-1cf87ee.html, zuletzt aufgerufen am 30.4.2022.

David A. Fahrenthold: »Trump recorded having extremely lewd conversation about women in 2005«, The Washington Post (8.10.2016), Videobeitrag (2005, Minute 1:26), https://www.washingtonpost.com/politics/trump-recorded-having-extremely-lewd-conversation-about-women-in-2005/2016/10/07/3b9ce776-8cb4-11e6-bf8a-3d26847eeed4_story.html, zuletzt aufgerufen am 29.4.2022.

Miriam Franke: »Gaslighting: So erkennst Du, dass Du manipuliert wirst«, Arbeits ABC (8.2.2022), https://arbeits-abc.de/gaslighting/, zuletzt aufgerufen am 30.4.2022.

Hate Aid (4.10.2021): »Wolf im Schafspelz? Die Täter-Opfer-Umkehr«, https://hateaid.org/taeter-opfer-umkehr/, zuletzt aufgerufen am 29.4.2022

Charlotte Haunhorst: »Wie Männer über Frauen hinter deren Rücken reden«, Jetzt.de (26.10.2016), https://www.jetzt.de/donald-trump/diskussion-um-locker-room-talk, zuletzt aufgerufen am 29.4.2022.

Adele Jackson-Gibson: »What is Thin Privilege?«, Goodhousekeeping.com (15.4.2021), https://www.goodhousekeeping.com/health/diet-nutrition/a35047908/what-is-thin-privilege/, zuletzt aufgerufen am 29.4.2022.

Kinder- und Jugendärzte im Netz (25.12.2019): »Essstörungen mit ›normalem‹ Gewicht: Atypische Magersucht«, https://www.kinder-aerzte-im-netz.de/news-archiv/meldung/article/essstoerung-mit-normalem-gewicht-atypische-magersucht/, zuletzt aufgerufen am 1.7.2022.

Pierre Kurby: »Was ist Gaslighting? Wie funktioniert es? Bedeutung, Definition, Erklärung«, Bedeutung Online.de (o.J.), https://www.bedeutungonline.de/was-ist-gaslighting-wie-funktioniert-es-bedeutung-definition-erklaerung/, zuletzt aufgerufen am 1.7.2022.

Ann Mbuti: »Diskriminierende Algorithmen«, Das Lamm (21.6.2021), https://daslamm.ch/diskriminierende-algorithmen/, zuletzt aufgerufen am 1.7.2022.

Kendall O'Brien: »Pretty privilege is real«. In: The Daily Free Press vom 2.3.2022, https://dailyfreepress.com/2022/03/02/pretty-privilege-is-real/, zuletzt aufgerufen am 20.7.2022.

Spektrum (o.J.): »Lexikon der Psychologie: Halo-Effekt«, https://www.spektrum.de/lexikon/psychologie/halo-effekt/6232, zuletzt aufgerufen am 29.4.2022.

Stern.de (23.10.2020): »Instagram erlaubt nur eines dieser beiden Fotos – und entschuldigt sich dafür«, Videobeitrag, https://www.stern.de/lifestyle/leute/instagram-erlaubt-nur-eines-dieser-fotos—-und-entschuldigt-sich-9462440.html, zuletzt aufgerufen am 23.3.2022.

Tatjana Thamerus: »Orgasm Gap: Die Ungerechtigkeit im Bett«, ARD Alpha (13.2.2019), https://www.br.de/fernsehen/ard-alpha/sendungen/campus/orgasm-gap-sex-liebe-studierende-sexuelle-revolution-100.html, zuletzt aufgerufen am 1.7.2022.

Wikipedia – die freie Enzyklopädie (akt. 31.12.2021): »Rape Culture«, https://de.wikipedia.org/wiki/Rape_Culture, zuletzt aufgerufen am 29.4.2022.

Wikipedia – die freie Enzyklopädie (1.4.2021): »Trophy Wife«, https://de.wikipedia.org/wiki/Trophy_Wife, zuletzt aufgerufen am 29.4.2022.

Zürcher Hochschule der Künste (o.J.): »Intersektionalität«, https://www.zhdk.ch/forschung/ehemalige-forschungsinstitute-7626/iae/glossar-972/intersektionalitaet-5892, zuletzt aufgerufen am 1.7.2022.

Kapitel 5
Werner Bartens: »Schlecht behandelt, weil: dick«, Süddeutsche.de (4.8.2017), https://www.sueddeutsche.de/gesundheit/uebergewicht-schlecht-behandelt-weil-dick-1.3614958, zuletzt aufgerufen am 1.7.2022.

Werner Bartens, Videokolumne:»Dicke werden in der Medizin diskriminiert«, Süddeutsche Zeitung (22.11.2017), https://www.sueddeutsche.de/gesundheit/der-naechste-bitte-so-werden-dicke-in-der-medizin-diskriminiert-1.3752977, zuletzt aufgerufen am 23.3.2022.

Kathrin Burger: »Spießrutenlauf für Dicke«, Die Tageszeitung (24.1.2016), https://taz.de/Uebergewichtige-werden-stigmatisiert/!5267202/, zuletzt aufgerufen am 22.3.2022.

Mary S. Himmelstein, Angela C. Incollingo Belsky, A. Janet Tomiyama: »The Weight of Stigma: Cortisol Reactivity to manipulated weight stigma«, National Library of Medicine (Dezember 2017), https://pubmed.ncbi.nlm.nih.gov/25522347/, zuletzt aufgerufen am 22.3.2022.

Interview der Autorin mit @ernaehrungsrevolution am 2.12.2021, Telefoninterview, Abdruck mit freundlicher Genehmigung.

Interview der Autorin mit Thilo Papenroth am 14.05.22,Abdruck mit freundlicher Genehmigung.

Martin Lindner: »Über Nacht übergewichtig«, Neue Zürcher Zeitung (2.4.2014), https://www.nzz.ch/folio/uber-nacht-ubergewichtig-ld.1621724), zuletzt aufgerufen am 22.3.2022.

Pia Rauschenberger: »Wie sich Stigmatisierung auf die medizinische Behandlung auswirkt«, Deutschlandfunk Kultur (6.2.2020), https://www.deutschlandfunkkultur.de/adipositas-wie-sich-stigmatisierung-auf-die-medizinische-100.html, zuletzt aufgerufen am 23.3.2022.

Kapitel 6

ADHS Deutschland e.V. (2011), Berlin, https://www.adhs-deutschland.de/Home.aspx, zuletzt aufgerufen am 1.7.2022.

Angela Blumberger, Praxis für Neurodiversität (o.J.): »ADHS bei Mädchen/Frauen«, https://www.neurodivers-bremen.de/index.php/adhs-bei-frauen.html, zuletzt aufgerufen am 1.7.2022.

Bosse, Kraniche. Vertigo Berlin, 2013.

Rebecca Deus: »Das solltest du über ADHS wissen«, Quarks.de (9.5.2022), https://www.quarks.de/gesellschaft/psychologie/das-solltest-du-ueber-adhs-wissen/, zuletzt aufgerufen am 1.7.2022.

Verena Elson: »ADHS bei Frauen: Die wichtigsten Merkmale«, Praxisvita.de (27.3.2022), https://www.praxisvita.de/adhs-bei-frauen-die-wichtigsten-merkmale-21061.html, zuletzt aufgerufen am 1.7.2022.

Gesundheitsinformaton.de (o.J.), Köln, https://www.gesundheitsinformation.de/, zuletzt aufgerufen am 1.7.2022 IKK Classic (o.J.): »Vorurteile und Diskriminierung machen krank«, https://www.ikk-classic.de/gesund-machen/vorurteile-machen-krank, zuletzt aufgerufen am 1.7.2022.

PSY Berlin (23. 1. 2012): »Radikale Akzeptanz«, https://www.psyberlin.com/2012/01/23/radikale-akzeptanz/, zuletzt aufgerufen am 1.7.2022.

Regionale ADHS-Netze (o.J.), Köln, https://www.zentrales-adhs-netz.de/regionale-netze/, zuletzt aufgerufen am 1.7.2022.

Simplicissimus: Videobeitrag »Die dreiste Werbung von Nutella«

(12.1.2022), https://www.youtube.com/watch?v=WBnLnp4eGA4, zuletzt aufgerufen am 1.7.2022.

Therapie.de – die Therapeutensuche von Pro Psychotherapie e. V. (2022), München, https://www.therapie.de/psyche/info/index/diagnose/adhs-erwachsene/diagnose/, zuletzt aufgerufen am 1.7.2022.

Universität zu Köln (2020): »Gender Equality & Diversity. Lookismus« (geändert am 5.4.2022), https://vielfalt.uni-koeln.de/antidiskriminierung/glossar-diskriminierung-rassismuskritik/lookismus, zuletzt aufgerufen am 29.4.2022.

Zentrales ADHS-Netz (o. J.), Köln, https://www.zentrales-adhs-netz.de/, zuletzt aufgerufen am 1.7.2022.

Kapitel 7

Betanet (4.7.2022): »ADHS Behinderung«, https://www.betanet.de/adhs-behinderung.html, zuletzt aufgerufen am 1.7.2022.

Deutschlandfunk Nova (9.9.2020): »Körpergedächtnis: Negative Gefühle durch positive bekämpfen«, https://www.deutschlandfunknova.de/beitrag/k%C3%B6rperged%C3%A4chtnis-so-speichern-wir-ber%C3%Bchrungen-ab, zuletzt aufgerufen am 23.3.2022.

Die Welt (AFP): »Zwei feministische Aktivistinnen sagen Manspreading den Kampf an«, Die Welt (3.3.2021), https://www.welt.de/vermischtes/article227507207/Berlin-Zwei-Studentinnen-sagen-dem-Manspreading-den-Kampf-an.html, zuletzt aufgerufen am 23.3.2022.

Julia Dobmeier: »Dysmorphophobie«, NetDoktor (akt. 1.3.2022), https://www.netdoktor.de/krankheiten/dysmorphophobie/, zuletzt aufgerufen am 1.7.2022.

Vanessa Friedman: »Fashion's Women Problem«, The New York Times (20.5.2018), https://www.nytimes.com/2018/05/20/fashion/glass-runway-no-female-ceos.html), zuletzt aufgerufen am 23.3.2022.

Heidi Stevens: »Looking to the Olympics for a lesson in body diversity«, in: Chicago Tribune vom 27.7.2016, https://www.chicagotribune.com/columns/heidi-stevens/ct-rio-olympics-womens-bodies-balancing-0727-20160727-column.html, zuletzt aufgerufen am 20.7.2022.

Nora Voit: »Gefiltert sind wir alle gleich«, in: Zeit Campus vom 3.1.2021, https://www.zeit.de/campus/2020-12/instagram-beauty-filter-schoenheitsideal-selbstbild-diversitaet-psychologie, zuletzt aufgerufen am 20.7.2022.

Oliver Wahl: »Filmtheorie, Feminismus und Male Gaze – Ein kurzer Blick auf Laura Mulvey«, Medienwissenschaften.net (18.6.2021), https://medienwissenschaften.net/2021/06/18/filmtheorie-feminismus-und-male-gaze-ein-kurzer-blick-auf-laura-mulvey/, zuletzt aufgerufen am 29.4.2022.

Kapitel 8

Florence Givens, »Women don't owe you pretty«, London, 2020.

Kurt Hugenberg, Jennifer Miller, Heather M. Claypool: »Categorization and individuation in the cross-race recognition deficit: Toward a solution to an insidious problem«, Science Direct (März 2007), https://www.sciencedirect.com/science/article/abs/pii/S00221031

06000382?via=ihub%22 %20 %5Ct%20 %22_blank, zuletzt aufgerufen am 23.3.2022.

Eduard Meier: »Das kleine Wort Aber« (Mai 2018), https://www.neueswissen.blog/das-kleine-wort-aber/, zuletzt aufgerufen am 1.7.2022.

Florian Schumann: »Menschen reagieren stärker auf schlechte Nachrichten als auf gute«, Der Tagesspiegel (2.9.2019), https://www.tagesspiegel.de/wissen/aufmerksamer-und-erregter-menschen-reagieren-staerker-auf-schlechte-nachrichten-als-auf-gute/24971938.html, zuletzt aufgerufen am 1.7.2022.

Ronald Schweppe, Aljoscha A. Schwarz, »NLP Praxis. Neurolinguistisches Programmieren – Die besten Techniken und Übungen für die optimale Kommunikation«, Südwest E-Books, 2009.

Stuart Soroka, Patrick Fournier, Lilach Nir: »Cross-national evidence of negativity bias in psychophysiological reactions to news«, Proceedings of the National Academy of Sciences of the United States of America (PNAS) (3.9.2019), https://www.pnas.org/doi/full/10.1073/pnas.1908369116, zuletzt aufgerufen am 1.7.2022.

Kapitel 9

Charlotte Hoebel, Henning Jakob: »Mikroaggressionen – Wenige Worte, starke Wirkung«, Dear Employee (8.8.2019), https://www.dearemployee.de/mikroaggressionen-wenige-worte-starke-nachwirkung/, zuletzt aufgerufen am 1.7.2022.

Sebastian Mauritz: »Fight, Flight, Freeze«, Resilienz Akademie (zuletzt aktualisiert 8.3.2021), https://www.resilienz-akademie.com/fight-flight-freeze/, zuletzt aufgerufen am 1.7.2022.

Pilatus Today (26.9.2020): »Frauen besonders stark von Cybermobbing betroffen«, https://www.pilatustoday.ch/schweiz/frauen-besonders-stark-von-cybermobbing-betroffen-139289168, zuletzt aufgerufen am 23.3.2022.

Spektrum (1999): »Lexikon der Biologie: Kampf-oder-Flucht-Reaktion«, https://www.spektrum.de/lexikon/biologie/kampf-oder-flucht-reaktion/35305, zuletzt aufgerufen am 29.4.2022.

Wikipedia – die freie Enzyklopädie (akt. 19.3.2022): »Body Positivity«, https://de.wikipedia.org/wiki/Body_Positivity, zuletzt aufgerufen am 23.3.2022.

Katja Wohlers, Michaela Hombrecher: »TK-Stressstudie 2016 Entspann dich, Deutschland«, Techniker Krankenkasse (2016), https://www.tk.de/resource/blob/2026630/9154e4c71766c410dc85991 6aa798217/tk-stressstudie-2016-data.pdf

ZDF Logo (22.4.2021): »Body Positivity: ›Jeder Körper ist schön‹«, https://www.zdf.de/kinder/logo/body-positivity-100.html, zuletzt aufgerufen am 23.3.2022.

Kapitel 10

Interview der Autorin mit @body_mary am 10.2.2022, Telefoninterview, Abdruck mit freundlicher Genehmigung.

Interview der Autorin mit @radicalsoftness__ am 1.2.2022, Telefoninterview, Abdruck mit freundlicher Genehmigung

Shannon Ridgway: »22 Examples of Thin Privilege«, Everyday feminism (30.11.2012),https://everydayfeminism.com/2012/11/20-examples-of-thin-privilege/, zuletzt aufgerufen am 23.3.2022.

Wikipedia – die freie Enzyklopädie (akt. 18.6.2022): »Body Positivity«, https://de.wikipedia.org/wiki/Body_Positivity, zuletzt aufgerufen am 1.7.2022.

ZDF Logo (22.4.2021): »Body Positivity: ›Jeder Körper ist schön‹«, https://www.zdf.de/kinder/logo/body-positivity-100.html, zuletzt aufgerufen am 23.3.2022.

Kapitel 12

Barbara Magazin, Ausgabe 33, März 2019, Hamburg.

»Barbaradio«, Podcast: Folge 18, 25.3.2019, https://www.barbaradio.de/18-micky-beisenherz, zuletzt aufgerufen am 1.7.2022.

Christina Denk: »Skandal in Cuxhaven: Hotel-Besitzerin will keine dicken Gäste beherbergen«, Münchner Merkur (6.6.2020), https://www.merkur.de/welt/cuxhaven-hotel-gewichtsbeschraenkung-130-kilo-diskriminierung-vorwuerfe-zr-13789902.html, zuletzt aufgerufen am 23.3.2022.

Die Welt (5.6.2020): »Designerstühle instabil – Nordsee-Hotel vermietet nicht an Dicke«, https://www.welt.de/vermischtes/article209019495/Cuxhaven-Nordsee-Hotel-vermietet-nicht-an-Dicke.html, zuletzt aufgerufen am 23.3.2022.

Alice Hasters: »Was weiße Menschen nicht über Rassismus hören wollen, aber wissen sollten«, Berlin, 2019.

Interview der Autorin mit @ms_wunderbar am 10.2.2022, Telefoninterview, Abdruck mit freundlicher Genehmigung.

Focus (o.J.): Videobeitrag: »Verhöhnt sie fettleibige Menschen? Moderatorin polarisiert mit Magazin-Cover«, https://www.focus.de/kultur/kino_tv/barbara-schoeneberger-verhoehnt-sie-fettleibige-menschen-moderatorin-polarisiert-mit-magazin-cover_id_10329769.html, zuletzt aufgerufen am 1.7.2022.

Tupoka Ogette: »Exit Racism – Rassismuskritisch denken lernen«, Münster, 2020.

Redaktionsnetzwerk Deutschland (2.11.2019), »Männer sollen sich nicht schminken: Shitstorm für Barbara Schöneberger«, https://www.rnd.de/promis/manner-sollen-sich-nicht-schminken-shitstorm-fur-barbara-schoneberger-2HZHN4DHKBCNNGSEGVMDZTCHHQ.html, zuletzt aufgerufen am 16.08.2022.

»Schwer verliebt« (Originaltitel »Shallow Hal«), Komödie von Peter und Bobby Farrelly (Regie), 20th Century Studios, USA 2001.

Leonard Steinbeck: »Hotel in Cuxhaven: Kein Zimmer für schwere Menschen«, buten un binnen (ursprünglich 4.4.2020, mittlerweile von der Webseite gelöscht – Screenshots vorhanden), https://www.butenunbinnen.de/audios/hotel-dicke-cuxhaven-100.html

Hört gerne auch in unseren
#Respect My Size-Podcast rein!
Verena & ich sprechen dort regelmäßig über
Themen, die uns bewegen! Ihr findet ihn
überall da, wo es Podcasts gibt.
Produziert von Podstars by OMR.